Eine wahre Geschichte des Kinos kann man nicht *schreiben,* meint Jean-Luc Godard. Das wäre vollkommen widersinnig: Kino besteht aus bewegten Bildern und Tönen, es kann sehr komplizierte Geschichten erzählen, warum also nicht auch seine eigene Geschichte, mit seinen ureigensten Mitteln? Eine geschriebene Kinogeschichte ist für Godard nichts anderes als ein weiterer Ausdruck der »Kolonisierung« unserer Suche nach neuen Formen durch die alles reglementierende Sprache. »Bilder sind für mich das Leben, das Geschriebene ist der Tod.« Und darum kann dieses Buch auch nur eine *Einführung* in eine wahre Geschichte des Kinos sein. Diese selbst ist für Godard nur vorstellbar in Gestalt eines endlosen Films.

Einen solchen zu drehen, eine Art Montage zentraler Sequenzen der Filmgeschichte, schwebt ihm seit langem vor. Als er im Herbst 1978 nach Montreal eingeladen wurde, um Filmkurse am dortigen Conservatoire d'Art Cinématographique abzuhalten, begann er, statt ein konventionelles Seminar durchzuführen, mit seinen Studenten eine Art Drehbuch für eine spätere Video-Serie zu erstellen, betitelt »Introduction à une véritable histoire du cinéma et de la télévision«. Das Ergebnis dieser Arbeit ist das vorliegende Buch: eine Abschrift der Tonbandprotokolle, also kein geschriebenes, sondern ein *gesprochenes* und damit sehr lebendiges Buch.

Jean-Luc Godard, geboren 1930 in Paris, war und ist immer noch der umstrittenste, produktivste und originellste Regisseur des modernen französischen Films. Sein neuestes Werk *Sauve qui peut / La vie* (1980) erregt zur Zeit erneut die Gemüter. Über sein Œuvre unterrichtet Band 19 (1979) der im Carl Hanser Verlag erscheinenden »Reihe Film«.

Jean-Luc Godard
Einführung in eine wahre
Geschichte des Kinos

Aus dem Französischen von Frieda Grafe und
Enno Patalas   Carl Hanser Verlag

Titel des Originals:
Introduction à une véritable histoire du cinéma (Tome I)
© Editions Albatros, Paris 1980

ISBN 3-446-13282-1
Alle Rechte vorbehalten
© 1981 Carl Hanser Verlag München Wien
Umschlag: Klaus Detjen
Gesamtherstellung: Kösel, Kempten
Printed in Germany

Vorwort der Übersetzer

Sie lesen die Übersetzung einer Übersetzung einer Übersetzung, nicht nur von einer Sprache in die andere, viel verlustreicher ist das Hin und Her zwischen verschiedenen Medien.

Am Anfang stand Godards Projekt, mit Bildern und Tönen zu beweisen, daß alle geschriebenen Filmgeschichten ihren Gegenstand verfälschen, eigentlich gar nicht erfassen. Godard hat in Montreal keine Filmkurse gehalten, er wollte mit den Filmstudenten ein Drehbuch entwerfen zu einer Filmgeschichte mit deren eigenen Mitteln. Als dem Konservatorium dann das Geld ausging, bot er einem Pariser Verlag die Tonbandaufzeichnungen an. Daß schließlich doch nur wieder eine Art Buch daraus geworden ist, zeigt, wie schwierig es heute, ohne funktionierende Filmindustrie, für die Filmer geworden ist, arbeitend zu überleben.

Godard hat den Studenten in Montreal kein Skript diktiert, und ein Tonband enthält nur den halben Film. In dem, was auf den Bändern von Godards Auftritten übrigblieb, waren der Raum, die Situation, die Zuhörer nur indirekt und undeutlich zu spüren. Bei der Abschrift vom Band fielen Geräusche, Intonationen, Pausen weg. Der französische Text gibt wieder, was jemand beim Abhören zu verstehen glaubte, der *Vatigo* hinschrieb und *Tonnings* und *Cevenax*, wenn Godard von *Vertigo* sprach oder von *Jannings* oder der Firma *Seven Arts;* und mal steht da ein einschränkendes *même* statt eines widersprüchlichen *mais* oder umgekehrt. Das Netz der Syntax wurde über eine Rede ohne Punkt und Komma geworfen und Ordnung gemacht, wo keine war. Auf einen Sinn kam man oft nur, wenn man die Sätze laut las und sich die Interpunktion wegdachte.

Die erste Ausgabe des Buches erschien im März 1980. Im Mai

war zu hören, Godard verlange eine neue Ausgabe. Als sie im Herbst erschien, waren ein paar Druckfehler korrigiert, ein paar dazugekommen, die Kapitelüberschriften neu gesetzt. Entscheidend verändert waren die Fotos, schockierend für jeden Illustrationsliebhaber. Aber man findet besser als sonst auf Fotos die Spuren von den Bewegungen der Filme.

Man kann nicht schreibend auf deutsch nachmachen, wie Godard redet. Wir haben versucht, hinter dem Geschriebenen das Gesprochene zu hören und zu verstehen und es durch das Geschriebene zu suggerieren. Sich seiner Filme und Videos zu erinnern, ist bei der Lektüre hilfreich, wie Dialoge aufgenommen und geschnitten sind. Man muß sich die Situation vorstellen, die Anordnung von Stühlen und Tischen in einem Lehrsaal, sich das Schweigen, die Fragen und Gegenreden der Zuhörer dazudenken oder die Schnittstellen – im Buch durch Leerzeilen markiert – spüren, wo die Zwischenfrage weggefallen ist. Wie in *A Bout de souffle,* wo man beim Dialog immer nur einen von beiden sieht und hört und bei jedem Zeitsprung sein Kopf ruckt.

Es war für Godard schon filmen, als man ihn anfangs nur Kritiken schreiben ließ. Nicht weil ihm beides gleich ist. Die Konventionen eines Mediums mit den Regeln eines anderen zu zerbrechen, mündet in seine Improvisation, die alles andere ist als beliebig. Sie meidet Endprodukte und verlangt Beteiligung und Beweglichkeit.

F. G., E. P.

*für Mary Meerson
und Roger Viguier*

Im September 1978 schlug mir Serge Losique, der Leiter des Conservatoire d'Art Cinématographique in Montreal vor, die Arbeit fortzusetzen, die Henri Langlois ein Jahr vorher dort begonnen hatte.
　Statt Vorlesungen zu halten, wie das heute an allen Universitäten der Welt üblich ist, schlug ich Losique vor, die Angelegenheit wie ein Geschäft zu betrachten, eine Art Koproduktion zur Erstellung von so etwas wie einem Drehbuch zu einer möglichen Filmserie mit dem Titel: Einleitung zu einer wahren Geschichte des Films und des Fernsehens. »Wahr« insofern, als sie aus Bildern und Tönen gemacht sein sollte und nicht aus – wenn auch illustrierten – Texten. Das war übrigens ein Projekt, das wir schon mit Henri Langlois geplant hatten.
　Das Drehbuch wurde also in mehrere Kapitel oder Reisen (zehn) eingeteilt, mit einem Kostenaufwand von zehntausend kanadischen Dollar pro Kapitel, in die sich das Konservatorium und die Filmfirma Sonimage, deren Teilhaber ich bin, teilten.
　Bei jeder Reise brachte ich etwas von meiner Geschichte mit, und an jedem Monatsende tauchte ich wieder in sie ein, mit jeweils zweien meiner Filme. Aber das Wasser dieses Tauchbads ließ mich oft etwas anderes sehen als das, was mein Gedächtnis gespeichert hatte. Das kam daher, daß wir morgens Filmstücke zur Kinogeschichte zeigten, die damals für mich etwas zu tun gehabt hatten mit dem, was ich gerade machte. Und ich kommentierte das Ganze dann aus dem Stegreif vor drei oder vier Kanadiern, die in dieser Geschichte genauso verloren waren wie ich.
　Dann hörte alles auf, Losique war in finanzielle Schwierigkeiten geraten und stellte Sonimage ungedeckte Schecks aus und bald nicht einmal mehr die. Immerhin hatte er sich darauf eingelassen, etwas Neues zu machen, und »nobody is perfect«.

Jean-Luc Godard

MOI
JE N'AI PLUS
D'ESPOIR
LES AVEUGLES
PARLENT D'UNE
ISSUE
MOI
JE VOIS

Inhalt

Erste Reise. Ich bereite vor 13
Zweite Reise. Das ist zu weit weg 59
Dritte Reise. Wenn es einen Sinn hat 103
Vierte Reise. Das ist eine Verfilmung 141
Fünfte Reise. Es ist komisch für mich 191
Sechste Reise. Uns ist ein Fehler unterlaufen 237
Siebente Reise. Diesmal wird es deutlich 291

Erste Reise

Fallen Angel   OTTO PREMINGER

A Bout de Souffle   J.-L. GODARD

Ich bereite für mich selbst eine Art Film- und Fernsehgeschichte vor, die »Unbekannte Aspekte der Geschichte des Films« heißen soll. Und dazu, ist mir klargeworden, müßte man zuallererst einmal Filme sehen können. Ich hatte vor, das mit Langlois zu machen, aber in Paris war es einfach zu schwierig. Hier dagegen ist es ziemlich leicht, Filme zu sehen. Ich weiß nicht, wie Serge das macht, aber man braucht ihn nur nach einer Kopie zu fragen, und schon hat man sie.

Ich hatte da eine Idee, ich wollte die Geschichte des Films nicht einfach chronologisch erzählen, sondern eher etwas archäologisch oder biologisch, und zu zeigen versuchen, wie bestimmte Richtungen aufgekommen sind, genauso wie man die Geschichte der Malerei erzählen könnte, wie zum Beispiel die Perspektive entstanden ist, zu welchem Zeitpunkt die Ölmalerei erfunden wurde und so weiter. Im Kino ist das nämlich auch nicht einfach so passiert. Männer haben es gemacht und Frauen, die in Gesellschaft leben, zu einem bestimmten Zeitpunkt, die sich ausdrücken und die diesen Ausdruck als Eindruck hinterlassen oder die ihren Eindruck auf eine bestimmte Art und Weise zum Ausdruck bringen. Und es muß da geologische Schichten geben, kulturelle Erdverschiebungen. Und dafür braucht man einfach Anschauungsmittel und Mittel zur Analyse, nicht unbedingt ungeheuer aufwendige, aber angemessene. Und eben die gibt es nicht, und deshalb bin ich zu der Überzeugung gelangt... Ich meine... Ich bin jetzt fünfzig, ich glaube, ich bin mit meinem Leben fertig, mir bleiben vielleicht noch dreißig Jahre, und jetzt möchte ich von den Zinsen meines Lebens leben, wenn Sie so wollen, von einem Kapital von fünfzig Jahren, jetzt möchte ich die Zinsen davon. Und deshalb interessiert es mich eben zu sehen, was ich gemacht habe, und vor allem, weil ich ein paar Filme gemacht habe, davon zu profitieren und zu versuchen, auf diese Filme zurückzugreifen.

Ich habe mir gesagt: das muß doch ganz leicht sein. Jemand, der keine Filme gemacht hat und sich sein Leben nochmal vor Augen führen möchte, sein Familienleben, der kann sich vielleicht Fotos anschauen, wenn er noch welche hat, aber alles wird das nicht sein. Von seinem Arbeitsleben, wenn er am Fließband gearbeitet hat oder bei General Motors oder bei einer Versicherung, hat er bestimmt nichts behalten. Wahrscheinlich hat er ein paar Fotos von seinen Kindern, aber kaum welche von der Arbeit, nehme ich an, und Töne erst recht nicht.

So hatte ich mir vorgestellt, das heißt, ich dachte – ich merke jetzt, das ist eine Illusion –, daß ich im Kino – weil ich nun mal Filme gemacht habe – wenigstens sie wieder anschauen könnte – schließlich besteht Filmemachen darin, Serien von Fotos aufzunehmen –, und daß ich wenigstens, von dieser Vergangenheit ausgehend, meine eigene noch einmal sehen könnte, wie eine Psychoanalyse meiner selbst und des Ortes, den ich im Kino habe. Und ich habe feststellen müssen, daß ausgerechnet die Geschichte des Kinos, die doch eigentlich am leichtesten zu zeigen sein müßte, effektiv nicht zu sehen ist. Man kann sich einen Film ansehen und hinterher darüber reden, wie wir das hier tun, aber das ist im Grunde eine ziemlich armselige Arbeit, man müßte zu etwas anderem kommen können. Aber das wird vielleicht nicht von heute auf morgen gehen.

Nach und nach bin ich dahintergekommen, hier mit Serge, weil wir eine Art Forschungsarbeit vorhatten. Ich hatte ein paar Themen, wie zum Beispiel das, was das Allerwichtigste im Kino ist, was man, ohne überhaupt zu wissen, was das ist, Montage nennt. Diesen Aspekt der Montage muß man nämlich verstecken, er ist zu gefährlich. Es heißt, die Dinge zueinander in Beziehung setzen, damit man sie sieht – eine eindeutige Situation. Solange einer, dem seine Frau Hörner aufgesetzt hat, den anderen, mit dem seine Frau jetzt zusammen ist, nicht gesehen hat, das heißt, solange er nicht *zwei* Fotos hat, das des anderen und das von seiner Frau, oder das des anderen und sein eigenes, hat er nichts gesehen. Man muß immer zweimal sehen. Das ist es, was ich mit Montage meine, einfach etwas in Verbindung bringen. Da liegt die wahnsinnige Macht des Bildes und des Tons, der dazugehört, oder des Tons und des Bildes, das dazugehört. Alles das, seine Geologie, seine

Geografie, umfaßt meiner Meinung nach die Filmgeschichte, und das bleibt unsichtbar. Das zeigt man besser nicht, heißt es. Ich werde, glaube ich, den Rest meines Lebens oder meiner Arbeit im Kino darauf verwenden, das zu sehen und es zunächst für mich selbst zu sehen, und auch noch für mich selbst zu sehen, woran ich bin mit meinen eigenen Filmen.

Ehe man sich Griffith und Eisenstein oder Murnau vornimmt, um nur die bekanntesten Beispiele zu nehmen, ehe man damit anfangen kann, sie sich anzuschauen, müßte man erst die materiellen Möglichkeiten, die es gibt, zusammenbringen, die beispielsweise darin bestehen, einen Film vorzuführen, ihn langsamer laufen zu lassen, um etwa zu sehen, wie Griffith oder jemand anders irgendwann an einen Schauspieler herangegangen ist und die Großaufnahme, wenn nicht unbedingt erfunden, so doch zum erstenmal mit einer gewissen Methode verwendet hat. Wie er daraus eine Stilfigur gemacht hat, wie er etwas gefunden hat, so wie ein Schriftsteller irgendwann eine bestimmte Grammatik erfunden hat. Aber dazu muß man den Film von Griffith haben und ihn sich in Ruhe ansehen können, um den Moment zu entdecken, wo man spürt: da passiert etwas. Und wenn man zum Beispiel der Meinung ist, daß etwas fast Analoges, aber auf andere Weise, etwa in Rußland passiert ist, was dessen Folge oder Erbe oder Vetter oder Ergänzung ist, wenn man es mit Eisenstein vergleichen möchte, dann muß man den Film von Eisenstein haben, ihn sich in Ruhe auf den Moment hin anschauen, dann die beiden Momente zeigen, und das außerdem mit anderen zusammen machen und nicht allein, um zu sehen, ob da wirklich was ist. Und wenn nichts da ist, dann sucht man eben woanders. So wie Wissenschaftler im Laboratorium arbeiten. Aber dieses Laboratorium gibt es nicht. Die einzige Stelle, wo es Forschung gibt, ist die Pharmazeutik, ein bißchen noch die Medizin und ein paar Universitäten, aber da immer im Zusammenhang mit militärischen Projekten. Da forscht man allerdings, dafür gibt es Instrumente. Aber nicht fürs Kino. Wenn wir hier sowas machen wollten...

Ich habe eine Vorstellung von der Methode, aber nicht die Mittel. Schon vor Henri Langlois' Tod... Mit ihm hatte ich es zunächst geplant, und er hätte mir genaue Hinweise geben können, denn er hatte ein enormes Gedächtnis und kannte die wirkliche Geschichte des Kinos genau – er hätte mir sagen können: Da müßte man eher in dem oder dem Film aus der oder der Zeit suchen. Heute müßte man

Serge darum bitten, der hat die Kopien oder kann sie besorgen, und dann müßte man sich irgendwo dransetzen. Aber da ist es plötzlich ganz aus. Man muß sich den Film anschauen können, aber nicht in einer Projektion, weil man da immer sagen muß: Wir haben doch vor einer Dreiviertelstunde gesehen, erinnern Sie sich... Das bringt nichts. Man müßte das sehen und danach vielleicht eine andere Großaufnahme, aber zusammen. Das habe ich mich heute, beim erstenmal, nicht getraut. Es hätte möglicherweise mehr gebracht, aber ich kenne die Filme nicht gut genug, daß ich mich trauen würde, das zu machen – es hätte bedeutet, Ihnen eine Rolle von *Fallen Angel* zu zeigen und dann eine von *A Bout de Souffle*. Das wäre etwas willkürlich, aber es könnte interessant sein, das in kleinen Stücken zu machen. Dann hätte man vielleicht nach zwanzig Minuten gewußt, daß da nichts zu holen ist. Dann hätte man sich einen anderen Film vorgenommen. Aber um den anderen Film zu holen, braucht man vielleicht zehn Minuten, einen Tag oder auch zwei, wenn man ihn nicht hat.

Wenn man die Filmgeschichte machen wollte, so wäre das tatsächlich ein völlig unbekanntes Gebiet, irgendwo untergegangen. Und dabei müßte es doch die einfachste Sache von der Welt sein, da sichs nur um Bilder handelt, um ein Fotoalbum. Dieses Fotoalbum ist da, aber an die Mittel, um es durchzublättern, kommt man nicht ran. Wenn man einen Monitor braucht, ist der oben in einem Saal, der Analyseprojektor wieder woanders...

Also kann man so nicht arbeiten. Deshalb haben wirs aufgegeben, jedenfalls für den Moment, vielleicht machen wirs nächstes Jahr. Aber nächstes Jahr, das würde voraussetzen, daß sich hier etwas ergibt – man kann für die Finanzierung nicht auf die Universität rechnen, das müßten wir selbst machen. Es müßten sich hier Mittel finden, die wir selbst aufgebracht hätten, für uns selbst, die aber für zwei oder drei weitere mit reichen müßten, aber keinesfalls etwa für zwanzig Leute. Das ginge in Europa, aber in Europa komme ich an die Filme nicht ran.

Das Ganze war also sehr schwierig. Darauf habe ich mir gesagt: Also, zuerst mal kommt es darauf an, endlich die Filme wiederzusehen und die Abmachung mit dem Konservatorium dazu zu nutzen, und wenn das andere Leute dann auch interessiert, störts mich nicht, vor ihnen laut zu reden, denn es ist schon so etwas wie meine Psychoanalyse, die Psychoanalyse meiner Arbeit – vor und mit anderen nicht meine eigene Vergangenheit, aber meine eigenen zwanzig Filmjahre wiederzusehen und zu versuchen, so auf eine etwas andere Art zu sehen, das heißt, eigentlich ganz stur und schematisch jedesmal bei einem von meinen Filmen die Gelegenheit zu nutzen und einen Film oder eine Art von Film wiederzusehen oder zu sehen, wenn ich ihn noch nicht kenne oder es zu lange her ist, daß ich mich erinnere, einen Film, von dem ich mich erinnere, daß er etwas mit meinem Film zu tun hatte. Und anzufangen mit dem Anfang. Und heute... Ich bin eben einen Kaffee trinken gegangen und bin mir vorgekommen, wie wenn man zum erstenmal zum Psychoanalytiker geht oder Arbeit sucht oder sich irgendwo vorstellt. Ich war etwas befangen, ich hatte keine Lust, zuviel davon zu sehen. Ich hatte Lust, *Fallen Angel* wiederzusehen, aber weil ich ihn mir unvorbereitet anschaute, hatte ich Angst, mehr als eine halbe Stunde davon zu sehen. Ich habe einen Blick hineingeworfen und mir dann gesagt: Das wars also, was ich vor zwanzig, fünfundzwanzig Jahren so mochte und was ich machen wollte, so sollte es etwa aussehen... Es war, als blätterte ich in einem Familienalbum, und es war mir peinlich, so vor anderen. Ein bißchen war es so, wie wenn man sein eigenes Familienalbum wieder anschaut und sich im Grunde darüber wundert, daß man zu dieser Familie gehört. Eigentlich weiß ich nicht recht, es kommt mir vor, als hätte ich mit diesen beiden Filmen heute nicht mehr viel zu tun. Aber das ist es auch wieder, was mich daran reizt.

Also die nächsten Male wird alles, sagen wir, etwas systematischer ablaufen. Von morgen an komme ich zu bestimmten Terminen, die bis Dezember festliegen, und das Ganze wird einigermaßen regelmäßig sein. Ich werde diese Arbeit vor Leuten machen. Das heißt, ein wenig nachforschen, wie es sich damals ereignet hat.

Ich werde also auch Fragen brauchen. Ich kann nur eins tun: die Orte zeigen, wo es sich abgespielt hat in Wirklichkeit – und mit dem Anfang anfangen. Morgen gibt es meinen zweiten langen Film, *Le Petit Soldat*, der damals während des Algerienkrieges in Frankreich spielte. Dazu habe ich einen Film ausgesucht, der keinen bestimmten Bezug zu der Zeit hat, sondern bei dem ich heute daran denken muß – damals habe ich nicht besonders daran gedacht –, daß es einer der letzten deutschen Filme von Fritz Lang ist, den er gemacht hat, bevor er aus Deutschland wegging. Und außerdem ist es ein sehr individualistischer Film. Es gibt also vielleicht einen Bezug.

Aber ich habe *M* zu *Le Petit Soldat* ausgesucht als der, der ich heute bin, und mich gefragt: gibt es nicht etwas zwischen diesen beiden Filmen, das mir heute ein wenig die Augen öffnet?

Die Beziehung zwischen *Fallen Angel* und *A Bout de Souffle* ist ganz etwas anderes, denn ehe ich mit *A Bout de Souffle* begann, gab es die sogenannten »schwarzen Filme« aus Amerika. Damals hatte die »Série Noire« bei Gallimard in Frankreich ihre ersten großen Erfolge. Vor der Gründung der *Cahiers du Cinéma* hatten Bazin und Doniol-Valcroze und noch andere einen Filmclub gegründet, der Objectif 49 hieß und damals die amerikanischen »schwarzen Filme« propagierte – *Gilda*, alle diese Filme. *Fallen Angel* habe ich ausgesucht, weil Serge ihn dahatte; eigentlich wollte ich einen anderen Film, an den ich mich erinnere, *Where the Sidewalk Ends*, auch mit Dana Andrews. Damals, als ich *A Bout de Souffle* machte, kann ich mich erinnern, glaubte ich, etwas in der Art zu machen. Als ich ihn dann hinterher gesehen habe, habe ich gemerkt, daß es was anderes war. Heute frage ich mich, was das für Filme sind und was mein Film war und auch, was das da für ein Film war.

Diese Filme haben wir sehr bewundert, wir haben sie sogar als Autorenfilme propagiert. Wir haben gesagt: diese Filmer, die sind ganz groß, das sind Autoren, Künstler. Damals fand man das gar nicht. Heute sehe ich die Dinge, glaube ich, etwas anders, aber das war die Idee dahinter, weshalb ich diese beiden Filme zusammen gezeigt habe.

Damals, erinnere ich mich, hatten wir, weil wir Cinephile waren, Spaß daran, von denen zu reden, die wir mochten, und ihre Filmplakate zu zeigen. Ich erinnere mich, in einem Film von mir sah man ein Plakat von einem Film von Aldrich mit dem Untertitel »Gefährlich leben bis zum Schluß«, nur weil Aldrich damals einer von denen war, die für uns zählten.

Mit dem da wollte ich... Ich sagte mir: Ich werde extra auf das Miese setzen – der Spitzel, der Denunziant wird immer verachtet, ich werde also die Karten absichtlich anders mischen, aus Widerspruchsgeist oder – schließlich ist es mein Film, ich werde es absichtlich eben so machen, dann werden die Leute anfangen, Fragen zu stellen, auf die es keine Antworten gibt. So wars im Grunde.

Und dann hatte ich mir angewöhnt zu sagen: Denunzianten denunzieren, Konservatoren konservieren, Verliebte lieben sich, und das ist einfach so. Das Interessanteste jetzt, als ich *Fallen Angel* wiedersah, war eben dieser Reiz, was ich auch heute noch interessant finde, denn das Kino – und das wird eins der Kapitel oder einer der Aspekte der Filmgeschichte sein, wenn wir sie zustande bringen, in ein oder zwei Jahren –, das ist der Kriminalfilm. Wir leben in Polizeisystemen, es gibt eine Menge davon, mehr oder weniger entwickelte. Und dennoch kann man sagen: der Kriminalfilm und seine Bestandteile sind verschwunden. Richtige Filme dieser Art gibt es eigentlich nicht mehr. Dagegen haben sie sich in Form der Serien vervielfältigt, von denen es jeden Tag drei bis vier auf allen Fernsehkanälen der Welt zu sehen gibt, die Mannix und Co. sind die direkten Nachfahren von Dana Andrews. Die meisten Leute haben Angst vor der Polizei. Wenn hier jetzt plötzlich ein Polizist reinkäme, dann empfänden wir ihn jedenfalls nicht wie einen von uns, auch wenn er nichts besonders Schlimmes täte. Und trotzdem sind gerade die Kriminalfilme, gegen die doch eher alles spricht, weil sie Geschichten erzählen von Leuten, die man nicht mag, mit denen es einem auf Anhieb peinlich wäre, einen Kaffee zu trinken... – ich meine, wenn einen ein Polizist auf der Straße anspräche und fragte: Willst du mit mir einen Kaffee trinken? – da wäre man doch mißtrauischer als bei jedem anderen, einfach so, ohne daß man genau wüßte weshalb. Und dabei sind gerade die Kriminalfilme und die Krimiserien so außerordentlich beliebt und haben den größten Erfolg. Sie sind schon wie das tägliche Brot, man könnte nicht mal sagen: ein tagtäglicher Erfolg – es gehört inzwischen einfach dazu.

Es gibt da einen Comic von einem Zeichner namens Gébé, über die Figur eines Bullen. Er erklärt das Paradox so: Der Polizist, der Detektiv stellt für die Männer – für die Frauen weiß ichs nicht –, stellt für den westlichen Mann das Maximum an Freiheit dar. Das ist einer, den eigentlich nichts was angeht, der einfach mal so in eine Bar geht, Auto fährt, sich eine Zigarette ansteckt, Leute anquatscht und ihnen Fragen stellt oder sie einfach stehenläßt, wenn sie ihn langweilen. Das heißt, er repräsentiert die Freiheit in einem etwas stupiden Sinn: machen, was man will. Er kommt daher, die Hände in den Taschen, macht sich nicht dreckig, ist also kein Arbeiter, aber auch kein Intellektueller. Er ist der freie Mann. Das heißt, was man sich im Westen unter Freiheit vorstellt: machen, was man will, zu irgendwelchen Ermittlungen nach Caracas fliegen, hübsche Mädchen aufreißen, in verqualmte Bars gehen mit Musik, eben reisen wohin man will. Und gerade deshalb ist er so außerordentlich beliebt. Und ich glaube letztlich, eben habe ich mir unbewußt gesagt, als ich die beiden Filme wiedersah, die eigentlich nicht viel miteinander gemein haben, daß der Reiz, den diese Kriminalfilme für jemand wie mich haben, die Figur des Polizisten ist – was mir zwanzig Jahre später durch eine Zeichnung von Gébé klar wurde –, und daher kommt es, daß die Figur von Belmondo und die von Dana Andrews dann doch eine gewisse Ähnlichkeit haben. Diese Typen haben meiner Meinung nach zu einer gewissen Zeit ein bestimmtes Freiheitsideal verkörpert: machen können, was man will, ohne daß einem dauernd jemand reinredet, also im Grunde möglichst wenig tun, weil man sich sowieso kaum rühren kann und die allgemeinen Strukturen gar nicht wahrnimmt, die einen von rechts nach links gehen lassen. Aber im Grunde ist es genau das, auf einer rein individualistischen Ebene, und das hat man mir auch immer vorgeworfen, oder die Amoral dessen, der weder dafür noch dagegen ist, der einfach macht, was ihm durch den Kopf geht, oder ein rein anarchistisches Freiheitsgefühl, aber anarchistisch nicht im politischen Sinn, wenn Sie so wollen.

Und ich glaube, das muß es gewesen sein, weshalb wir damals, weshalb alle damals die Kriminalfilme so mochten, die heute ziemlich vulgär geworden und verkommen sind, in denen aber immer noch diese Art von effektiver Freiheit herrscht, die in Wirklichkeit die falsche Freiheit des Rücksichtslosen ist, der außerdem noch auf der richtigen Seite, der Seite des Gesetzes steht. Das muß es sein: der Rücksichtslose, aber auf der richtigen Seite des Gesetzes, er hat also alle Vorteile für sich.

Und das ist, glaube ich, der gemeinsame Punkt zwischen den beiden Filmen und meinem Geschmack an den amerikanischen Krimis, die sozusagen aus Europa kommen, denn die amerikanischen Krimis sind – das wird in unserer Filmgeschichte demonstriert werden – von Europäern erfunden worden, von europäischen Emigranten und im besonderen von deutschen – Preminger ist Wiener, Lang ist Deutscher –; sie haben den Gangsterfilm erfunden, und sie haben dem Kriminalfilm den letzten Schliff gegeben.

Der Film hat großen Erfolg gehabt. Es war ein ganz billiger Film, er hat um die Hälfte weniger gekostet als die Filme damals im Durchschnitt kosteten, das heißt, er hat hunderttausend Dollar gekostet, während ein Durchschnittsfilm sonst damals in Frank-

reich zwei- bis dreihunderttausend Dollar kostete. Und er hatte eben einen unerwartet großen Erfolg. Entstanden ist er unter großen Schwierigkeiten, allein hätte ich ihn nie machen können, aber die Namen von Truffaut und Chabrol haben mir geholfen, sie hatten gerade ihre ersten Erfolge.

Interessant ist die Geschichte mit der Technik. Zum Beispiel wollten wir den Film unbedingt im Studio drehen. Wir haben ihn draußen gedreht, weil uns untersagt worden war, im Studio zu drehen, durch gewerkschaftliche und technische Vorschriften, die ganz eng miteinander verknüpft waren und es uns ganz unmöglich machten, im Studio zu drehen. Wir waren also völlig gegen unseren Willen draußen und, was mich betraf, ohne jede Theorie. Da ich von nichts eine Ahnung hatte, bestand meine einzige Theorie darin, um jeden Preis allen Verboten aus dem Wege zu gehen. Ich war zufrieden, Raoul Coutard als Kameramann zu haben, weil der vorher außer einem Dokumentarfilm in Farbe noch nichts gemacht hatte. Ich habe mir gesagt: jedenfalls hat er noch nie in Schwarzweiß gedreht, und ich habe ihn gefragt, ob man außen drehen könnte, ohne Licht, wie zu Beginn des Kinos, und daß man, wenn man innen drehte, vielleicht einen empfindlichen Film nehmen könnte, den es damals erst nur für Fotoapparate gab. Alle Nachtszenen sind auf diesen Filmen gedreht, und das ist der Grund dafür, weshalb die Einstellungen nachts kürzer sind. So war ich meinerseits wenigstens sicher, daß man mich nicht zwingen könnte, in einer Weise zu beleuchten, die mir nicht gepaßt hätte, was ich aber, weil ich technisch keine Ahnung hatte, nicht hätte verhindern können, ich hätte nicht sagen können: man muß das anders machen. Dann schon besser gar nichts machen.

Das ist meine Regel geblieben. Ich finde es einfacher, und es erlaubt einem, etwas anderes zu machen, nämlich das, was man kann, und nicht das, was man will. Machen, was man will, ausgehend von dem, was man kann. Machen, was man will, aus dem, was man hat, und jedenfalls nicht träumen vom Unmöglichen. Hat man fünfzig Millionen und kein Licht, macht mans eben mit fünfzig Millionen und ohne Licht. Und es kommt was anderes dabei heraus. Man macht, was man kann, und man versucht zu wollen – ich glaube, da lag der Grund des Erfolgs. So hab ichs immer gemacht. Es war mein einziger Film, der wirklich Erfolg gehabt hat, der Geld eingespielt hat, mit dem der Produzent Geld verdient hat, und zwar nicht wenig, das Zehn- bis Zwanzigfache.

Zu der Zeit, als ich angefangen habe, sagten wir uns: Im französischen Film werden bestimmte Wörter nicht gebraucht, wird an bestimmten Orten nicht gedreht, also machen wir genau das. Außerdem hatten wir noch ein klassisches Muster – eine wahre Geschichte übrigens, die wirklich passiert ist. Und so hatte das Publikum den Eindruck, ein bißchen Realität zu sehen, und dann, weil es ehrlich gemacht war, mit dem Willen, sich auszudrücken... Alle ersten Filme sind so, im allgemeinen, weil sie immer erst so spät gemacht werden. Ich war übrigens dreißig, als ich meinen ersten Film machte.

Ich habe gern Ruhe bei der Arbeit, ich finde, man arbeitet besser, wenn Ruhe herrscht, und auf der Straße arbeitet man nicht... Ich arbeite nicht gern auf der Straße, ich habe immer eine Heidenangst, die Dinge könnten schiefgehen, die Autos könnten bei Rotlicht anfahren. Dagegen hätte ich gern ein ganzes Studio oder sogar eine ganze Stadt für mich. Die Russen haben das gemacht bei einigen Filmen von Eisenstein, etwa bei *Oktober,* wo für bestimmte Einstellungen ein ganzer Stadtteil von Leningrad verwendet wurde. Unter solchen Umständen gehts, man hat Ruhe, man hat Zeit. Manchmal ziehe ich das Studio vor oder sogar Postkarten, da hat man wenigstens Zeit zum Nachdenken. Es ist schade, aber auf der Straße kann man nicht... Das Fernsehen könnte mehr auf der Straße arbeiten, aber dann müßte man es anders machen, nämlich die Dinge einfach übermitteln, wie sie sich ereignen. Aber dann gäbe es kein Drehen mehr und im eigentlichen Sinn nichts mehr einzurichten. Und deshalb paßt mir das nicht. Die großen Filme, die Deutschen, Leute wie Murnau, ein Film wie *Sunrise,* wo auf der Straße gedreht wurde – da wurde die Straße eben im Studio gebaut. Ja, das haben die Deutschen gekonnt, da waren auch die finanziellen Mittel da. Die gibt es heute nicht mehr. Und meist sind die auf der Straße gedrehten Sachen ungeheuer ärmlich. Diese kleinen, kurzen Einstellungen, bei denen man weder die Menge noch den einzelnen sieht – es geht nicht, es ist unmöglich. Das Fernsehen kann es noch weniger, die bekommen nicht einmal eine Direktübertragung hin. Man braucht sich nur anzuschauen, wie die Ankunft eines Staatschefs gefilmt wird, wenn er aus dem Flugzeug steigt – das ist technisch völlig unterm Strich.

Ich glaube, das kommt daher, daß man beim Drehen von lauter Unbekannten umgeben ist, und die Unbekannten betrifft das nicht, was man macht. Wie sollte es auch. Als Lumière die Arbeiter beim

Verlassen seiner Fabrik filmte, da hatte er sich ganz vorsichtig postiert. Und dabei waren es noch seine eigenen Arbeiter. Aber er hat sich ganz vorsichtig gegenüber dem Fabriktor aufgestellt. Aber wenn er das bei irgendeiner Fabrik hätte aufnehmen wollen... Wenn man nicht selbst Arbeiter ist, kommt mir das ziemlich unmöglich vor.

Was mich nervös macht ist, daß ich mich unwohl fühle unter lauter Leuten, die sich für das, was ich mache, nicht interessieren und auch gar keinen Grund dazu haben. Und mich selbst betrifft der Ort eigentlich auch nicht, wo ich mich hinstelle und sage: Dies Trampel da könnte sich auch ein bißchen beeilen, sonst ist sie im Bild, und das stört fürchterlich – oder sowas Ähnliches. Da ist wirklich ein großer Widerspruch, man kann einfach keine Einstellungen von Straßen machen oder auf der Straße etwas machen. Heute würde ich das schon gern machen mögen, aber dazu braucht es soviel mehr Vorbereitung und Arbeit als früher.

Damals waren wir noch ziemlich unschuldig. Wir sind auf die Straße gegangen, als das noch verboten war, seis auch nur aus juristischen Gründen. Lange hat man in den USA nicht auf der Straße gedreht – das ist anders geworden mit dem Fernsehen –, nur weil jemand, der da gerade vorbeiging, einen hinterher hätte verklagen können mit der Begründung: Sie haben kein Recht, mich zu zeigen.

Ich komme mir auf der Straße immer ein wenig so vor wie ein Kolonialist, wie bei diesen europäischen oder amerikanischen Filmen, die früher in Schwarzafrika gedreht wurden. Sowas sieht man oft noch auf Reklamefotos mit hübschen Mädchen und schönen Knaben, die für eine Cola-Reklame in einem Kanu sitzen, und zwei Schwarze paddeln. Ich habe immer das Gefühl, die Leute auf der Straße, das wären die Schwarzen, die das Paddeln besorgen. Das hat mich schon immer gestört und schließlich dazu geführt, daß ich von der Straße wieder wegwollte, nachdem ich erst hingegangen war. Heute möchte ich gern zurück – aber wie? Anders – aber das ist nicht einfach. Und dann müßten manchmal mindestens fünf oder sechs Leute um die Kamera und den Film herum sein, die sich wirklich von diesen Problemen betroffen fühlten und daran interessiert wären. Es kommt aber selten vor, daß man da synchron ist oder gleich empfindet. Es gibt bei der Arbeit hierarchische Verhältnisse, nach denen einer bestimmt – lauter Dinge, die alles so kompliziert machen.

Damals waren wir völlig unschuldig oder halb verrückt. Wir haben immer davon geträumt, in Hollywood zu drehen, und als wir dann gesehen haben, was das war, Hollywood ... Ich war nie da, ich hab es nur von weitem gesehen. Wir hätten das nicht gekonnt. Ich wäre nie bereit gewesen, so zu leben, wie Preminger wahrscheinlich damals gelebt hat und andere. Andererseits gibt es etwas, das ich nie wiedergefunden habe, was es auch ein wenig bei den *Cahiers du Cinéma* gegeben hat: Es hatte etwas Industriemäßiges, die Leute sahen sich und sprachen über Filme. Daher kam ihre Stärke, die Stärke unserer Filme damals, als sie Erfolg hatten. Truffauts erste Filme und meine sind gemacht worden von Leuten, die miteinander übers Kino redeten und die einander auch kritisierten. Das wars, als ich *Fallen Angel* wiedersah. Ich bin ziemlich sicher, der Drehbuchautor, der Regisseur und der Kameramann haben miteinander geredet. Der eigentliche Regisseur eines Films in Amerika ist der Produzent, so wars immer, die anderen führten nur aus. Aber diese Ausführenden redeten miteinander. Wahrscheinlich hat der Kameramann gesagt: Der Ausschnitt ist nicht besonders, und der Regisseur fühlte sich nicht in seinem Stolz verletzt, wenn man ihm sowas sagte. Heute können selbst zwei Regisseure nicht mehr miteinander reden. Ich glaube, die Stärke der Neuen Welle damals, wie die einiger amerikanischer Filmer auf einer viel höheren Ebene heute, besteht darin, daß die Leute sich gekannt, miteinander übers Kino geredet haben. Jetzt reden die Filmleute nicht mehr miteinander und schon gar nicht über das, was sie machen.

Man müßte wissen, was das ist: Arbeitsverhältnisse. Und danach könnte man sich fragen: Wo steckt die Arbeit in einem Film? Was ist das: ein »cadre«, ein Bildausschnitt – ich weiß heute nicht mal mehr, was das ist. Ich habe die letzten Jahre Postkarten gefilmt, da bin ich wieder auf Bildausschnitte gekommen. Warum ist der Ausschnitt eigentlich viereckig geworden, rechteckig und nicht rund? Und warum braucht man, um dieses Viereck aufzunehmen, Objektive, die eher rund sind?

Eine Videokamera, die Sie aufnimmt, Sie, der redet, und mich, der antwortet, oder umgekehrt – wenn man aufnehmen sollte, was sich da ereignet, welchen Ausschnitt sollte man da wählen? Sollte man die Kamera dort hinstellen und alles zusammen aufnehmen? Oder eine Großaufnahme von Ihnen machen oder von mir? Oder was sonst? Also muß man wissen, was man vorhat, ehe man sich entscheidet. Da bekäme man auch eine Vorstellung davon, was ein »cadre« ist und wozu er dienen kann. Und dann fiele einem ein, was man im Französischen einen »cadre de vie« nennt, die Lebensumstände; die Führungskräfte nennt man im allgemeinen »Kader«, und es gibt die »encadrés«: die, über die man verfügt.

Eigentlich ist es ein Film, der am Ende der Neuen Welle kam, es ist ein Film ohne Regeln oder dessen einzige Regel hieß: die Regeln sind falsch oder werden falsch angewendet. Es ist ein Film, der keine Regeln befolgte. Ich erinnere mich, daß Astruc mal zu Vadim gesagt hat: Du mußt mal darauf achten, die meisten verwenden in ihrem ersten Film kaum Großaufnahmen, sie wissen nicht Bescheid und machen es wie Amateure, die glauben, es reicht, wenn man jemand im Stehen aufnimmt, und nie gehen sie nah genug ran. Da habe ich mir gesagt, aus Vorsicht, ohne wirklich eine Ahnung zu haben: da muß was Wahres dran sein, und deshalb muß von zwei Einstellungen, die du machst, immer eine eine Großaufnahme sein. Das hatte ich mir einfach so vorgenommen, eine Masche ohne Sinn und Verstand, wie wenn man mir zum Beispiel gesagt hätte: Wenn du nach England fährst, mußt du auf jeden Fall zu allem »yes« sagen – oder eine ähnlich bescheuerte Masche...

Und dann noch eine andere. Erste Filme sind immer sehr lang. Denn verständlicherweise will man nach dreißig Jahren in seinen ersten Film alles reinpacken. Deshalb sind sie immer so lang. Und ich war auch keine Ausnahme von der Regel, mein Film war zweieinviertel bis zweieinhalb Stunden lang, und das war unmöglich, er durfte laut Vertrag nur anderthalb Stunden dauern. Ich erinnere mich noch sehr gut, wie dieser berühmte Schnitt zustande kam, der heute immer in Werbefilmen verwendet wird. Wir haben uns alle Einstellungen vorgenommen und systematisch das geschnitten, was wegkonnte, uns dabei aber bemüht, einen Rhythmus einzuhalten. Zum Beispiel gab es da eine Sequenz mit Belmondo und Seberg im Auto – das war gedreht: eine Einstellung auf ihn, eine auf sie, sie antworteten einander. Als wir zu dieser Sequenz kamen, die gekürzt werden mußte wie alle anderen auch, haben wir mit der Cutterin Kopf oder Zahl gespielt. Wir haben uns gesagt: Statt ein Stückchen bei ihm und ein Stückchen bei ihr zu kürzen und lauter kurze Einstellungen von beiden zu machen, kürzen wir vier Minuten, indem wir entweder ihn oder sie ganz rausnehmen, und dann schneiden wir einfach eins ans andere, als ob es eine einzige

Einstellung wäre. Dann haben wir gelost um Belmondo und Seberg, und Seberg ist dringeblieben. So ist das Ganze gekommen, will ich damit nur sagen.

Es ist nicht besser und nicht schlechter. Das Prinzip dahinter ist, zu machen, was man kann. Wenn man vier Francs in der Tasche hat, dann reichen eben die vier Francs zum Essen, jeder Arbeitslose macht das so. Die Reichen machen es nicht anders mit vier Milliarden. Rockefeller macht mit vier Milliarden, was er damit machen kann. Das ist eine Realität. Man macht, was man kann, und nicht, was man will. Andererseits versucht man das, was man will, zu machen mit der Macht, die man hat. Wir brauchten anderthalb Stunden, und statt zu jammern und zu sagen: nein, ich kürze nichts, mußte man sich wirklich entscheiden zu kürzen, aber so, daß kein Zwang daraus wurde.

Denn woher kommt eigentlich der Rhythmus? Doch aus einer Verpflichtung und weil man diese Verpflichtung innerhalb einer gegebenen Zeit erfüllen muß. Der Rhythmus kommt vom Stil, den man hat, gegenüber der Verpflichtung. Es gibt Leute, die mit viel Stil aus dem Gefängnis ausbrechen. Fidel Castro ist ausgebrochen und dann mit einem gewissen Stil, einem gewissen Rhythmus, einer gewissen Verpflichtung und in einem gegebenen Zeitraum nach Havanna zurückgekommen. Er hat nicht gesagt: Battista hat sechzigtausend Leute, die in den Buchten auf mich warten, also werde ich erst in hundertfünfzig Jahren kommen, wenn mir zweihundertfünfzigtausend Leute zur Verfügung stehen. Es gab da eine Verpflichtung. Das macht den Stil und den Rhythmus. Und das heißt überhaupt nicht, sich zu beugen, im Gegenteil, es heißt, stärker und wendiger zu werden. Und seinen Rhythmus findet man da, wo man es geschafft hat, wendiger zu werden.

Und hier zum Beispiel ist es allein aus diesem Grund zu dieser Montage gekommen. Ich finde, daher kommen wirklich die besten Momente des Films. Es sind die Augenblicke, wo etwas mit einer großen Freiheit gemacht wird, wo es eine Verpflichtung gibt und wir ihr mit einer großen Freiheit nachkommen.

Sowieso werde ich nie noch einmal machen, was ich gemacht habe. Oder wenn ich versucht habe, etwas nochmal zu machen, zum Beispiel *Numéro Deux*, war es aus anderen Gründen. Zunächst war ich auf der Suche nach Geld, um mir dieses Studio einzurichten, von dem ich Ihnen erzählt habe, das es gestatten würde, etwa wie ein

Romancier zu arbeiten. Aber wie ein Romancier, der gleichzeitig eine Bibliothek braucht, damit er weiß, was andere schon gemacht haben, um die Bücher anderer aufzunehmen und nicht nur seine eigenen zu lesen, und dabei eine Bibliothek, die zugleich eine Druckerei ist, damit man weiß, was drucken ist. Und für mich ist ein Atelier, ein Filmstudio etwas wie für einen Romancier Bibliothek und Druckerei zugleich.

Und um dafür Geld aufzutun, für diese andere Art von Druckerei, für diese andere Art von Bibliothek, weil wir auch andere Romane machen wollen, bin ich zufällig wieder auf Monsieur de Beauregard gestoßen, der damals *A Bout de Souffle* produziert hatte und noch ein paar andere, und ich habe zu ihm gesagt: Meine Arbeitsmethoden haben sich inzwischen geändert, und heute, nach fünfzehn Jahren, würde ich für Sie einen anderen Film machen, ein finanzielles Remake, ein intellektuelles Remake, ein Remake – und am Ende kommt dabei ein anderes Produkt heraus. Das ist es, was ich »dasselbe nochmal machen« nenne. Klar ist es unmöglich, nach fünfzehn Jahren nochmal dasselbe zu machen. Wenn die Amerikaner in fünfzehn Jahren den Vietnamkrieg nochmal anfangen würden, weiß ich nicht, wo das dann wäre...

Als ich *A Bout de Souffle* gemacht habe, war es das Ergebnis von zehn Jahren Kino. Ich habe zehn Jahre Kino gemacht, vorher, ohne Filme zu machen, aber es unentwegt versucht. Ich stamme aus einer großbürgerlichen Familie, mit der ich sehr spät, aber endgültig gebrochen habe. Daher kommt es, daß der einzige Unterschied zwischen mir und den paar Freunden, die ich heute habe, darin besteht, daß ich, wenn ich in die Ferien fahren will, niemanden habe, zu dem ich gehen kann. Und außerdem, zum Film gehen, das war fast wie zum Zirkus, das war ein Milieu mit sehr schlechtem Ruf, in das man außerdem noch wahnsinnig schwer hineinkam; der Amateurfilm war längst nicht so entwickelt wie heute. Es war eine Welt mit sehr strengem Berufsbewußtsein, völlig abgeschlossen. Man kannte sich da kaum aus. Über Gabin wußte man alles, aber wie ein Film gemacht wurde, wie ein Bild von Gabin auf den Filmstreifen kam, davon hatte man nicht die geringste Vorstellung. Und ganz besonders in Frankreich war das eine geschlossene Gesellschaft, denn es gab ein Gesetz, das den Kauf von Filmmaterial verbot, weil während der deutschen Besetzung Filmmaterial juristisch als kriegswichtiges Material gegolten hatte. Jedenfalls war alles ganz genau geregelt, durchaus nicht frei zugänglich, jedenfalls aufs Ganze ... Auch heute noch kommt man nicht ohne weiteres hinein, aber damals war es wirklich wie eine Zitadelle, wie ein Geschäft, das immer vom Vater auf den Sohn übergeht.

Ich habe mir nicht schon in der Wiege gesagt: ich werde einmal Filme machen. Ich war mathematisch etwas begabt. Ich habe gedacht, ich würde mal Ingenieur werden oder etwas Ähnliches. Und dann mit zwanzig, einundzwanzig, zweiundzwanzig, weil ich immer in Paris herumgehangen habe, denn ich kam aus der Schweiz, und Paris ist dann etwa sowas wie New York für jemanden aus Quebec oder Toronto, nachdem ich in der Schweiz nichts Rechtes zustande gebracht hatte, bin ich nach Paris zurückgegangen und habe mich ganz langsam an den Film rangearbeitet, habe Artikel für Zeitungen geschrieben ... Ich habe mit dem Kino angefangen mit zwanzig, einundzwanzig, ohne wirklich zu drehen, nur so im Kopf, ich habe Zeitschriften gelesen und so, wie man sich als Junge eben für eine bestimmte Sache begeistert. Und deshalb finde ich, daß ich *A Bout de Souffle* nach zehn Jahren Kino gemacht habe, die in Wirklichkeit keine waren. Und doch waren es schon zehn Jahre Kino.

M	FRITZ LANG
Le Petit Soldat	J.-L. GODARD

Was mir da bei der Vorführung von *Le Petit Soldat* aufgefallen ist, was mich auch ein wenig erschreckt hat... Glücklicherweise ist es lange her, daß ich das gemacht habe, weil vieles, was da gesagt wird, wenn ich heute dafür geradestehen müßte... Daß ich das so habe schreiben und sagen können, das würde mich schon etwas erschrekken. Und gleichzeitig glaube ich, was anders ist als bei den Amerikanern oder was die Neue Welle im Unterschied zu allen anderen an Neuem gebracht hat, war, daß wir nur im eigenen Namen sprechen wollten, vielleicht ich vor allem. Ich schrieb hin, was ich dachte oder las, und stellte meine Figuren in Situationen, die ich nie erlebt hatte. Das bildete dann eine ziemlich unwahrscheinliche Mischung, die mal total falsch und mal total richtig geklungen haben muß. Tatsächlich hatte ich keine Hemmungen, einen Satz zu sagen, der mir durch den Kopf schoß, und den Satz eines Jungen von einem Mädchen sprechen zu lassen.

Ich glaube, der große Unterschied, so seltsam das scheinen mag, aber der wirkliche Unterschied, wenn ich jetzt so unvermittelt daran denke, war, daß ich mich nicht als Lohnempfänger sah, als ich diesen Film machte. Das ist ganz schlecht, denn es begünstigt die Vorstellung vom Autor, und so wähnten wir uns über den Gesetzen, eine Art König, der für andere Könige arbeitet und selbst auch einer ist, woran gleichzeitig was Wahres ist, aber auch viel Falsches. Ich glaube, der ganze Unterschied zwischen Preminger und mir ist einfach, daß ich mich nicht als Lohnempfänger fühlte, während Preminger wußte, daß er Lohnempfänger der Fox war. Ich sah mich nicht als Lohnempfänger von Monsieur de Beauregard, sondern war es zufrieden, daß er mich bezahlte und mich später immer besser bezahlte, oder daß ich nach einer gewissen Zeit selbst die

Kontrolle über mein eigenes Budget bekam. Und im Grunde ist es, glaube ich, der einzige Unterschied, daß ich mich eben im Kino nie als Lohnempfänger gesehen habe, wodurch meine Position etwa wie die eines Romanciers war, aber ein Romancier ist ja auch noch von seinem Verleger abhängig. Ich glaube, da liegt der ganze Unterschied. Und das hat, glaube ich, mit der Sprache zu tun. Wir sagten von Preminger und den anderen Regisseuren, die für die Studios arbeiteten, wie man heute fürs Fernsehen arbeitet: sie sind Lohnempfänger, aber gleichzeitig mehr als das, denn sie haben Talent, einige sogar Genie... Aber das war total falsch. Wir haben das gesagt, weil wir es glaubten, aber in Wirklichkeit steckt dahinter, daß wir auf uns aufmerksam machen wollten, weil niemand auf uns hörte. Die Türen waren zu. Deshalb mußten wir sagen: Hitchcock ist ein größeres Genie als Chateaubriand. Dann reagierten die Leute und sagten: ihr macht wohl Witze, ihr spinnt. Aber es klang schon so verrückt, daß man uns schließlich doch zuhörte. Sonst hätte niemand auf uns gehört. Aber auf uns aufmerksam zu machen, das bedeutete für uns, Kino zu machen. Ich glaube, der Unterschied zwischen mir und den anderen damals, als ich Kritiken schrieb, war, daß es für mich... Reden über einen Film und einen Film machen, das ist für mich nie ein Unterschied gewesen. Daher kommt es auch, daß ich mich in den Filmen nie gescheut habe, über sie zu reden oder auch über anderes.

Und auch heute noch besteht darin für mich eine Möglichkeit, im Kino auf mich aufmerksam zu machen – denn man sieht meine Filme nicht genug an. Ich mache das, um zu kommunizieren, und ich merke, daß ich immer weniger kommuniziere. Wenn man einen Film zeigt, herrscht totales Schweigen, und das macht mir Angst. Gestern habe ich einen Film von Brian de Palma gesehen. Die Leute haben ihn gemocht, am Schluß haben sie geklatscht, ich war auch ganz zufrieden, ich fand es nicht schlecht gemacht. Man bekam endlich mal was für sein Geld, und das ist selten. Aber was mich gleichzeitig erschreckte, das war, daß überhaupt keine Kommunikation stattfand zwischen denen, die den Film gemacht haben, und dem Publikum. Es gab sie und gleichzeitig doch wieder nicht. Hier sind die, die den Film gemacht haben und Hunderte von Kilometern entfernt gerade etwas anderes machen, und hier die, die den Tag über etwas anderes getan haben als Filme zu drehen und die sich das am Abend anschaun. Der Film ist der Treffpunkt. Aber gleichzeitig war es wie in einem Bahnhof, übervoll und menschenleer zugleich.

Ich bewege mich in denselben Gewässern. Da stellen sich mir Fragen. Filme machen – Antworten haben. Deshalb glaube ich, daß der Unterschied zwischen mir und Leuten wie Preminger darin besteht, daß er sich sowas alles nicht sagt.

Ich glaube, die nächsten Male wird es alles etwas besser klappen. Morgens werden wir Filmausschnitte zeigen und dann am Nachmittag einen meiner Filme von früher. Jedenfalls, was mich betrifft, was mich bei der Untersuchung interessiert, das ist: nachsehen, woran ich heute bin, und einfach versuchen, die Filme vorzuführen, an die ich gedacht habe oder von denen ich glaube, daß sie mit meinen damals, als ich sie machte, etwas zu tun hatten. Es ist, wie wenn man eine Landschaft wiedersieht oder durch Bahnhöfe fährt, die man von früher kennt. Einfach die Namen nennen. Besser, als morgens nur einen einzigen zu sehen... Es wäre heute morgen besser gewesen, wenn wir, statt *M* ganz zu sehen, nur fünfzehn oder zwanzig Minuten davon gesehen hätten und dann noch was aus anderen Filmen. Ich finde es interessant, *M* im Zusammenhang mit *Le Petit Soldat* wiederzusehen, weil sich mir da bestimmte Fragen aufdrängen. Wie soll man herangehen an den persönlichen, unpersönlichen Faschismus? Dieser Film, der zu einer ganz bestimmten Zeit in Deutschland entstanden ist, muß für Fritz Lang mit etwas zu tun gehabt haben, wie das bei mir auch der Fall war, ganz unbewußt. Deshalb wäre es heute morgen besser gewesen, wenn wir vier oder fünf Ausschnitte gesehen hätten. Und das werden wir in Zukunft auch versuchen: vier oder fünf Stumm- oder Tonfilme zeigen, die etwas miteinander gemein haben, einen gemeinsamen Punkt, den sie dann auch wiederum gemein haben mit meinem Film am Nachmittag. Und so wird die Vormittagssitzung einen gewissen Aspekt von Montage und historischer und geografischer Überschau haben, wie ich das gestern sagte, und man wird dann auch besser folgen können als heute.

Das muß der Fluch sein... Das muß der Faschismus sein, die Zeit voller Verwirrung, und tatsächlich muß ich bei *Le Petit Soldat,* wenn ich ihn jetzt wiedersehe, an einen anderen Film denken, der auch in einer sehr verworrenen Zeit entstand, ich weiß allerdings nicht, in welchem Jahr genau... Und man müßte, wenn man einen Film vorstellt, wenigstens das Entstehungsdatum angeben können und kurz die wichtigsten geschichtlichen Ereignisse jener Jahre ins

Gedächtnis rufen. *Le Petit Soldat* wurde Ende 59, Anfang 60 gedreht, noch bevor *A Bout de Souffle* herauskam.

Für mich ging es darum, sofort einen neuen Film zu machen, denn der andere war noch nicht raus und wurde wegen seiner sogenannten neuen Methoden scharf angegriffen, wir wußten also überhaupt nicht... Ich hatte Angst, daß ich nie wieder einen Film würde machen können, und habe den Produzenten unentwegt bearbeitet, daß er mir nicht mal fünfzig Millionen, sondern nur zwanzig besorgte, das heißt, vierzigtausend Dollar, noch weniger als für den anderen, damit ich wieder etwas machen konnte. Die einzige Idee, die ich hatte, war, daß ich etwas über die Folter machen wollte. Warum? Ich kann mich nicht mehr gut genug an mein Leben damals erinnern, daß ich sagen könnte warum. Man warf damals dem jungen Film vor, hauptsächlich wegen Leuten wie Vadim, daß er zu bürgerlich sei und nur an Bettgeschichten interessiert und dergleichen. Die Linken machten uns den Vorwurf, allen aktuellen Problemen aus dem Weg zu gehen – das war die Zeit des Algerienkrieges. Ich habe immer versucht, das zu machen, was es nicht schon gibt, zu sagen: Schön, wenn es keiner macht, dann mach ich es. Wenn es was schon gibt, kann man es bleiben lassen. Egal, ob es gut oder schlecht ist, besser, man macht, was es noch nicht gibt. Ideen zu haben ist nicht schwer. Das ist wie in der Industrie – wenn man Geld verdienen will, muß man nur schauen, was die anderen machen, und selbst dann etwas machen, was noch keiner macht.

Und da ging es darum, einen Film zu machen. Übrigens ist er nur verboten worden, weil das Wort Algerien fiel und es in Frankreich eine sehr strenge Zensur gibt. Auch heute noch redet man, weniger im Kino als im Fernsehen, über die Realität nicht ganz normal, wie man das manchmal in anderen Ländern tut, die wieder eine andere Art haben, etwas zu verheimlichen.

In dem Fall ging es mir darum, in einem Film das Wort Algerien auszusprechen, und zwar auf meine Art, von meinem Standpunkt aus, das heißt, meine eigene Wahrheit zu sagen.

Allerdings ist es interessanter, das nach zehn, zwölf Jahren zu sehen, wenn man sieht, ein paar Dinge werden da gesagt, nur so hätten sie nicht gesagt werden sollen.

Heute sage ich es besser, aber damals hat uns ja niemand beigebracht, Filme zu machen, man mußte es sich selbst beibringen, sich selbst die Sprache beibringen, mit der man umgeht, das Sprechen. Ich habe wenigstens ziemlich schnell gemerkt, durch

A Bout de Souffle und durch seinen Erfolg und dadurch, daß ich glaubte, ich hätte etwas wie *Fallen Angel* gemacht oder machen wollen, daß ich das überhaupt nicht in den Griff bekam, daß ich gar nicht in der Lage war, bestimmte Sachen zu machen und daß ich, wenn ich vorhatte, eine Szene zum Beispiel so auszuleuchten, wie ich das in einem Film von Fritz Lang gesehen hatte, das einfach nicht fertigbrachte. Darauf sind wir erst kürzlich wieder gestoßen, bei *Tout Va Bien*, vor fünf Jahren mit Gorin. Der wollte nämlich an einer bestimmten Stelle die Sequenz aus dem *Potemkin* nachmachen, wo Wakulintschuk stirbt. Dabei mußten wir eine ganz einfache Feststellung machen, nämlich daß wir nicht in der Lage waren, eine Eisensteinsche Perspektive zu machen. Wenn wir versuchten, jemanden zu filmen, wie er den Kopf ein wenig senkt, um einen Toten zu betrachten, ging das einfach nicht, es war grotesk, was wir machten.

So braucht das alles sehr viel Zeit. Tatsächlich lernt man Kino nicht, weil es nicht so zu erlernen ist wie Literatur. Immerhin lernen wir schon sehr viel länger lesen und schreiben. Ich glaube nicht, daß ich gut reden kann. Wenn ich zum Beispiel wenig zu sagen habe, rede ich viel, dann glauben die Leute, daß man viel zu sagen hat, und dabei ist das Gegenteil der Fall. Ich mache es wie das Fernsehen, könnte man sagen. Man redet viel, um wenig zu sagen oder damit etwas hängenbleibt. Aber hier müßte das anders gemacht werden, und das merke ich heute bei der Gelegenheit.

Wenn ich den Film von Fritz Lang sehe, finde ich, daß es da eine Gemeinsamkeit gibt, nämlich daß Fritz Lang aus Deutschland geflohen ist wie viele andere auch. Soviel ich weiß, hatten die Nazis ihm einen Posten angeboten, aber daran war er nicht interessiert, er ist weggegangen. Wenn man einen Film wie *M* sieht, dann muß man schon sagen, daß er außerordentlich wirr und vieldeutig ist, ich weiß gar nicht genau, wer da wer ist und was er sagen will. Heute sage ich mir, man könnte so einen Film machen. So ist es wirklich, der Film ist absolut nicht blöd. Heute, mit den Terrorismusgeschichten, läuft es in etwa ähnlich: Es gibt das Bündnis zwischen der Mafia und der Polizei, denn so, wie der Terrorismus betrieben wird, von Grüppchen, die durchgedreht haben, stört er sowohl die Polizei als auch die Mafia, und da verbünden sie sich schließlich.

Was allerdings tragisch ist beim Filmen und was man Anfängern nicht beibringt, das ist, daß man sie glauben macht, sie könnten sich ausdrücken, und das wäre ganz leicht. Und das glauben sie dann. Ich selbst habe lange gebraucht. Ich kann sehr wenig. Ein paar Dinge habe ich inzwischen etwas besser gelernt, gewisse Dinge halte ich etwas besser auseinander. Während ich da zwei Dinge total durcheinandergebracht habe. Ich befragte jemanden, den es nicht gab. Ich ließ ihn sprechen in der ersten Person, und man konnte glauben, daß er für mich spräche, aber jeder zweite Satz war nicht von mir. Ich hatte keine Bedenken, alles zu vermischen. Wogegen es in den, sagen wir, »Lohnempfängerfilmen«, in dem Text, den Dana Andrews spricht, kein einziges Wort gibt, das einen Gedanken von Preminger repräsentieren würde.

Ich habe mich immer sehr auf die Arbeit vorbereitet, aber etwas mehr im Kopf, und nachher dann mehr improvisiert – was man Improvisieren nennt, was aber für mich fast das Gegenteil von Improvisation ist. Ich habe nie viel Drehbuch geschrieben, von *A Bout de Souffle* an. Für *A Bout de Souffle* hatte ich erst angefangen, ein Drehbuch zu schreiben. Ich schrieb, aber es fiel mir immer schwerer, und der sogenannte Drehbeginn rückte immer näher. Damals wurde das so gemacht, und heute noch, glaube ich, geht das bei den meisten Filmen so. Die Leute schreiben was, dann beschließen sie, einen Film daraus zu machen, sie treiben Geld auf, die Schauspieler werden engagiert, und dann steht der Drehbeginn fest, und vorher hat man aufgeschrieben, was man drehen will, das alles schreibt man nochmal ab und tut irgendwie dazu, was im Grunde der Film ist, und das kommt dann am Schluß alles zusammen.

Ich erinnere mich, bei *A Bout de Souffle* habe ich es, weil ich von nichts eine Ahnung hatte, gemacht wie ich es bei den anderen gesehen hatte. Und dann auf einmal war ich von der Schreiberei total verwirrt. Ich kann mich noch genau an den Tag erinnern, an dem ich mir gesagt habe: Ich schreibe nichts mehr, ich fange einfach an mit dem, was ich habe, und dann sehen wir weiter. Das Ganze war wirklich grauenvoll. Ich drehte durch ohne jeden Grund. Ich sagte mir: Ich schaffs nie, mir fällt nichts ein – und dabei ist ganz klar, daß einem bloß mit Bleistift und Papier nichts einfallen kann, was anders gemacht werden muß. Nicht daß Bleistift und Papier an sich schlecht wären. Was schlecht ist am Kino, so wie es gemacht wird, ist, daß sie immer zu einer bestimmten Zeit gebraucht werden, nämlich vorher. Ein bißchen vorher, ein bißchen nachher – das fände ich gut, aber nicht immerzu. Und seit damals habe ich keine

Drehbücher mehr geschrieben. Ich habe mir immer Notizen gemacht und versucht, diese Notizen möglichst einfach zu ordnen, mit einem Anfang, einer Mitte und einem Ende, wenn eine Geschichte da ist oder auch ein Thema, das sich logisch entwickelt, und dabei habe ich versucht, einer bestimmten Logik zu folgen. Und sie mir dann hinterher etwa so zu vergegenwärtigen wie ein Musiker, wenn er die Melodie zu summen versucht.

Dadurch kam es, daß ich immer sehr allein war. Mit einem Kameramann wie Coutard, der sehr einfach war, der zuhörte, ging es recht gut, weil er nicht tausend Fragen stellte, er verstand mich und war nie verlegen, aber mit den anderen war es eher das Gegenteil.

Ich habe meine Filme eher so gemacht wie zwei, drei Jazzmusiker arbeiten: Man gibt sich ein Thema, man spielt, und dann organisiert es sich von selbst.

Aber heute könnte ich eben nicht mehr gut mit Schauspielern arbeiten. Das muß einem ökonomischen System entsprechend organisiert werden, und ich habe gerade versucht, das ökonomische System ein bißchen zu ändern, um etwas anderes wiederzufinden. Aber das ökonomische System hängt vom Ganzen ab, von der Gesellschaft, in der man lebt und die nicht ohne weiteres zu ändern ist. Und damit hat man heute seinen Ärger.

Kürzlich habe ich ein paar Fernsehsendungen gemacht. Ich erinnere mich an eine Einstellung in einem Café, wo ich wußte, was ich machen wollte. Ich wollte ein Chanson von Leo Ferré filmen, aufnehmen, das *Richard* heißt, wo jemand in einem Café ist, ein Gast, und dazu kommt dann das Chanson. Ich hatte Statisten bestellt, sie kamen, man stellte sich auf. Es war auch ein Gast da. Wir haben ihn gefragt, ob er bleiben könnte. Er entsprach haargenau der Figur in dem Chanson, er war einfach perfekt, woanders hätte ich ihn nie gefunden. Darauf haben wir dann die Statisten wieder weggeschickt, wir haben sie bezahlt und dann ihn genommen. Er war perfekt, ich hätte keinen besseren finden können. Und dann habe ich mir gesagt: Wenn wir nur eine Stunde früher oder später in das Café gekommen wären, wäre er nicht dagewesen, und was hätte ich dann gemacht? Aber ich habe mir gesagt: So darf man sich diese Fragen nicht stellen. Man arbeitet mit dem, was man hat, und dann kommt es eben mehr oder weniger gut hin. Vielleicht wäre ein anderer dagewesen, der anders gewesen wäre. Und notfalls, wenn wir keinen gefunden hätten, hätten wir eben bis zum nächsten Tag gewartet, bis ein geeigneter gekommen wäre. Das ist wie das Leben, Regeln gibt es nicht.

Damals probten wir nur wenig. Ich kann mich nicht mehr sehr gut daran erinnern. Wir hatten keinen Direktton, den gab es noch nicht. Ich erinnere mich, daß wir alles stumm drehten, und dann wurde es nachsynchronisiert. Und ich erinnere mich, daß wir soufflierten. Deshalb konnte der Film ziemlich schnell gedreht werden, die Schauspieler lernten den Dialog nicht, und wir soufflierten ihnen den Text dann, wenn sie ihn brauchten. Was man mit Theaterschauspielern nicht machen könnte, und das sind heute fast alle Schauspieler, sie spielen alle ein wenig wie auf dem Theater. Während Belmondo und auch Seberg damals so zufriedener waren, sie fühlten sich freier, und außerdem hatten sie den Eindruck, ein Spiel zu spielen, eben weil Spielen gespielt wurde, wenn man so will, und ich soufflierte ihnen den Text, den ich geschrieben hatte.

Das habe ich immer gemacht, das heißt, ich suche eine Situation und schreibe sie dann. Das ist, als wenn man lange im vorhinein die Verabredung proben würde, die man mit der Geliebten oder mit seinem Bankier oder seinem Kind hat, als ob man sie erst proben würde, bevor sie wirklich stattfindet. Man kennt die Situation, man kennt die Umgebung, man weiß, daß man dahin geht. Und später dann... Kann man sagen, daß der Dialog, den man dann mit seiner Geliebten hat, improvisiert ist? Er ist gleichzeitig geprobt und improvisiert.

Deshalb finde ich es normaler so, denn das heißt, sich in reale Bedingungen zu versetzen. Man findet, was man braucht, an Ort und Stelle, oder man ändert. Aber man kann vorher daran gedacht haben oder es sehr gut vorbereitet haben, und dann kann das an Ort und Stelle vollständig geändert werden. Ich habe mich immer nach den Umständen gerichtet. Ich habe eine Szene immer mit dem gedreht, was ich vorfand, der wirklichen Wahrheit, und wenn das den Film verändert hat, gut, dann hat es ihn eben verändert. Und das bestimmte dann den weiteren Verlauf des Films. Das ist die richtige Montage, in diesen Momenten fügte sich der Film zusammen und gleichzeitig veränderte er sich.

Ich erinnere mich, wie es mich aufregte, wenn ich eine abgedrehte Einstellung zu sehen bekam. Deshalb mag ich Video so gern, weil man es da vorher sieht, von Anfang an, statt daß man es auf dem Papier sieht. Man müßte seine Drehbücher mit einer leichten

Videokamera schreiben, denn dadurch, daß man eine fertige Einstellung sieht, weiß man besser, wie man es macht und wie besser nicht. Mir kommen heute alle Filme ein bißchen wie Mißgeburten vor, weil sie vorher geschrieben wurden. Und die Filmer kommen sich als was Besseres vor, wenn sie auch noch auf die Leinwand schreiben können: »Written and directed...« Dabei sind sie Analphabeten und täten besser daran, darauf zu bestehen. Antonin Artaud, der hat gesagt: »Ich schreibe für die Analphabeten...«

Ich habe immer kopiert. Der erste Satz, den ich kopiert habe, ist wahrscheinlich »Papa und Mama«, wie alle. Was es auf sich hat mit Kopie und Druck, Eindruck, das hat mich schon immer interessiert. Ich beginne einen Unterschied zu sehen, den die meisten noch nicht sehen, zwischen »drucken« oder »eindrücken« und »sich ausdrücken«. Die meisten glauben zu kommunizieren, wenn sich zum Beispiel einer nach dem anderen ausdrückt. Mit der Musik kommuniziert man kaum, deshalb ist sie so populär, und das macht sie heute so viel populärer als früher. Im Mittelalter, als es wenig Musik unter den Leuten gab, außer auf Bällen oder etwas Flötenmusik oder die Musik in der Natur, kommunizierten die Menschen ganz anders miteinander als heute. Heute glaubt man zu kommunizieren, aber man tut es nicht. Die Orte der Kommunikation sind die Kommunikationsmittel. Aber in einem Flugzeug, einem Zug, wo Leute zusammen sind, spricht keiner mit dem anderen. Dabei ist man mittendrin in den Kommunikationsmitteln. Im Kino schweigt man, nur die Leute auf der Leinwand reden, nachher geht man raus, und keiner würde sich trauen, etwas zum Nachbarn zu sagen, wenn er ihn nicht kennt. Und das wird als Ausdruck mißverstanden. Ich glaube, es gibt einen Unterschied zwischen »Ausdruck«, was »hervorkommen« ist – man muß nur mit den einfachsten Dingen wieder anfangen –, und »Eindruck«, was »hineingehen« heißt, und es gibt eine Beziehung zwischen beiden. Kommunikation wird dadurch möglich, daß etwas wieder hervorkommt, was schon hineingegangen war. Das mache ich heute, und zwar bewußter und sichtbarer. Und wir müssen feststellen, daß die meisten das wenig interessiert, daß sie sich lieber ausdrücken wollen. Wenn der andere nicht hinhört, dann eben nicht, und wenn es der Freund oder die Freundin ist.

Es hat mich interessiert, *M* zu sehen. Peter Lorres Rede, wenn er sich vor den Bettlern verteidigt, wo er etwas sagt, etwas total Konfuses, ein bißchen wie Subors Rede, der lange Monolog da im Zimmer, wo etwas Wahres dran ist an dem, was er sagt, aber man müßte etwas anderes daraus machen. Dabei fallen mir die Linken ein, in Frankreich haben sie die Wahlen verloren, weil sie Lügner sind, weil sie nicht zu sprechen verstehen. Die anderen sind wenigstens gerissener. Ich glaube langsam, heute sagt einem nur der die Wahrheit, der einen kritisiert, der einem etwas sagt, was man nicht glaubt. Wenn mir beispielsweise einer sagt: Das ist Scheiße, was du da machst..., dann müßte ich sagen: Ganz stimmt das nicht, aber etwas Wahres wird wohl dran sein. Aber das muß man sich selbst sagen, denn der andere sagt das nicht. Und das ist das einzig Wahre. Ich finde, daß es nicht stimmt, aber wenn ich es dann nachher auf seine richtigen Proportionen zurückführen kann, gibt es in dem, was nicht stimmt, etwas Wahres, das auf andere Weise herauskommen könnte. Und in dem Sinn gebe ich heute durchaus zu, daß *Le Petit Soldat* ein faschistischer Film ist, aber worauf es ankommt ist, daß man sich von ihm lösen kann, leichter als von den berühmten Reden, den Reden von Himmler und Hitler, die übrigens weder wirklich angeschaut noch analysiert worden sind. Die wirkliche Geschichte – wie die wirkliche Geschichte des jüdischen Volkes – wird nie ausgesprochen, auch nicht von den Juden. Sie ist außerordentlich interessant, aber sie müßte wirklich ausgesprochen werden. Aber wenn sie sie wirklich aussprächen, würde ihr ganzes Kartenhaus zusammenklappen. Dann müßten sie ihr Leben ändern. Und dazu ist man am wenigsten bereit, sein Leben zu ändern, sich einen anderen Platz zu suchen.

Ich finde das Kino so interessant, weil es einem erlaubt, das zu zeigen. Es erlaubt, einen Ausdruck einzuprägen und gleichzeitig einen Eindruck auszudrücken, beides zugleich. Und ein Bild – vor allem, wenn es mit einem Ton gemischt werden kann – ist viel demokratischer als die Musik, die gefährlicher ist, die auch angenehmer ist, aber eben deshalb viel gefährlicher, sehr viel verführerischer. Die Musik ist von vornherein sehr verführerisch. Weshalb sie von etwas anderem begleitet werden sollte, aber heute ist sie ohne alle Begleitung.

Das Verb »sein«, was hat es damit auf sich? Weshalb muß man auf die Frage antworten, was man »ist«? Ich finde die Frage nach dem »Haben« viel interessanter.

Damals habe ich mir diese Fragen gestellt, oder ich habe im Film diese Wörter ausgesprochen, aber ich muß zugeben, nicht anders als ich »Papa und Mama« gelernt habe. Eigentlich habe ich sie gar nicht gelernt. Sie wurden mir beigebracht, sie wurden mir vorgemacht. Es war sicher was dran an der Art, wie man es mir vorgemacht hat. Heute lasse ich mich lieber nicht darauf ein, ich sage dann lieber: Ich habe Angst, worauf ich dann zu hören bekomme: Wie blöd du doch bist, Angst zu haben. Ich habe zum Beispiel Angst, ich habe Filme gemacht, oder ich versuche weiter, Filme zu machen, einfach weil ich Angst habe. Ich erwarte von niemandem, daß er mir Arbeit gibt, und ich habe Angst, daß ich morgen keine mehr habe. Ich finde nicht, daß mich so viel unterscheidet von einem Arbeiter, und gleichzeitig finde ich mich doch sehr verschieden, weil die Möglichkeiten, die die Arbeiter haben, nicht die richtigen sind, weil sie ihre Angst oder ihre Sicherheit steigern. Die Art und Weise, mit der sie ihre Sicherheit steigern, schafft schließlich noch größere Angst, und es ist besser, jeden Tag etwas Angst zu haben, als sich für sein ganzes Leben versichern zu wollen. Und Gewerkschaft und Kirche haben etwas ganz besonders gemein: die einen wollen die Sicherheit auf Erden, die anderen für später, aber das kommt in etwa auf dasselbe raus. Man sollte die Gefahr kennen, und ich sage lieber: Ich habe Angst, nicht zu wissen, wo ich morgen sein werde.

Man gebraucht das Verb »haben« mehr als das Verb »sein« – in Frankreich, die Amerikaner sind pragmatischer. Wenigstens hatte das Verb »haben« bei ihnen mehr Bedeutung, heute gebrauchen sie das Verb »sein« und versuchen auf Fragen zu antworten wie »Was ist das?«, um die Welt auch kulturell zu beherrschen, nachdem sie es ökonomisch schon tun. Aber es waren die Europäer und die griechische Kultur, die die Seinsfrage stellten, oder die Philosophen. Die Philosophen, die eher die Frage nach dem »Haben« stellten, waren weniger beliebt. Jemand wie Sokrates stellte nie Fragen nach dem »Sein«, er stellte immer sehr praktische Fragen, er hatte überhaupt keine Methode, und deshalb haben die Leute ihn verjagt, ihn gezwungen, sich umzubringen, weil er ihnen zutiefst auf die Nerven ging.

Ich glaube, es war eine gewisse, ganz natürliche Ehrlichkeit bei mir, den Jungen mehr reden zu lassen, ganz einfach, weil ich absolut nicht wußte, was ich das Mädchen sagen lassen sollte, und das war mir nicht einmal klar. Auch heute, wenn ich eine weibliche Person in einem Film reden lassen müßte, könnte ich das nicht. Ich würde das dann lieber in Form eines Interviews oder einer Unterhaltung machen, wobei sie mir dann wenigstens von gleich zu gleich antworten oder sagen könnte, sie möchte nicht antworten oder etwas Ähnliches. Anders könnte ich es überhaupt nicht. Das muß mit meinem Milieu zu tun haben, sowohl mit dem Milieu meiner Herkunft, dem einer Großbürgerfamilie, als auch, nachdem ich das verlassen hatte, dem Kinomilieu, in dem ich dann gelandet bin, ein total degeneriertes Milieu, kann man sagen, vollkommen abgeschnitten von der Realität, wo die Leute ganz unter sich leben, mit ihren Maschinen, ihren Oscars, wo die Reichen in Villen leben und die Armen in Dachkammern.

In dem Film gibt es Äußerungen über die Frauen, die wirklich hart sind, die ich völlig blödsinnig finde, die auch von mir sind. Ich fühle mich aber nicht ganz schuldig dabei. Ich finde, das ist in etwa wie der Film von Fritz Lang, da gibt es auch total konfuse Sachen. Inwiefern könnte man sagen, daß *M* ein Antinazifilm ist? Wenn man sieht, was heute in Deutschland los ist, könnte man sagen, wenn man heute Andreas Baader an die Stelle von Peter Lorre setzte, käme es fast auf dasselbe raus. Dagegen hat Lang etwas sehr gut gesehen, die ganze Methode, die Bevölkerung zur Mitarbeit aufzufordern, alles das hat er sehr gut gesehen.

Übrigens à propos Baader, da ist neulich etwas Komisches passiert. Es ist herausgekommen, daß man in Deutschland von Anfang an wußte, wo Schleyer eingesperrt war, und die Polizei hatte alles in ihren Computer eingefüttert, aber wenn es tausend verschiedene Antworten gibt, dann trifft der Computer selbst eine Auswahl, und er hat sich entschieden und die richtige Antwort, nämlich wo Schleyer eingesperrt war, zuallerletzt gegeben. Er hat es vier Monate später gesagt, statt vier Monate früher. Und darin steckt, finde ich, trotz allem eine gewisse Gerechtigkeit.

Als männliches Wesen ging ich eben nur von mir aus. Allerdings wäre es damals interessanter gewesen, wenn man einen Film über den Algerienkrieg von einer Frau gehabt hätte. Sie hätten was anderes gemacht. Von wem werden die Kriege gemacht? Selten von den Frauen. Man müßte also auch davon ausgehen. Immerhin sind es doch die Männer, die die Kriege machen, aus reinem Vergnügen, weil sie sich langweilen. Bei mir ist der Mann Deserteur, weil es mir immer ganz einfach vorgekommen ist, sich dem Militärdienst zu entziehen. Aber ich sehe, daß es keiner tut. Heute kommt es mir sehr einfach vor, die Schule zu schwänzen, aber ich sehe, daß meine Tochter hingeht, und ich habe auch nie versucht, mit ihr darüber zu reden, daß sie es nicht täte. Das wäre auch falsch. Aber gleichzeitig frage ich mich: wie kann sich denn dann was ändern?

Deshalb versuche ich in meinen letzten Filmen lieber, mich Unbekannten zu nähern oder Kindern, da, wo das sonst nicht üblich ist, oder auch Tieren oder irgendwelchen Dingen in der Natur, und ich versuche, daraus meine Filme zu machen.

Aber auch heute noch... Einen Jungen kann ich einen Text sprechen lassen, denn wenn man mir sagt, daß er blöd ist, kann ich mich dafür verantwortlich fühlen. Ich als Mann habe den Text geschrieben. Ein Mädchen, finde ich, ist zwar meinesgleichen, aber an einem völlig anderen Ort und zu völlig anderer Zeit als wo ich suche. Am ehesten könnte sie Veränderung bringen beim Einrichten von Räumen oder Maschinen oder Produktionsstätten, wenn ihr das in den Sinn käme. Denn das habe ich beim Film gesehen: wenn sie je Filme machen wollte, dann ging das nicht so ohne weiteres, weil sie verschreckt ist durch die Art und Weise, wie die Männer die Maschinen, die Kameras, die Tonbandgeräte und selbst die Fotoapparate eingerichtet haben. Vor einer Ansammlung von Maschinen fühlt sie sich, glaube ich, ziemlich verschreckt.

Es gibt kaum Filme von Frauen, oder sie greifen auf die Literatur zurück. Es gibt auch kaum von Frauen gemachte Zeitungen, oder wenn sie von Frauen gemacht werden, sind sie wie von Männern, der Blick ist derselbe. Aber um anders zu sehen... Ich weiß nicht...

Da, finde ich, da verhält sie sich richtig. Ich glaube, wenn man heute wirklich die Geschichte des Mädchens in *A Bout de Souffle* zu erzählen versuchte, statt der des Jungen, wäre das interessanter. Sie ist auf ihre Art praktischer, mutiger.

Im allgemeinen verlangen Scheidungen von Frauen viel mehr Mut und praktisches Geschick als von Männern. Die Frauen sind immer erst nach einer ziemlich langen Zeit zur Scheidung bereit. Im allgemeinen, wenn man statistisch Paare untersuchen würde, die sich haben scheiden lassen, dann sähe man, daß es immer die Frau ist, die bis zum letzten Augenblick wartet, in der Hoffnung, daß der Typ sich doch noch etwas ändert, daß er etwas tut, und für sie ist es oft sehr viel schwerer, wegen des Kindes, wegen des Unterhalts, des Lohnsystems bei der Arbeit. Die Frauen bekommen immer viel mehr ab. In die Scheidung einzuwilligen verlangt von ihnen eine viel größere Anstrengung als von den Männern. Sie hat sich ein Problem vom Hals geschafft, von dem sie nicht loskommt, selbst so nicht. Der Junge hat es leichter, er sagt: Du bist treulos, oder was weiß ich, das hängt zusammen mit so einer romantischen Vorstellung, die wiederum aus der Kultur kommt. Als ob es eine Haltung gäbe, die man einzunehmen hätte, als ob es richtige Dinge gäbe, die man machen müßte, und falsche, die man nicht tun dürfte, als ob es in der Liebe eine anständige Art, sich zu verhalten, gäbe und eine unanständige. Manchmal glaube ich, das steht den Männern gar nicht zu, weil sie schon an zu vielen Stellen die Gewalt haben, um dazu noch etwas sagen zu können. Wer hat ein moralisches Empfinden? Wir alle. Aber woher kommt es? Keine Ahnung. Daß es etwas Richtiges und etwas weniger Richtiges gibt... Daß man einen alten Freund nicht mehr sehen will und sich sagt: das geht zu weit, das werde ich ihm nie verzeihen... Oder sowas Ähnliches.

Metaphysisch? Das sind sie etwas zu sehr. Aber auch, weil wir uns nicht scheuen, das Kino nicht auf das zu beschränken, was Hollywood damals machte, denn sieht man heute einen Film wie *Star Wars* oder *Encounter of the Third Kind*... Das kommt mir unendlich viel metaphysischer vor und als Metaphysik ziemlich schlecht gemacht. Ich habe mir zum Beispiel *Encounter* angesehen. Was ich gern gesehen hätte, das war die Begegnung der dritten Art. Genau die aber sieht man nicht, an der Stelle hört der Film auf. »Feige« könnte ich das nennen, wenn man ein Wort dafür will. Eigentlich ist das eine einzige Feigheit für fünfzehn Millionen Dollar...

Analphabeten? Nein, keine Analphabeten. Spielberg hält sich für gebildet, er war auf der Universität. So sieht das Kino aus, wie man es auf der Universität beigebracht bekommt. Wenn ich ihm was sagen müßte, würde ich ihm sagen: Weißt du, sehr mutig ist das nicht. Er ist nicht sehr mutig, denn wenn er wirklich einem Ovni begegnen würde, wüßte er nicht, was er zu ihm sagen sollte. Während ich, ich hätte ihm alles mögliche zu sagen, ich bin nämlich auch ein Ovni – oder was Ähnliches. Aber er, es ist unglaublich – »Feigling« ist nicht das richtige Wort, »Schwindler« wäre

richtiger. Und gleichzeitig bewundere ich wieder diese Geschicklichkeit, ein schöner Schwindel für fünfzehn Millionen, der achtzig einspielt, vor so etwas bin ich immer voll Bewunderung, denn auf seine Art steckt da auch wieder viel Arbeit drin. Und so kann ich ihm dann doch nicht ganz böse sein. Weshalb ich ihm böse bin, ist, daß er die Sachen nicht einfach so erzählt.
Langweilig? Auch. Es könnte ruhig noch länger dauern, wenn man dafür hinterher noch in das Raumschiff steigen könnte... Aber dafür müßte man innen einen Dekor bauen und ein paar Ideen haben. Und da hört es dann auf.

Ich glaube, wir haben damals den Film etwas realistischer gemacht. Wir haben uns nicht gescheut, jemanden plötzlich über eine Tasse Kaffee sagen zu lassen: Gott existiert, oder sowas, das heißt, man redete wie im täglichen Leben.

Ich habe es in meinen Filmen eigentlich immer gehalten wie im Leben. Ich habe keinen Unterschied gemacht. Zwischen zwölf und zwei drehe ich nicht, um zwei fange ich an, ich habe dann nicht das Gefühl, daß eine ganz andere Zeit beginnt. Ich habe den Eindruck, daß darin der Unterschied liegt zum Beispiel zu Preminger oder sogar zu Spielberg. Wenn der einen Film dreht, ist er wie Preminger mit Dana Andrews. Er zieht sich keinen Kittel an, keinen Overall, keinen Blaumann wie ein Arbeiter, aber im Grunde tut er es doch, was den Lohn betrifft oder die geistige Einstellung. Und gerade daher rührt mal der Erfolg und dann wieder im Gegenteil der dickste Mißerfolg.

Kürzlich habe ich sechs Stunden für das französische Fernsehen gedreht, wie fürs Kino, wo ich mich mit Kindern unterhalten habe. Ich habe mit Kindern gesprochen, weil nur sie wenigstens bereit waren, fünfzehn Minuten zu reden, und ich habe mit ihnen über Dinge geredet, die mich interessieren. Und sie haben geantwortet. Viel länger hätten sie mir auch nicht geantwortet, aber... Ich habe zu ihnen nicht gesagt: Ach, ihr lieben Kleinen... Ich habe mit ihnen sogar geredet, wie ich es nicht mit dir tun würde. Aber mir kamen sie vor wie Menschen aus einer anderen Welt. Ich habe mit ihnen gerade dann geredet, wenn sonst niemand mit ihnen redet, zum Beispiel auf dem Weg zur Schule oder auch mitten in der Schule oder wenn sie gerade zu Bett gehen, in Momenten, wenn Vater und Mutter nicht nach ihnen schauen. Und mehr habe ich nicht mit ihnen geredet. Ich habe ihnen Fragen gestellt, wie sie sich aus dem

Film ergaben. Und darauf haben sie dann ganz offen geantwortet. Aber ich habe mir keinen Zwang auferlegt. Ich habe ihnen reale Fragen gestellt oder metaphysische: Wieviel Geld einer hat, ob er glaubt, daß der Weg des Lichts krumm oder gerade ist, wann er zur Schule geht und wie viele Meter das sind. Gut, vierhundert Meter. Und wie groß ist er? Ein Meter vierzig. Ob er glaubt, daß die vierhundert Meter ein Mehrfaches sind von ein Meter vierzig. Demnach könnte eine Länge das Mehrfache einer Höhe sein?

Andere könnten anders fragen. Aber es kommt ihnen nicht in den Sinn, gerade dann mit Kindern zu sprechen. Ich tue, wozu ich Lust habe, einfach so, und halte es fest, so gut wie möglich, damit die Leute vielleicht etwas daran sehen können. Das ist alles. Und vielleicht, damit wir später, wenn wir wieder Spielfilme machen, davon profitieren und die Leute etwas anders reden lassen können, was uns heute noch schwerfallen würde.

Und damit man dann nicht zuviel Angst hat, daß es nicht zur Qual wird, einen Film zu drehen, ob nun wegen des Hollywoodmechanismus mit großem Budget oder im Gegenteil, weil man sich zu allein fühlt, wie bei diesem Film, bei *Le Petit Soldat,* und man alles rausholen muß, was man in sich hat. Und was man in sich hat, ist nicht unbedingt dazu angetan, daß man es rausläßt. Daher kommt es dann, daß mit viel Richtigem auch soviel Auskotz rauskommt, was nicht sein sollte. Aber das war auch, weil ich mit niemandem habe reden können, weder vorher noch nachher. Und weil in einem Film immer noch zu sehr eine magische Aufgabe gesehen wird, statt was ganz Einfaches.

Eine Idee, für mich ... Ich habe zuviel Ideen, und eigentlich glaube ich, den anderen geht es genauso, nur zeigen sie es nicht genug. Deshalb habe ich nur wenige Beziehungen, zu wenigen Leuten. Eine Idee ist Teil des Körpers, genauso real. Wenn ich meine Hand bewege, oder wenn ein Arbeiter eine Schraube an einem Ford festzieht oder die Schulter seiner Geliebten streichelt oder einen Scheck entgegennimmt, das alles ist Bewegung. Ich versuche oft, meinen Körper als etwas mir Äußerliches zu denken, daß mein Körper so äußerlich wie nur möglich ist und die Welt eine Art Hülle. Eine Hülle ist eine Grenze, im Innern des Körpers kann es drinnen oder draußen geben oder beides. Man hat uns aber in den Kopf gesetzt, daß das, was man seinen Körper nennt, drinnen sei und das, was draußen ist, nicht dazugehört. Es gehört aber so sehr dazu, daß man sich überhaupt nur bewegt im Verhältnis zu dem, was draußen ist. Und sein Inneres zu betrachten, als gehöre es einem mehr als das Außen sozusagen... Ich weiß nicht, so in dem Sinn. Eine Idee, meinetwegen kann man sie geistig nennen, aber ich sehe keinen Unterschied zwischen einer Idee und dem, was man keine Idee nennt. Das Gegenteil von einer Idee gibt es nicht. Also paßt eine Idee immer.

Eine Idee ist nicht materiell, aber sie ist ein Moment des Körpers, wie der Körper ein Moment einer Idee ist.

Ein Kind, das geboren wird, ist auch der Ausdruck einer Idee, die vorher nur als Idee existiert hat, und ich verstehe nicht, wieso es metaphysisch sein soll, Kinder zu machen oder nicht.

Es ist auffällig, wie wenige Kinderfilme es gibt. Die Kinder sollten die Menschen doch am meisten auf der Welt interessieren, weil es das ist, was sie am meisten machen. Es gibt sehr wenig Kinderfilme. Man weiß von Kindern überhaupt nichts. Der Teil von einem, der Kind war, ist irgendwann zu Ende, und danach fängt man auf andere Weise wieder von neuem an. Das ist alles sehr seltsam.

Ja, unsterblich werden... Das sind wohl mehr Phrasen, glänzende Phrasen. Anfangs schon, bedingt durch die kulturelle Umgebung, in der ich aufgewachsen bin. Es bietet sich mir hier die Gelegenheit, etwas von meiner eigenen Vergangenheit zu sehen in einer Geschichte, in der ich selbst eine Geschichte habe, und das wäre anderswo nicht möglich. Hier geht es, weil man hier die Filme einfacher zur Verfügung hat und sehen kann und etwas darüber reden, und vielleicht kommt später, wenn man das erst mal gemacht hat, ein präziseres Projekt dabei heraus, weil sich eine Gelegenheit ergibt, etwas zu machen, was anderswo nicht möglich wäre. Gute Arbeit wird im übrigen immer im Exil gemacht.

Quebec oder Kanada, das sind Gebiete wie ein Eisfeld, von dem ein Stück sich abgelöst hat, es gehört zu Amerika und ist dennoch immer etwas in seinem Schlepptau. Die Kanadier sind auch im Exil, sie wissen es nur nicht. Daher kommen ihre Probleme, und zwar vor allem vielleicht in Quebec. Sie sind meiner Meinung nach nicht aus Europa vertrieben, sondern aus Amerika. Ich selbst bin ein Frankreichvertriebener.

Man kann nicht viel machen, wenn man nicht zwei ist. Manchmal, wenn man ganz allein ist, muß man sich verdoppeln können, sein

Vaterland verraten oder eine zweite Nationalität annehmen, das heißt, wirklich doppelt sein können. Lenin hatte alle seine Ideen, als er nicht in Rußland war. Danach hat er unheimlich viel zu tun gehabt, die Hälfte der Zeit hat er sich geirrt, und dann ist er gestorben. Aber seine große Schaffensperiode war die Zeit im Exil in der Schweiz, als in Rußland Hungersnot herrschte und er Fahrradtouren in den Bergen oberhalb von Zürich machte. Da hat er am besten gedacht – als er an zwei Orten gleichzeitig war.

Das Interessante am Kino oder am Bildermachen oder dergleichen liegt darin, daß man mit anderen die Möglichkeit teilen kann, an zwei Orten gleichzeitig zu sein. Aber es sollte auch ein Kommunikationsort sein, und es ist auch einer, aber eher wird da alle Kommunikation verhindert.

Universitäten waren für mich immer ein seltsamer Ort, bevölkert von Kranken wie Gefängnisse oder militärische Einrichtungen, aber zugleich gehört es zur Kultur, ich gehöre dazu, und so stört es mich weniger, aber sie sind total abgetrennt von der Realität, und manchmal fabrizieren sie den Anlaß zu der Arbeitslosigkeit, die dann später kommt. Es sind ziemlich komische Orte. Mich stört es nicht, hier zu sein, aber ich sehe keinen großen Unterschied zu einem Krankenhaus. Sie sind wirklich Orte der Macht, und es ist interessant, in einer amerikanischen Universität zu reden oder einer von der amerikanischen abgeleiteten. Zunächst mal, weil sie einen auch bezahlen können. Denn wenn ich nicht bezahlt würde, wenn das Projekt mit dem Konservatorium nicht ein Produktionsprojekt wäre, das zu einer Filmgeschichte führen soll, bei der dann auch das Konservatorium Koproduzent ist, dann wäre ich bestimmt nicht hier. Ich habe Losique gesagt, daß mir nichts daran liegt, als Vortragsredner hierherzukommen, wenn ich mich nicht auch als Koproduzent von etwas betrachten könnte, was wir so oder so machen könnten. So ist es gekommen, daß ich jetzt in Quebec bin. Aber ich versuche es mir im Grunde noch gar nicht zu erklären, ich will gar nicht immer alles erklären und wissen, warum und wie. Ich sage mir nur: jedenfalls ist es kein Zufall. In Amerika hat es nicht geklappt. Ich habe da diese Voraussetzungen nicht gefunden, weil es niemand gab, für den das Kino ebenso ein Vergnügen ist wie ein Geschäft. Wie für Losique, den ich als Produzenten betrachte. Mit den Produzenten habe ich mich immer verstanden, das reicht mir dann auch. Und ich finde, er ist ein interessanterer Produzent als, sagen wir, einer aus Hollywood. So wie ich in Frankreich einen oder zwei kenne, mit denen man eben etwas mehr machen kann als daß man sich von ihnen für ein Drehbuch bezahlen läßt, wobei dann schließlich sowas herauskommt wie *Fallen Angel* oder *Encounter of the Third Kind,* eine etwas beschränkte Sache. Vor allem ist das Leben, das man dabei führt, nicht besonders interessant.

So reise ich ein bißchen, das ist auch nicht gerade lustig, man sieht Dinge, das muß halt sein. Das ist eine große Fabrik, und ich bediene mich der Kommunikationsmittel. Die Kommunikation interessiert mich. Und dann sage ich mir: Kanada – erst mal wird da eine Sprache gesprochen, die ich etwas verstehe. Wenn ich das auf Englisch hätte machen müssen, das hätte ich nicht gekonnt. Ich werde doch eine Psychoanalyse nicht machen in einer Sprache, die ich nicht kenne. Und außerdem ist es ein Land, das mir vorkommt, als wäre es im Exil, von irgend etwas getrennt. Wovon? Ein wenig von seiner eigenen Identität. Und solche Länder interessieren mich sehr, weil ich selbst eine doppelte Nationalität habe, immer zwischen zwei einander sehr nahen Ländern gelebt habe, der Schweiz und Frankreich, die in Ihren Augen sehr ähnlich sind, für mich aber grundverschieden. Ich verdiene mein Leben in französischen Francs, die muß ich dann umwechseln in Schweizer Franken, der Schweizer Franken ist sehr teuer, weil alle anderen Währungen schwach sind und bei ihm Schutz suchen. Das sind interessante Dinge, da sieht man Kommunikation.

Ein Produzent ist einer, der produziert, der anbietet. Das heißt, man wählt auch seinen Produzenten. Ich selbst sehe mich als Produzenten. Wir haben zum Beispiel eine Abmachung mit Mosambik, um zu untersuchen, was ein Fernsehbild sein kann in einem Land, das noch kein Fernsehen hat. Mosambik ist ein Land, das davon lebt, daß es die Hälfte seiner Elektrizität an Südafrika verkauft, ein Land, mit dem es gezwungen ist zusammenzuarbeiten. Das ist eine andere Art von Produzent. Ich finde, solche Realitäten sind interessanter. Oder ob das nun die Universität ist – ich bin nicht in der Lage zu wählen. Wir nehmen zu bestimmten Zeiten ein bestimmtes Angebot an. Damit bin ich absolut einverstanden. Mich interessiert es, Ihnen dabei zuzuhören, wie Sie sich streiten oder auch nicht. Das gehört zu dem Ort, an dem ich bin. Ich kann meine Meinung sagen. Ich habe mir zum Beispiel folgende Frage gestellt: Wer ist darauf gekommen, auf die Autoschilder sowas zu schreiben wie »Die schöne Provinz«? Jetzt, habe ich gesehen, heißt es »Ich erinnere mich«. Wer bestimmt das? Wer ist das, der sagt: Wir werden jetzt »Ich erinnere mich« schreiben und nicht mehr »Die schöne Provinz«? Ich erinnere mich woran? An die schöne Provinz? Wie kommt sowas zustande?

Ich würde eher glauben, daß alles politisch ist, ein Ei kochen, weil es einen bestimmten Preis kostet, weil man es auf eine ganz bestimmte Weise machen kann, genauso wie sogenannte politische Reden, die mir eher wie ein Schauspiel vorkommen. Was objektiv ist, weiß ich nicht sehr gut. Ich finde, objektiv ist, um ein einfaches Beispiel zu geben, die Leinwand, die ist flach, das ist objektiv. Ein Saal, man schaut, man kann sich als Subjekt sehen, das ein Objekt betrachtet, das wiederum anderes Subjektives reflektiert. Es ist viel Subjektivität in dem, was ich mache, und ich versuche, diese Subjektivität etwas objektiv, wenn Sie so wollen, wiederzugeben. Manchmal finde ich, daß die Musik oder der Gesang deshalb interessant ist, weil da die Subjektivität viel totaler sein kann, subjektiver und etwas weniger subjektiv. Wenn man zum Beispiel Musik hört oder wenn man tanzt, dann stört es einen, finde ich, wenn die anderen nicht mittanzen oder noch etwas mehr.

Im allgemeinen finde ich die Produzenten so wie sie sind interessanter als die Regisseure, weil sie praktischere, realere Probleme haben, selbst wenn sie... Deshalb, ich will sagen... Im französischen Text der Internationale gibt es eine Zeile: »Produzenten, rettet euch selbst...«

Losique ist interessanter als andere, weil er ein Unternehmen hat, das einerseits kommerziell ist, das gleichzeitig Kunstkino und Industriekino ist. Daher kommt es, daß die Probleme realer und von einer größeren Komplexität sind und von einer größeren Realität, wenn man sie angehen will, und an den Punkten kommt die persönliche Qualität des einzelnen ins Spiel. Wenn dann ein junger Filmer daherkommt nur mit seinem Papier und seiner Idee, die er für ein Meisterwerk hält, wie auch immer, wie soll da der andere, der vielleicht etwas Geld hat, der es geschafft hat, für sich selbst etwas Geld zusammenzubringen, wie soll der darin etwas sehen? Er kann ihm nur aufs Wort glauben, und das bringt nicht viel, jemandem aufs Wort zu glauben. Es braucht ein Minimum an gemeinsamer Arbeit.

Ich finde es deshalb interessanter, wenn ein Entwurf da ist, über einen Entwurf kann man dann reden, wenn man Lust dazu hat oder auch noch eingreifen, denn noch ist ja nichts geformt. Wenn dagegen die Form schon festliegt, kann man es nur akzeptieren oder ablehnen. Das heißt, ich finde die Methode Alles-oder-Nichts immer unmöglich und unproduktiv, denn dann besteht die Arbeit nachher nur noch darin, eine Kopie anzufertigen. Und Kopieren ist monoton. Und weil es monoton ist, macht man sich mit viel Glanz, mit Millionen Dollar in den Vereinigten Staaten daran, die fürchterliche Monotonie zu maskieren. Und so passiert die wirkliche Filmarbeit entweder im Kopierwerk oder im Büro. Da ist dann zwischen einer Sekretärin, die eine Filmkalkulation abtippt, und einer, die in einem Versicherungsbüro arbeitet, kein Unterschied. Aber auch da geht vom Kino und sogar noch vom Fernsehen eine solche Magie aus, daß eine Sekretärin, die hintippt: »Alain Delon: dreihundert Millionen«, sich weniger als Sekretärin fühlt als eine, die für eine Versicherung arbeitet. Für mich ist das ganz und gar dasselbe. Aber wenn man dann hinterher ins Kopierwerk geht, da trifft man dann wieder auf das, was Arbeiter heißt, und die kopieren Kilometer von Alain Delon oder Steve McQueen für soundsoviel hundert in der Stunde und sehen keinen Unterschied dazu, Fords bei General Motors zusammenzubauen. Weil es heiß ist und laut. Auch das ist Kino und Fernsehen.

Einen Film drehen ist, so wie es gemacht wird, von einer solchen Monotonie, daß man es mit allerlei Mätzchen verschleiert, mit vielen Leuten auf einem Haufen, die sich langweilen, die nicht wissen, wie sie die Zeit totschlagen sollen. Und glücklicherweise hat irgendwer eine geniale Idee, die man genial nennt, weil, wenn man sie blöd nennen würde, die Leute sich nicht trauen würden zu sagen: Ich mache was Blödes. Deshalb sagt man: Nein, ich mache einen genialen Film. Und drei Monate lang kommt man zusammen, muß man miteinander reden, und hinterher kracht man sich. Aber das dauert nur drei Monate. Danach sucht man sich was anderes. Es ist wirklich ein total falsches Leben, das aufrechterhalten wird durch Angst und Mangel an Vorstellung bei Leuten, die viel Vorstellung haben, aber aus irgendeinem Grund es nicht schaffen, sie zu sehen, sie haben das Bedürfnis, weniger davon auf der Leinwand zu sehen, und das finden sie toll. Noch der letzte Film ist weniger phantasievoll als der Tageslauf von irgend jemandem, und dieser Jemand findet den Film, in dem er war und für den man ihm mehr als zwei

Dollar aus der Tasche gezogen hat, soviel toller als sein eigenes Leben.

Das sind alles ziemlich seltsame Phänomene, aber das kümmert mich nicht, nur: so zu leben ist recht kümmerlich.

Und die Beziehungen – ich komme nochmal darauf zurück – zu den Produzenten sind interessanter, weil man selbst Produzent sein muß und nicht nur den Dialog schreiben. Aber man muß auch mal den Produzenten zwingen, einen Dialog zu schreiben und nicht nur zu sagen: Der Dialog taugt nichts. Die einzigen Beziehungen, die ich zu Carlo Ponti hatte, haben nicht lange gedauert. Er hat zu mir gesagt: Dieser Dialog geht nicht, und ich habe ihm geantwortet: Sie haben völlig recht, Carlo, bitte ändern Sie ihn. Ich filme ihn dann. Sie können schreiben. Sie können zum Beispiel schreiben: Ich liebe Sie, und Brigitte sagt dann: Ich liebe Sie, wenn Sie der Meinung sind, daß sie das sagen sollte. Aber tun Sie es.

Ich finde, man sieht die Vergangenheit nicht genug, oder man sieht sie nicht richtig. Sogar die Art und Weise, wie Geschichte erzählt wird, wie Geschichtsfilme gemacht sind, ist vage. Ich habe den Krieg miterlebt, mir ist erst nachher aufgegangen, daß meine Eltern aus einer Familie von Kollaborateuren kamen. Mein Großvater war ein wütender – nicht etwa Antizionist, er war Antisemit, während ich Antizionist bin, er war Antisemit oder sowas. Daher kommt es, daß ich heute so viele Bücher über Hitler gelesen habe, über die Konzentrationslager, über alles das, wahrscheinlich viel mehr als irgendein Judenkind, obwohl ich persönlich keine Beziehung zu den Problemen habe.

Ich finde einfach Stars wie Nixon oder die Watergate-Affäre, die man so schnell vergessen hat, unheimlich interessant. Das ist etwas, was man auch mal behandeln müßte, das wird eine Folge der Geschichte der Großaufnahme werden, denn die Erfindung der Großaufnahme hat es gegeben. Die Stars im Mittelalter oder Ludwig XIV. haben nichts zu tun mit Hitler oder Nixon, deren Bild total anders ist. Das Bild von Ludwig XIV. gab es ausschließlich auf Münzen, das war das einzige Bild, das die Leute kannten. Sonst waren nicht viele Bilder im Umlauf, vielleicht noch ein oder zwei Heiligenbilder. Aber die Leute damals kannten Ludwig XIV., weil sie ihn täglich auf dem Geld sahen. Das nämlich ist die Geschichte der Eisernen Maske: Es durfte nicht zwei Ludwig XIV. geben, die sich ähnelten, also mußte man ihm eine eiserne Maske aufsetzen, weil er sonst sofort erkannt worden wäre, einfach weil die Leute das Profil Ludwigs XIV. von den Münzen kannten.

Die Geschichte der Stars oder der Großaufnahme heute ist nicht von der Malerei erfunden worden, sondern von... Eine Großaufnahme, das war nicht die Bewegung, die an etwas herangeht, worauf man die Scheinwerfer richtet, worauf man das Licht richtet. Das Licht wird genauso eingerichtet wie bei einem Verhör. Das Licht ist ein Kegel, der Helligkeit verbreitet, der einen hellen Fleck wirft, und dann setzt man etwas... Es ergibt einen Lichtfleck, den man herausstellt. Die Großaufnahme wurde vom Film erfunden. Die Geschichte der Stars und das Starsystem, das abgeleitet ist von der Großaufnahme und auf die Politik zurückgestrahlt hat, denn das Fernsehen ist die Hauptstütze der politischen Akteure... Und übrigens spielen alle Politiker wie Schauspieler, und die Schauspieler spielen wie kleine Politiker. Ich finde, das sind wirklich interessante Dinge. Um die Geschichte zum Beispiel mit dem Faschismus in Verbindung zu bringen, wo Hitler sehr bewußt damit gespielt hat. Es gab kein Fernsehen, aber es gab das Radio, und er hat sich sofort seiner Stimme und des Radios bedient und bei seinen Versammlungen einer bestimmten Art von Beleuchtung. Man kann da eindeutige Zusammenhänge feststellen und das in der Filmgeschichte sehen, die es in Bilder übersetzt. Ich finde, in bestimmten Momenten sind die Stars etwas sehr Interessantes, weil sie eine Art von Phänomen sind – wie der Krebs, eine Art Wucherung der ziemlich einfachen Persönlichkeit eines einzelnen, die plötzlich riesenhaft erscheint. Aber entweder wird das schlecht gesehen, weil man nicht richtig sehen kann, wenn man es zeigen will, oder aber man sieht es richtig, aber es wird nicht gezeigt. Man kann da Dinge sehen wie auf einem mikrobiologischen Röntgenbild, wo man plötzlich sieht, wie die Krankheit sich formt. Man kann an den Stars ein Phänomen wie Watergate sehen oder Hitler und zeigen, wie es passiert ist. Und es ist verständlich, weshalb das nicht gezeigt werden soll, denn wenn man es einmal gesehen hat, dann hat man es gesehen. Aber solange man es nicht gesehen hat...

Es hat immerhin vierzig Jahre gedauert, bis in den Zeitungen der ganzen Welt ein Bild vom Gulag zu sehen war. Jeder wußte, daß es das gab, aber erst seit man es gesehen hat, ist es aus. Sogar den kommunistischen Parteien in Europa war klar, daß die Fernsehzuschauer es gesehen hatten. Von da an konnten sie nicht mehr sagen: Aber immerhin... Sie waren gezwungen, etwas anders zu reden.

Wenn man eine Sache erst mal gesehen hat... Und deshalb hat das Fernsehen eine solche Macht – weil jeder sehen kann, weil jeder einen Fernseher hat und zur gleichen Zeit sehen kann –, daß man die Leute unbedingt dazu bringen muß, zu vergessen, daß sie ihn zum Sehen gebrauchen könnten. Da steckt eine latente Gefahr, und deshalb ist es so interessant. Und deshalb ist es ein Ort, der mich interessiert, denn da kann man die Krankheiten oder die Gesundheiten sehen. Und das ist komisch und amüsant.

Zweite Reise

Nana	JEAN RENOIR
La Passion de Jeanne d'Arc	CARL THEODOR DREYER
Greed	ERICH VON STROHEIM
Vampyr	CARL THEODOR DREYER
Carmen Jones	OTTO PREMINGER
Vivre sa vie	J.-L. GODARD

Vivre sa vie, das ist zu weit weg. Ich erinnere mich überhaupt nicht mehr. Mir fällt auf, wenn ich meine alten Filme sehe, daß ich anfange, etwas wie zwei verschiedene Bewegungen zu unterscheiden: einmal, was man den Ausdruck nennen kann, der darin besteht, etwas nach außen zu stellen, und dagegen dann der Eindruck, etwas herauszuholen. Ich glaube, meistens geht es einem Produzenten darum, den Filmstreifen zu bedrucken wie ein Buch, für ihn ist es ein Beruf, er versucht, etwas zu beeindrucken, man sagt ja auch: die Leute beeindrucken, oder man sagt, daß man einen Eindruck bekommt von einer Landschaft, von einem Film.

Anfangs meint man nämlich, man drücke sich aus, und man macht sich nicht klar, daß dem Ausdruck eine gewaltige Bewegung des Eindrucks zugrunde liegt, die nicht von einem selbst ausgeht. Für mich hat meine ganze Arbeit oder mein Vergnügen dabei, im Film zu arbeiten, darin bestanden, daß ich eher versuchte, meinen eigenen Eindruck in den Griff zu bekommen, ihn mir zu erobern – was jedenfalls für mich keine einfache Sache ist.

Und wenn ich das sehe, denke ich, daß ich mich etwas auszudrücken verstehe, daß aber meine Eindrücke von überall herkommen und da gar keine Kontrolle herrscht. Daher kommen die enormen und fürchterlichen Schwächen und dann plötzlich wieder vielleicht was Sympathisches oder gar nicht so Schlechtes, aber daß ich mir oft gar nicht bewußt war zum Beispiel, was eine gute Einstellung von einer schlechten unterscheidet. Jetzt erst fange ich an, mir darüber Rechenschaft zu geben, aber nur insofern, als ich mir sage: Da habe ich eine Einstellung an die andere getan, aber in Wirklichkeit war nicht ich das, sondern die Bewegung des Kinos und die Gesellschaft, in der ich lebte, was ich damals gewesen bin, das hat bewirkt, daß ich so vorgegangen bin.

Ich bin überrascht, wie groß meine Lust ist, bestimmte Gangsterfilme zu machen. Zum Beispiel lese ich heute gern etwas, sagen wir, historische Bücher, zum Beispiel über die Mafia oder über das, was man in Frankreich das Milieu nennt, oder über Dinge, die mich aus historischer oder politischer Sicht interessieren. Während ich da versuchte, etwas zu kopieren – das entsprach mir am meisten, wie die meisten Leute eben Krimis mögen. Ich mochte das auf meine Weise. Aber ich war mir nicht klar darüber, wovon ich da bewegt wurde. Das erklärt, daß mir die Geschichten zwischen den Gangstern jetzt ziemlich lächerlich vorkommen. Selbst ein Film von Clint Eastwood ist besser gemacht als das. Wenn ich mir einen Film von Clint Eastwood anschaue, interessiert mich das manchmal vom soziologischen Standpunkt aus, weil das jetzt die amerikanischen Durchschnittsfilme sind, die B-Pictures, die Hitchcocks, die sich jeder anschaut, und sie sind ein gewisser... nicht mal ein persönlicher Ausdruck von Clint Eastwood, das ist ein ausgemachter Schwachkopf, aber eben der Umstand, daß dieser ausgemachte Schwachkopf eine gewisse Macht hat, beeindruckt, den Leuten gefällt, mich eingeschlossen, weil ich ja auch fünf Dollar ausgebe, um ihn mir anzuschaun – und so ist er der Ausdruck einer bestimmten Realität.

Ich rede davon, weil ich in Paris gerade erst einen Film von ihm gesehen habe. Ich war hingegangen, eben um zu sehen, was ein Durchschnittsfilm ist, der aber nichts mit dem Fernsehen zu tun hat. Und der einfache Umstand, daß er selbst plötzlich Regisseur geworden ist, aus ökonomischen Gründen oder was weiß ich... So kommt es, daß ich mich frage, wie so ein Typ dazu kommt, sich zu sagen: Ich stelle die Kamera dahin, und dann filme ich mich so und bin der und der. Ich frage mich... Und da ich mir solche Fragen auch stelle, schaue ich mir das an. Das interessiert mich oft viel mehr, weil sie ein bestimmtes Publikum haben und mir daran auch ein bißchen klar wird, in welcher Welt wir leben. Ich sage mir: ich lebe nun mal in dieser Welt. Und der Durchschnitt der Amerikaner, das sind eben die, die sagen: Ich stelle die Kamera dahin, und dann filme ich einen Polizisten, der gerade das oder das sagt. Und das ist viel realer als alles in meinen Filmen, denke ich. Deshalb habe ich etwas damit aufgehört, weil ich es nicht kann. Aber die Krimis, die Kriminalromane, haben mich immer fasziniert – wie das Durchschnittspublikum.

Anfangs ist man immer eher subjektiv, bis man merkt, daß diese Subjektivität von etwas anderem kontrolliert wird. Dann versucht man, das wieder zu kontrollieren, um schließlich objektiv subjektiv zu werden, so daß man das Objektive kontrolliert, um seiner Subjektivität freien Lauf zu lassen. Und wir lassen unserer Subjektivität freien Lauf, so wie ich es auch als Zuschauer tue, aber ich habe Bilder, um sie zu verstehen. So ist zum Beispiel der Anfang von *Greed* absolut perfekt. Es sind sieben oder acht Einstellungen, und dann... Das war interessant heute morgen, wie Stroheim, genau wie die Russen, Zwischentitel einsetzt. Die Zwischentitel gehörten zu den Einstellungen, und der Stummfilm redete manchmal lauter als der Tonfilm, weil die Zwischentitel sozusagen keine richtige kinematografische Länge hatten. Während Stroheim einer der ersten war, und nach ihm die Russen, die jeder Aufnahme den Wert einer Perspektive, einer Einstellung gegeben haben... Wo es sieben oder acht einführende Einstellungen gibt, in denen jemand gezeigt wird, der etwas macht, und dann heißt es: »Such was...« Und dann kommt die Mutter mit drei Einstellungen, und dann heißt es: »Such was his mother.« Und darin lag wirklich eine ungeheure Kraft des Kinos – die es verloren hat –, als Literatur oder Sprache mit ihm in Einklang waren.

Als wir anfingen, Filme zu machen... Historisch gesehen war es eine Reaktion, es war ein gewisser Naturalismus, eine Reaktion auf die Art, wie Filme gemacht wurden, vor allem die Dialoge. Ich erinnere mich, wie ich, noch vor *A Bout de Souffle,* als ich in einer Zeitung schrieb, die *Arts* hieß, ich erinnere mich, wie ich da zwei oder drei Wochen lang Artikel geschrieben habe, wo ich Sätze aus Filmen sammelte, Klischees, wie man im Französischen sagt, und wir meinten, kein Mensch würde in so einer Situation so reden. Zum Beispiel gibt es heute noch einen Drehbuchschreiber namens Michel Audiard, dem werden jetzt die Ohren klingeln – und selbst Prévert. Er ging in die verschiedenen Viertel, um zu hören, wie die Leute redeten, aber die Leute redeten, wie Prévert in seinen Filmen redete. Das ging beim ersten Mal gut und auch noch beim zweiten, aber nicht mehr beim zehnten. Und deshalb sagten wir... Wir kritisierten Filme, deshalb war man damals sauer auf uns, genau wie heute, wenn man einem Freund sagt: Das hättest du lieber schreiben sollen, statt es in einem Film sagen zu lassen. Das hört er gar nicht gern und sagt: Sag doch gleich, ich solls lieber ganz lassen.

Damals sagten wir: In so einem Film hätte man die Bardot sowas nicht sagen lassen sollen – *das* hätte sie sagen müssen.

Und später dann war es mit dem bloßen Umstand, daß man darüber sprach, wie man redete oder reden wollte, für uns schon getan, wir sprachen einfach alles aus, was uns einfiel, ohne uns viel den Kopf zu zerbrechen.

Mir hat immer Schwierigkeiten bereitet, was man beim Film und generell »eine Geschichte erzählen« nennt, das heißt, um null Uhr abfahren, einen Anfang machen und an einem Ende ankommen, etwas das, ich weiß nicht warum, die Amerikaner ganz selten machen, aber man meint immer, sie täten es. Anderen erlaubt man es nicht, aber ein Amerikaner... In jedem Western kommt einer von nirgendwo, stößt die Tür zu einer Bar auf, am Ende verschwindet er wieder, und damit hat sichs. Das ist nur ein Stück von ihm, aber komischerweise ist es so gemacht, daß man glaubt, man hätte eine komplette Geschichte erlebt. Das scheint ihre Stärke zu sein. Und andere schaffen das nicht. Sie sind gezwungen, erst einen Anfang, eine Einleitung zu machen, dann eine Mitte, dann einen Schluß. Mich hat das immer gestört, ich habe es nie geschafft.

Ich habe damit angefangen, einfach Stücke herzunehmen, und erst nachdem ich sie dann... Ich mache immer nur Stücke, und oft mache ich lieber was fürs Fernsehen, weil da Stücke akzeptiert werden. Man kriegt gesagt: Montag ein Stück, Dienstag ein Stück, Mittwoch ein Stück. Man macht im ganzen sieben, das ergibt dann eine Serie. Im Grunde ist mir das lieber. Da kann man dann wieder auf eine Geschichte kommen, wenn Sie so wollen, man hat Zeit dazu, aber in anderthalb oder zwei Stunden... Denn warum anderthalb, warum zwei Stunden? Das weiß keiner. Und da ging es um Stücke, und das erlaubt dann auch wieder..., ich glaube, es war ein unbewußter Wunsch, etwas wie Malerei zu machen, wie Musik, da gibt es nämlich Rhythmen, Variationen, Stücke. Man sagt doch von der Musik: ein Musik*stück*.

Damit ist man ein bißchen befreit von der Geschichte, und umgekehrt sucht man sie dann wieder, man sucht einen Faden, ein Thema oder mehrere Themen, irgend etwas – auf jeden Fall sucht man. Was ich gesucht habe... Ich erinnere mich, ich war ganz einfach ausgegangen von dem Buch eines Richters über die Hintergründe der Prostitution. Das heißt, ich wollte einfach etwas zu zeigen versuchen, was sonst nicht gezeigt wurde, auch einfach für mich, damit man zu mir sagte: Wir können darüber reden... Erst einmal bloß beschreiben, und daraus kann dann vielleicht etwas anderes sich ergeben. Wenn man erst eine Situation beschrieben hat, kann man sich danach auf jemanden konzentrieren, der sie erlebt hat, sich eine Figur ausdenken oder Szenen – worin das Vergnügen besteht, einen Film zu machen und nicht irgendwas anderes.

Seiner Subjektivität freien Lauf lassen, aber ausgehend von einem Moment, in dem man etwas Objektives besonders gut unter Kontrolle hat. Ausgehend von einem Moment, der richtig dargestellt ist... Aber damals war die Zensur noch anders. Zum Beispiel wären viel mehr Texte nötig gewesen als Bilder, aber bloß um zu erzählen, was eine Nummer von zehn oder fünfzehn Minuten ist, dazu hätte man verschiedene zeigen müssen. Aber während dieser zehn Minuten kann man nachträglich die Idee zu der Einstellung davor bekommen, wie jemand etwas sagt, ob man lieber den Kunden oder die Prostituierte zeigt. Das heißt, man kommt zu einer Filmidee ausgehend von einer Sache, die man vorher gemacht hat. Da bin ich ausgegangen von etwas Dokumentarischem. Ich bin immer ausgegangen von einer Idee, die nicht von mir war, weil es anders nicht geht. Jedenfalls habe ich dann einen Plan. Heute versuche ich, von gemachten Bildern auszugehen, vor die und an die man dann andere dransetzen kann.

Sie war wütend hinterher, weil sie fand, ich hätte sie viel häßlicher gemacht als sie war, ich hätte ihr wirklich etwas Übles angetan mit diesem Film. Das war der Anfang unserer Trennung. Mich hat es interessiert, das wiederzusehen, weil mich da eine unbewußte Regung dazu brachte, etwas nachzumachen. Ich glaube, daß alle Regisseure, überhaupt jeder... Die Geschichte mit Sternberg und Marlene Dietrich, die Geschichte der Stars... Als angehende Regisseure hatten wir auch unsere Stars. Unsere Stars als Cinephile waren die Regisseure, ich bewunderte andere Regisseure wie eine Art Halbgötter, die mir vielleicht die Eltern ersetzten, die ich nie besonders bewundert hatte. Also ein Verhältnis zu haben mit einer Schauspielerin, deren Kunde ich gleichzeitig war und sie die Prostituierte. Es würde sich wirklich lohnen, den Beruf der Schauspielerin und des Schauspielers einmal zu untersuchen. Jedenfalls war das immer ein Problem für mich, das ich nie habe lösen können. Als ich mich von Anna Karina getrennt habe ... Sie hat sich von mir getrennt wegen meiner vielen Fehler, aber ich weiß genau, bei mir war es, weil ich mit ihr nicht über Filme reden konnte. Wie hätte es da auch gehen können? Dafür hätte die Zeit eine andere sein müssen. Ich glaube, sie ist eine recht gute Schauspielerin, die eine Menge Qualitäten hatte, etwas Nordisches, ich finde, sie spielte dramatisch, etwas in der Art von Greta Garbo. Auch wenn oft kein Grund zur Dramatik bestand, aber das lag in ihrer Bewegung, die eher vegetalisch war, nicht einmal animalisch, nein, vegetalisch. Außerdem war sie Dänin, also ist es gar nicht verwunderlich, daß sie so spielt.

Aber über Anna Karina zu sprechen fällt mir schwer, denn auch heute noch sind wir in derselben Situation, wir sind mit dem, was wir wollen, ziemlich allein. Zum Beispiel wenn ich mit einem Kameramann über etwas anderes sprechen möchte als über das Bild. Ich habe erst kürzlich wieder die Erfahrung gemacht, beim Fernsehen, wo ich längere Zeit mit einem Kameramann gearbeitet habe. Wir haben einen Film gemacht, in dem Kinder interviewt werden. Und ich sagte mir: Klar, er hat selbst Kinder, da ist er sicher offener als andere, er wird mir sagen, wenn er sieht, was ich mit den Kindern mache, wenn ich einem Mädchen oder einem Jungen Fragen stelle: Hör mal, da sieht man, daß du selbst keine Kinder hast, so kann man sie einfach nicht fragen. Aber nichts. Es gibt da so einen Respekt, eine Hierarchie oder eine Spezialisierung – »jeder an seinem Platz« –, die macht es einfach unmöglich, daher kommt es, daß es so geht wie mir mit Anna Karina: ein Dialog ist einfach unmöglich. Ich denke, ich hätte mich damals nicht damit abfinden dürfen. Aber sie war nicht der Mensch, für so etwas zu kämpfen. Jane Fonda hat sich immer für alles mögliche geschlagen – außerhalb des Films, aber nie im Film. Das war der große Unterschied, und die Streitereien, die wir hatten, als wir den Film gemacht haben, kamen daher. Vietnam interessierte mich nicht, ich habe zu ihr gesagt: Wenn du in dieser Einstellung schlecht spielst, dann wird es dir in Vietnam genauso gehen, du wirst da genauso schlecht spielen. Und wer macht dir dann die Dialoge?

Oft ist auch das Kino keine Fabrik, es ist nicht General Motors, ich bin auch nicht Ford oder der Leiter des CIA. Und wenn man mir einen drüberziehen will, ist das viel einfacher. Es ist viel einfacher, wenn ich einen Film mache. Es ist viel einfacher für euch hier, wenn ihr es wollt, als für einen Arbeiter bei General Motors, auch nur seinem Vorarbeiter eine zu verpassen. Wenn man es also trotzdem nicht tut und es nur mit Worten macht und unfreundlich redet, hat das bestimmt seinen Grund. Im Kino hat schließlich Sternberg Marlene nicht mit dem Revolver bedroht. Es steckt also noch was anderes dahinter. Ich will damit nicht sagen, daß es das bei mir nicht auch gegeben hätte, daß ich sie nicht auch als Objekt gebraucht hätte, zugegeben. Heute bemühe ich mich, angenommen, ich verwende jemand als Objekt, mich mit ihnen abzusprechen, zu zeigen, wie die Objekte eingesetzt werden, und mich selbst als Objekt einzusetzen. Da merkt man, daß es alles nicht so einfach ist.

Ich habe erst kürzlich einen Film darüber von Delphine Seyrig gesehen, eine Reihe von Interviews mit berühmten Schauspielerinnen, die die Rolle der Frau, wie sie in Filmen erscheint, denunzieren wollten. Die Schauspielerinnen sagten alle: Aber nein, ich bin nicht frei, ich mach das nicht freiwillig. Dabei mußte ich denken: Das ist nicht ehrlich, erst mal als Arbeit nicht, denn man bekam nichts von den Einstellungen zu sehen, die mit ihnen gemacht worden waren, damit man gesehen hätte, welche Art Objekt man aus ihnen gemacht hatte, und sie dann hinterher auch hätten sagen können: Das hat auch etwas damit zu tun, daß ich es akzeptiert habe. Denn trotz allem ist es keine Fabrikarbeit. Und dann hätte man noch all die Frauen interviewen können, die im Kino arbeiten, aber keine Stars sind. Hinter der Kamera, auch mal die Statistinnen, denn davon gibt es eine ganze Menge, und die Arbeiterinnen, die Sekretärinnen, die in den Büros die Kalkulationen tippen, in den Labors und auch sonst noch Arbeiterinnen an allen möglichen Stellen, denen man bestimmt nicht... Das ist ein anderer Aspekt des Kinos.

Der Schauspieler ist für mich jemand, der ausdrücken will... Ganz bestimmt ein wertvoller und kostbarer Kranker, aber in einer zu speziellen Situation, weil er nur ausdrücken kann und die Arbeit des Eindrückens ihn nicht betrifft. Und genau wie es unmöglich ist, immer hinter der Kamera zu sein, ist es unmöglich, nur vor der Kamera zu sein oder nur die ganze Zeit daneben. Heute glaube ich wirklich, daß es unmöglich ist. Es ist absolut richtig, daß man in bestimmten Augenblicken, um eine Figur zu spielen, bestimmte Qualitäten braucht, das ist genauso wie beim Singen. Aber beim Singen..., man gerät schnell unter die Fuchtel eines Impresarios, und dann... Es hat einer eine gute Stimme, ich finde zum Beispiel, daß Barbra Streisand eigentlich eine phantastische Stimme hat und daß sie mit ihrer Stimme macht, was Schauspielerinnen wie Greta Garbo oder ein Schauspieler wie Jannings im Stummfilm und noch andere im Tonfilm mit ihren Körpern, mit ihren Gesten gemacht haben. Aber sie schreibt ihre Texte nicht selbst, und die haben dann eigentlich nichts zu tun mit der Bewegung ihrer Stimme.

Wie kann man also darüber reden und darauf reagieren? Es geht nicht, die Gesellschaft, die Zwänge sind auf dieser Ebene zu stark. Und sogar zwischen Leuten, die sich anfangs gemocht haben... Wir waren verliebt ineinander, Anna Karina und ich, mit all unseren Fehlern, dann aber... Eigentlich ist alles, was ich dazu sagen kann, daß uns das Kino total auseinandergebracht hat. Sie hat, glaube ich, immer bedauert, daß sie nicht in Hollywood gefilmt hat, und ich glaube, sie wäre dort glücklicher gewesen, nur hätte sie eben zwanzig Jahre früher geboren werden müssen und mit der Chance, eines Tages in Los Angeles zu landen.

Aber erst mal ging es darum, auf andere Weise Kino zu machen, davon leben zu können und zu überleben, gut, normal davon zu leben, das heißt, ganz normal Kino zu machen, so viel zu verdienen, daß es für eine Dreizimmerwohnung, ein Auto, ein Badezimmer und Ferien gereicht hätte und dabei Filme zu machen, die man machen will, und eben keine Werbefilme oder Pornofilme oder politische Filme oder was auch immer. Und nicht gezwungen zu sein, nach Amerika zu gehen, wie drei Viertel der Europäer. Das haben wir auch ungefähr geschafft, aber mit einem solchen Kraftaufwand, und es hat uns auch so einsam gemacht, daß man sich sagt: das kann doch nicht normal sein. Da hat man die Mittel, Filme zu machen... Und dann merkt man, daß die Leute sich gar nicht ändern wollen, und ich glaube, die Welt auch nicht.

Ich war immer der Meinung, daß das Kino etwas Besonderes wäre. Die Bilder und... Das hat schon sehr früh angefangen, aber in einem populären Stadium, wie es das Fernsehen darstellt, ist der vorherrschende Eindruck eher der einer Krankheit als der der Gesundheit einer Gesellschaft oder eines Volkes. Das Bild weist auf etwas Unbegrenztes hin, aber es ist zugleich sehr beschränkt. Bild und Ton, das ist nicht alles. Wenn unser Körper nur aus Augen und Ohren bestünde, das würde nicht reichen. Also ist es wirklich sehr beschränkt. Dabei gibt dieses »Beschränkte« aber einen Eindruck von Unbeschränktheit. Es geht dauernd von null bis unendlich.

Ich hatte immer die Idee, das Kino wäre heute, was früher die Musik war. Es repräsentiert im vorhinein, es prägt im vorhinein die großen Bewegungen, die im Entstehen begriffen sind. Und insofern zeigt es vorher die Krankheiten an. Es ist ein äußeres Zeichen, das die Dinge da zeigt. Es ist ein wenig anormal. Es ist etwas, das erst passieren wird, ein Einbruch.

Es ist eine Bewegung, die der Tod des Lebens ist, nur daß der Tod des Lebens... Es ist gut, um mehr über das Leben zu erfahren und eben nicht zu sterben. Man sollte Kriegsfilme machen statt Kriege zu führen. Der Film von Coppola hätte vor zwanzig Jahren gemacht werden müssen, aber er ist hinterher gemacht worden. Ein Bild ist überhaupt nicht gefährlich, da wird es interessant, man kann alles hineintun. Ich streite mich oft mit Freunden, ich habe Mühe, mich verständlich zu machen, wenn ich ihnen sage: Ich zeige mich, du kannst mich kritisieren, weil ich mich groß auf einem Bild zeige. Man muß sich selbst zeigen und zeigen, wie man die anderen sieht. Dann können die anderen sagen: Aber das bin ich nicht. So kann man allmählich zu einer Verständigung kommen, man kann sich nämlich verständigen, es hat zwischen uns ein Mittelding gegeben. Und auf sichtbarere, interessantere und direkter zugängliche Weise. Die Kinder, wenn sie geboren werden, oder die Alten, wenn sie sterben, die reden nicht, sie sehen etwas.

Eben weil man im Inneren des Films leichter was verändern kann, sogar in der Filmindustrie, viel leichter als in der Literatur, in den Künsten – was man so die Künste nennt –, weil es weniger gibt, es werden weniger Filme gedreht als Bücher gedruckt. Es ist einfacher, das Filmen zu verändern, weil es weniger Filme gibt und weniger Leute beim Film. Die Zahl derer, die in Frankreich Filme machen, ist viel kleiner als die Zahl derjenigen, die schreiben. Es müßte einfacher sein, das Verhältnis zwischen Kamera und Schneidetisch zu verändern als das zwischen einer Presse oder einem Fließband, einer Werkbank, einem Maschinenwerkzeug bei Renault oder bei Ford. Aber genau da ändert sich am wenigsten. Sogar ein Auto wird heute nicht mehr genauso fabriziert wie früher mal. Eine Kamera..., wenn man sich eine Mitchell anschaut, die ist heute noch genauso wie vor siebzig Jahren, die hat sich überhaupt nicht verändert.

Alle schreien nach Veränderung. Aber nein, sie möchten

Verbesserung, ohne etwas zu ändern. Wenn man sich ändern muß... Das ist sehr mühsam, es ist hart, wenn man sich ändern muß. Um vom fünften bis zum dreißigsten Lebensjahr zu kommen – wieviel Zeit braucht das? Fünfundzwanzig Jahre. Es ist mühsam, man muß in die Schule gehen, es gibt alle möglichen Probleme... Es ist mühsam. Es könnte anders gehen. Aber ändern ist schwierig. Geboren werden, das kann mit weniger Schmerz vor sich gehen, mit weniger Schmerzen, die von der Moral des Schmerzes herrühren. Ich glaube, daß das Kino ein Ort ist, wo es relativ leicht wäre, was zu verändern, weil es nicht die Wichtigkeit besitzt, es wäre einfacher. Aber gerade da kann man sehen, wie sehr die Leute, mehr als sonstwo, an ihrem Platz festhalten.

Man kann einem Kameramann, der findet, daß er schlecht bezahlt wird, oder einem Arbeiter versprechen: Gut, ich werde dir mehr geben – ich habe das nämlich gemacht, naiv, wie ich war –, ich bezahle dir mehr, aber schreib auch ein bißchen Dialoge. Darauf sagt er: Die werden nichts taugen, ich kann nicht schreiben. Ich sage zu ihm: Das ist mir schon klar, aber gerade weil sie schlecht sein werden, werden sie mir helfen, bessere zu finden. Also erlaube mir, daß ich dich dafür bezahle, daß du dich abmühst, vollkommen blöde Dialoge zu schreiben. Mir würde das etwas an die Hand geben, um bessere zu finden. Das würde alles viel leichter machen, wenn ich ausgehen könnte von etwas Blödem, um etwas weniger Blödes zu finden. – Was glauben Sie, nie würde der auch nur einen Stift in die Hand nehmen. Er, der Kameramann, wird nie nach einem Stift greifen, selbst wenn man ihm sagte: Schreib was über dich selbst. Über sich selbst sogar noch weniger.

Sprechen schon, davon bleibt ja nirgends ein Eindruck zurück. Ja, was das Reden angeht, die Leute beim Film reden, das kann man wohl sagen. Mehr noch als im normalen Leben. Im normalen Leben läßt einem die Arbeit nicht die Zeit dazu, Schüler dürfen im Unterricht nicht reden, Arbeiter dürfen in der Fabrik nicht reden, Sekretärinnen überhaupt nicht. Aber beim Film ist man privilegiert, Schauspieler, Regisseure reden andauernd, es hört gar nicht auf.

Aber wenn man ihnen sagt: Dreht doch mal was, statt zu reden – unter keinen Umständen! Wir haben das kürzlich versucht, es war eine totale Katastrophe. Wir haben versucht, Kameraleute, mit denen wir gearbeitet haben, regelrecht dafür zu bezahlen. Ich habe ihnen gesagt: Das ist das Thema, bringt mir ein paar Einstellungen dazu. Und dabei könnt ihr dann auch gleich irgendein neues

Material ausprobieren. Aber es war eine Katastrophe, wir haben damit aufhören müssen, weil sie einfach unfähig waren, sich für irgend etwas zu interessieren. Denn dann hätten sie ja Kino gemacht, und das ist nicht jedem gegeben.

Die Amateure, die machen Kodak reich, sie drehen viele Einstellungen, aber sie drehen immer nur eine Einstellung auf einmal, sie drehen eine Einstellung während der Ferien, eine an Weihnachten, vielleicht eine, wenn ein Kind kommt, aber nie drehen sie die Einstellung, die auf die erste folgen könnte. Wenn sie eine Einstellung drehen – aus welchem Bedürfnis heraus tun sie das? Bei ihnen ist das möglicherweise ganz natürlich, aber ich finde, für einen Kinoprofi ist es nicht natürlich. Für mich ist der Feind der Kinoprofi, der im Grunde noch weniger dreht als der Amateur. Den Amateur kann ich wenigstens fragen, ob er einen Film von mir gesehen hat, der ihn interessiert hat, und danach kann ich ihn dann fragen: Nachdem du diese Einstellung gemacht hast, weshalb hast du dann nicht eine danach gemacht? Auf die Weise habe ich wenigstens eine absolut reale Unterhaltung über das Kino. Und er wird sich darüber klarwerden, daß in der Tat eine nächste machen zu müssen bedeutet, daß man anfangen will, eine Geschichte zu erzählen. Und das braucht er nicht, das verlangt man nicht von ihm. Jeder muß nicht Filme machen. Aber die, die welche machen müssen, von denen kann man es verlangen.

Professionell? Es kommt darauf an, in welchem Sinn, ob man es positiv oder negativ meint. Meistens, wenn ich mich mit Professionellen streite, werfe ich ihnen vor, daß sie keine Professionellen sind, weil sie es von sich behaupten. Aber gegenüber anderen Professionellen, die mir vorwerfen, daß ich kein Professioneller wäre, denen gegenüber reklamiere ich den Status eines Amateurs. Zu ihnen sage ich: Allerdings, ihr seid keine Kinoamateure, ihr seid noch schlimmere Profis als die beim Baseball.

Ja, bestimmt, sie sind eine Kaste, eine Mafia, und die Leute haben Angst vor ihnen. Man sieht beim Video, das sicher noch viel einfacher sein könnte, wie schnell es sich spezialisiert, es bleibt, wie es ist, man macht sich nicht klar, was man damit machen könnte, und man macht nichts daraus.

Man kann es daran erklären, was man einen guten Arbeiter nennt oder eine schlechte Arbeiterin. Man kann feststellen, ein Tisch ist gut gemacht, oder er ist weniger gut. Und dann kann man darüber diskutieren. Wenn er zusammenkracht, sobald man sich draufsetzt, und einer sagt: Den habe ich gemacht, und ich bin ein Profi, dann kann man sagen: Gut, dann bist du eben ein schlechter Profi.

Und Kino ist genauso einfach wie alles andere auch. Aber die Leute machen einem dauernd was vor. In Wirklichkeit haben sie, glaube ich, sehr wenig Ahnung. Nur wenige Kameraleute wissen, wie eine Kamera funktioniert, und können sie reparieren. Sie bringen sie lieber in die Werkstatt. Was Filmmaterial ist, weiß kaum einer. Selbst bei Kodak wissen nur ganz wenige, was sie machen.

Was verkehrt ist beim Kino, etwas was es sonst nirgends gibt und was ich immer kritisiere, ist, daß die Leute, die Filme machen, es oft nicht dauernd tun. Es ist sozusagen kein ständiger Beruf, ausgenommen früher in Hollywood. Und deshalb waren die Filme, kann man sagen, besser, trotz allem, finde ich, aufs Ganze gesehen. Ein Durchschnittsfilm damals war besser als ein Durchschnittsfilm heute. Es steckte mehr drin. Das kam einfach daher, daß sie Tagelöhner der großen Studios waren und täglich hinkamen, egal was war, immer zur selben Zeit, wie in der Fabrik. Daß sie in der Kantine über alles redeten mit den Leuten, die das gleiche machten. Es gab ein durchschnittliches Know-how, eine Durchschnittsharmonie, die man kritisieren konnte, aber es gab sie, und heute gibt es sie nicht mehr.

Während wenn jemand, wenn ein Schauspieler oder ein Regisseur ein Jahr lang nicht gedreht hat, keine Kamera in der Hand gehabt und nicht mehr am Schneidetisch gesessen hat und plötzlich wieder ran darf... Komischerweise bildet man sich beim Film ein... Richard Burton oder Brian de Palma, die haben ein Jahr nicht mehr gedreht, und wenn sie dann einen Film angeboten bekommen, dann glauben sie wahrhaftig, sie wären dazu in der Lage, auch wenn sie ein ganzes Jahr lang nichts gemacht haben.

Ich für meinen Teil, ich filme dauernd. Wenn man in bestimmter Weise das Kino lebt, filmt man dauernd. Aber die nicht. Kein Pilot, der ein Jahr lang keinen Jumbo geflogen hat, würde einfach wieder den Steuerknüppel in die Hand nehmen und Montreal–Johannesburg fliegen. Aber im Kino ist es das übliche.

Und in was für einem Zustand befinden sich Zuschauer, die Filme von Leuten angeschaut haben, die ein oder zwei Jahre nicht mehr gefilmt haben? Manchmal tut es ihnen nichts, aber ich glaube, manchmal bekommt es ihnen sehr schlecht. Aber sie merken es nicht mal. Wenn man sie darauf aufmerksam macht, finden sie es ganz normal.

Ein Reporter dagegen macht oft Reportagen, er fotografiert dauernd. Aber wenn man nicht regelmäßig Fotos macht, kann man schließlich nicht einmal mehr die Schärfe einstellen. Mit dem Kino ist das genauso. Man glaubt, man kann es. Und genau das ist ein Mythos. Das ist der Mythos, dieser Beruf, diese Kunst, weil sie gleichzeitig etwas Krankhaftes ist, etwas Krankhaftes und zugleich etwas ungeheuer Populäres.

Ich habe immer versucht, wenn ich mit einem Film fertig war, gleich den nächsten zu machen. Ein Zug, der ganz unbewußt war. Ich mußte immer sofort den nächsten drehen, denn sonst, wenn ich aufgehört hätte... Dahinter steckte zunächst mal vielleicht eine Vorstellung von finanzieller Sicherheit: gleich wieder Arbeit haben. Nachher dann, als ich mein eigener Arbeitgeber war: auf irgendeine Weise sofort wieder eine Arbeit organisieren, um nur nicht aus der Übung zu kommen. Und denken, indem man einen Film macht, und nicht unabhängig davon. Denn sonst, wenn man schreibt oder... Das gibt dann eher einen Roman, den man dann hinterher in Form eines Films wiederholt. Was neun Zehntel aller Filme heute sind. Die Drehbuchkopien sind, wobei die Drehbücher schon Kopien von Büchern sind. Es gibt ein Buch, man kauft es, noch bevor es fertig ist, dann schreibt man ein Drehbuch, man weiß nicht warum... Denn wenn es da ein Buch von tausend Seiten gibt, weshalb schreibt man es dann eigentlich nochmal? Aber das ist die Regel. Und dann engagiert man Leute, und nachher kommt dann eine Rolle Film dabei heraus.

Ich finde, Coppola hätte Nixon schon etwas zahlen müssen für den Film über Vietnam. Denn alle seine Ideen über Vietnam stammen von Nixon, von niemandem sonst. Solche Ideen hat man nicht einfach.

Ich finde eigentlich, ich bin kein schlechter Filmer. Weil ich mich zuweilen bemühe, Untersuchungen anzustellen, auf meine Art. Das heißt, ich habe gearbeitet..., sie hat gearbeitet... Leider leben wir in einer Welt, in der man, selbst an diesem Ort, wo es doch schon leichter sein müßte, es nicht schafft, zusammenzuarbeiten. Und ich glaube nicht, daß zusammenarbeiten etwas so Schwieriges sein müßte. Das ist das Problem mit den Frauen. Es stimmt, die Männer machen Filme über Frauenprobleme. Die Frauen müßten jetzt Filme über die Lösungen machen, die sie dafür haben, nicht über Frauenprobleme, denn über Frauenprobleme reden sowieso nur die Männer. Die Frauen selbst haben überhaupt keine Probleme. Es sind nur die Männer, die ihnen welche machen. Deshalb würde es Zeit, daß auch die Frauen Filme machen oder sonstwas – mit den Lösungen, die sie zu bieten haben oder die sie anbieten möchten für die Probleme, die ihnen die Männer machen. In den Filmen hängt das auch mit dem ökonomischen Aspekt zusammen, mit der Kontrolle, die das Ökonomische ausübt, mit dem Verhältnis zu den Maschinen. Die bloße Art, wie hier die Tische aufgestellt sind, das kommt nicht von ungefähr. Und ganz bestimmt, all diese Dinge, die Art, wie Städte gebaut sind, das kommt nicht von ungefähr. Wenn man es mal statistisch betrachtet, hat man den Eindruck, daß das Land immer ausschließlich für die Frauen eingerichtet war, für Frauenarbeit. Die Städte wurden immer von Männern gemacht, die das Bedürfnis hatten wegzugehen.

Mich beschäftigen vor allem meine Probleme mit den Frauen, oder mit einer Frau oder mit zweien oder mit dreien. Oder meine Probleme, daß ich zu Prostituierten gehe oder... Und die Scham, die ich manchmal darüber empfand, bedingt durch meine Herkunft, meine Moral, was auch immer... Ich fand das Kino bequem, denn da konnte man das zeigen, ohne sich zu genieren. Und es konnte gut gemacht sein. Das ist das Interessante daran, es ist wie eine Röntgenaufnahme. Was Kodak betrifft, der größte Teil der Gewinne heute bei Kodak, der Umsatz kommt aus den lichtempfindlichen Platten für Röntgenbilder. Damit wird es bald aus sein, und es wird was Neues geben, aber ein großer Teil des Umsatzes heute kommt von den Kranken, den Röntgenaufnahmen, die man in den Krankenhäusern und den Praxen der Ärzte macht, um Krankheiten zu entdecken. Und Kodak macht Kino, jeder weiß das.

Es stimmt, wir haben unsere Filme anfangs zu sehr, ausschließlich – es war etwas sehr Begrenztes, die Neue Welle – mit dem Blick auf die Filmgeschichte gemacht. Und das im Grunde schließlich ohne jeden Bezug, total mit der Subjektivität unserer eigenen Wünsche vermischt, die aus unserer Geschichte kam, die wir ausschließlich im Verhältnis zur Filmgeschichte situierten. Ich glaube, daß Leute wie Rivette und Truffaut so angefangen haben. Das war die Reaktion gegen ein bestimmtes französisches Kino. Und heute..., gut, jeder ist seinen eigenen Weg gegangen. Weshalb ist Chabrol Duvivier geworden? Er ist kein übler Typ. Ich wollte zum Beispiel nicht unbedingt Duvivier werden. Truffauts Weg war der seltsamste. Wir werden das morgen sehen, da zeigen wir einen Ausschnitt aus seinem Film zusammen mit anderen Ausschnitten aus Filmen, die in der Filmwelt spielen. Truffauts Welt ist wirklich sehr seltsam.

Ich versuche, Filme zu machen, damit sie gesehen werden, oder mit Leuten, die es brauchen, daß sie für sich welche machen. Genauso wie ein Arzt eine Röntgenplatte braucht und der Kranke den Arzt braucht und wie beide manchmal die Röntgenplatte brauchen, um eine Beziehung zueinander zu bekommen. Ich versuche so, Filme zu machen, das heißt, daß sie notwendig sind. Ich habe nämlich etwas von einem Schüler, einem ewigen Schüler, oder einem ewigen Lehrer, ich weiß nicht recht, aber ich habe das Bedürfnis, weiterzusehen, etwas zu machen, um zu lernen, eine Karte zu studieren, um zu reisen.

Ja, aber an ein Publikum zu denken, bei den meisten ist das der große Betrug. Sie sagen: Man muß das Publikum respektieren, man muß ans Publikum denken, man muß daran denken, daß der Film das Publikum nicht langweilt. Vor allem muß man daran denken, daß, wenn ein Film das Publikum langweilt, es ihn nicht anschaut und der, der so redet, wenn er Geld in den Film steckt, es jedenfalls verlieren wird. Es wäre richtiger, er würde sagen: Ich muß versuchen, die größtmögliche Menge Leute anzulocken, um die größtmögliche Menge Geld zu verdienen. Das ist völlig in Ordnung, nur sollte er es sagen. Und nicht sagen: Man darf das Publikum nicht langweilen. »Man darf« heißt da überhaupt nichts.

Meine erste Reaktion war lange Zeit, daß ich ausging von der Einsicht, die ich jeweils gerade hatte, und sagte: Dauernd wird vom Publikum geredet, ich kenne es nicht, ich sehe es nicht, ich weiß nicht, wer das ist. Angefangen, ans Publikum zu denken, habe ich wegen der großen Mißerfolge, wegen der enormen Mißerfolge zum Beispiel bei *Les Carabiniers,* den sich in fünfzehn Tagen nur achtzehn Leute angeschaut haben. Achtzehn – ich habe mich nicht verzählt, so weit kann ich schließlich zählen. Da habe ich mir dann gesagt: Wer zum Teufel sind diese achtzehn, das möchte ich gern wissen. Diese achtzehn Personen, die gekommen sind, ihn sich anzuschauen, die hätte ich gern gesehen, ich hätte gern ihr Bild gesehen. Das war das erstemal, daß ich wirklich ans Publikum gedacht habe. Da konnte ich ans Publikum denken. Ich glaube nicht, daß Spielberg ans Publikum denken kann. Wie kann man an zwölf Millionen Zuschauer denken? Sein Produzent kann an zwölf Millionen Dollar denken, aber an zwölf Millionen Zuschauer zu denken, das ist einfach unmöglich. Oder aber es gibt Leute, die genau wie er dachten – man muß sehen, wer diese Leute sind. Und wenn ich meine Tochter sehe, die nicht fünf Minuten von einem Film erträgt, den ich gemacht habe, aber Stunden um Stunden Reklame und amerikanische Serien erträgt, das macht mir schon was. Ich sage mir: es hat keinen Zweck... Am liebsten würde ich ihr dann manchmal nichts zu essen kaufen. Das ist ein Moment, da denke ich ans Publikum, da habe ich eine richtige Beziehung zu ihm.

Wenn man einen Film macht, wo man sich plötzlich etwas zu sagen traut, was man sonst nicht sagt, eine Grobheit zum Beispiel oder, was weiß ich, etwas, was man sich sonst nicht zu sagen traut, weil die Gesellschaft nun mal so ist, oder zu zeigen – auf der Leinwand geniert man sich nicht, man macht es. Man geniert sich nicht, weil die Chinesen, die sich das anschauen werden, oder die Afghanen oder die Schwarzen oder die Schweizer oder die Polen, die kennt man ja nicht. Ich weiß nicht mal, wer ihn sehen wird, ich bin verloren, es geniert mich nicht. Dagegen, seit ich weg bin aus Paris, seit ich in der Provinz lebe, in einer winzig kleinen Stadt in einem so puritanischen Land wie der Schweiz, wenn ich in dieser kleinen Stadt einen Film mache, den der Metzger nebenan sich anschauen wird, der mich kennt – da ist alles anders. Und das kommt, weil ich Fernsehen mache, ich weiß, er wird das Bild sehen, das ich mache, und ich weiß, sein Sohn geht mit meiner Tochter in die Schule, und es spielt eine Rolle, was für ein Bild ich mache, wie in einer kleinen Stadt oder in gewissen Ländern, wo..., es spielt eine Rolle, und dann beginnt man, ans Publikum zu denken. Und insofern ist das Fernsehen viel interessanter. Und es ist der Umstand, daß man sich sagt..., nicht etwa welches Publikum, sondern: Es gibt es, die Leute können das sehen. Und wenn ich danach wieder einen Film mache, dann stelle ich mir vor, die Leute sehen ihn, und dann bin ich von neuem verloren, weil ich mich frage: Ja, aber in welchem Kino? Unter welchen Bedingungen sehen sie Filme? Das ist wie in einem Niemandsland. Ich möchte schon gern Filme machen, aber gleichzeitig sage ich mir, ich bin nicht in der Lage, das zu machen, was ich machen möchte, weil man entweder reinfällt, und reinfallen möchte ich nicht, oder aber man ist der Überlegene, und das möchte ich auch nicht sein. Also sage ich mir, man macht besser kleines Stadtteilfernsehen. Aber leider gibt es das nicht.

Wer denkt ans Publikum bei der Paramount? Jedenfalls nicht der Regisseur. Allenfalls kann er schließlich dahinkommen, daran zu denken, glaube ich, wenn er auf seine Weise etwa denselben Weg hat gehen müssen wie ich. Das heißt, manchmal, da wo er zurückempfängt, was er gemacht hat. Der Fernseher ist da entscheidend. Einen Film wie *Numéro Deux* würde ich da nie machen, wo ich wohne. Dann könnte ich mich nämlich nicht mehr im Café blicken lassen. Ich würde mich nicht trauen, nachher ins Café Flore zu gehen. Ja, ich gebe zu, fünfzehn, zwanzig Jahre habe ich gebraucht, bis mir der Gedanke gekommen ist.

Man kann nicht sagen, daß Preminger, als er *Carmen Jones* gemacht hat, ans Publikum gedacht hat. Das gibt keinen Sinn. Er ist kein... Ja, vielleicht doch, solange er auch Produzent war und sich dachte: soundsoviel Zuschauer, und sich dachte: diese Musik, da hat er so gedacht. Und das ist seine Qualität, er bekam dadurch sogar neue Qualitäten. Und weil er obendrein noch eine gewisse Begabung hatte, half ihm das sogar mehr als anderen.

Man kommuniziert nicht im Abstrakten. Man lebt in einer Gesellschaft mit Geld, die macht, daß man Befehle ausführt und dann den Chef verurteilt. Was völlig idiotisch ist. Der Chef, der den Schießbefehl gegeben hat, wird als Kriegsverbrecher verurteilt. Er hat nur einen Satz gesagt, und der Satz allein ist doch nicht gefährlich. Dagegen die, die geschossen haben, die Tausende von Soldaten, die geschossen haben, sie haben Befehle exekutiert – und Menschen gleich mit. Sie haben nur gehorcht. Was wird da eigentlich geschützt? Die Tatsache des Gehorsams. Manchmal schätzt man gerade für einen Augenblick auch die Tatsache des Ungehorsams, denn für einen Moment war das das richtige, aber gleich danach...

Oder auf der Ebene des Kinos: Ein Gewerkschafter filmt einen Staatschef, und dann beklagt er sich über sein zu geringes Gehalt. Aber er filmt, er geht seinem Beruf nach. Wie kann er das? Man kann nicht abstrakt Einstellungen machen. Man kann Pinochet nicht unschuldig filmen. Man kann ablehnen, ihn zu filmen.

Der Mann mit der Kamera	Dsiga Wertow
The Bad and the Beautiful	Vincente Minnelli
La Nuit Américaine	François Truffaut
Le Mépris	J.-L. Godard

Es war ein Auftragsfilm, der mich interessiert hat. Es war das einzige Mal, daß ich den Eindruck hatte, einen großen Film mit einem großen Budget zu machen. Tatsächlich war es für den Film ein kleines Budget, denn das ganze Geld ging an Brigitte Bardot, Fritz Lang und Jack Palance. Und so blieb nicht viel mehr als das Doppelte dessen übrig, was ich auch sonst für meine Filme hatte, zweihunderttausend Dollar blieben übrig, was damals für mich sehr viel war, aber nicht enorm viel für einen großen Film. Und dann war er nach einem Roman, den es schon gab, es war ein Roman, der mir gefallen hatte, ein Roman von Moravia. Und dann hatte ich einen Vertrag mit Ponti, der nicht mit mir drehen wollte, aber nachdem Brigitte Bardot mich gefragt hatte ... Als ich ihm gesagt hatte, daß Brigitte Bardot gern wollte, wollte er auch. Der Film war dann ein großer Reinfall.

Warum das? Was mich daran interessierte, war, daß er handelte ..., für mich war es eine Gelegenheit, etwas zu machen über das klassische Filmmilieu. Ich weiß noch, in dem Roman war die Figur, die Moravia zur Hauptperson gemacht hatte, ein deutscher Regisseur. Moravia hatte dabei an Pabst gedacht, weil Pabst früher mal einen Odysseus oder eine Odyssee gedreht hatte. Jedenfalls hatte ich die Idee von einem deutschen Regisseur beibehalten. Aber alles das waren nicht meine Ideen. Alles hielt sich ziemlich genau an den Roman, und mir erlaubte er, eine klassische Filmgeschichte zu erzählen, im Grunde, als ob es so zuginge beim Film. Ich glaube nicht, daß es so zugeht. Aber ich hatte trotz allem auch meine Ideen, wenn ich einen Regisseur spielen ließ, den ich bewunderte. Letztlich finde ich zum Beispiel, daß es mehr sagt über Fritz Lang. Es ist auch etwas traurig, wenn man ihn sieht. Fritz Lang brauchte Geld, deshalb hat er angenommen. Und es rührte ihn, daß junge Filmer ihn bewunderten, auch deshalb hat er angenommen. Aber gleichzeitig tat er immer so, als billige er, was er gewesen war, im Dienst der großen Firmen – ausgenommen vielleicht nur zu Beginn seiner Karriere. Aber er wollte nicht als Diener der Produzenten erscheinen. Deshalb finde ich, daß es ein wenig sagt über Fritz Lang, jemanden, der gehorcht. Ob es nun gut ist oder schlecht, er gehorcht. Und gleichzeitig konnte es einen schon rühren, daß er bereit war, so zu tun, als sei er der Regisseur eines Films, den er nie gemacht haben würde.

Der Produzent, das war ein wenig ich selbst. Ich war sehr schnell dahintergekommen, daß das Entscheidende bei einem Film ist, das Geld selbst zu kontrollieren, Geld heißt Zeit, das heißt, das Geld zu haben, die Macht zu haben, das Geld ausgeben zu können nach seinem eigenen Rhythmus und Vergnügen. Ich erinnere mich noch, wenn ich meinen Vater um Geld bat, pflegte er zu sagen: Sag mir, was du haben willst, und ich bezahle es dir. Darum ging es überhaupt nicht. Was ich wollte, war Geld und es ausgeben zu können, wie ich wollte. Und im Kino richtete sich meine erste Anstrengung darauf, erst einmal klarzustellen, daß, selbst wenn ich die Schecks nicht unterschrieb, es aufs selbe rauskam. Ich bestimmte: Wir machen dies, wir machen das, wir machen was anderes, wir machen es nicht anders. Das ist die wahre Macht, die, glaube ich, nur wenige haben – ausgenommen ganz arme Leute, denen läßt man die Kontrolle über das Geld, weil es so wenig ist, das ist ungefährlich. Aber wenn es um viel geht, besteht die wahre Macht nicht in den Summen, sondern in der Zeit, in der sie ausgegeben werden.

Cinecittà, ja, das war ein Mythos, in etwa wie Hollywood. Wenn ich in Hollywood hätte drehen können, hätte ich es gemacht, aber es kostete zuviel, die großen Ateliers der Produzenten zu mieten. Hollywoodproduzenten hatten nie eigene Ateliers, sonst hätte ich den Film da spielen lassen. Ich habe in den Film ein wenig meine eigenen Gedanken übers Kino hineingelegt und dann noch die Geschichte eines Paares. Die Figur des Produzenten war, wie ich es da jetzt wiedergesehen habe, eigentlich eine doppelte Figur, gleichzeitig so wie in einem Film von Mankiewicz, *The Barefoot Comtesa,* da gab es so eine Figur eines Produzenten, der im Grunde ein Privatmann ist, der nur sein Geld ins Kino steckt, kein richtiger Produzent wie in den anderen Filmen, die wir gesehen haben.

Was ich interessant finde in bezug auf die drei Filme, die wir heute morgen gesehen haben, ist im Grunde, daß der russische Film aus einer Zeit großer Umwälzungen stammt. Es ist ein riesiger Unterschied zwischen den drei westlichen Filmen, die sich nicht alle gleich sind, aber dennoch, und dem russischen Film. In dem steckt viel Hoffnung und Jugend, während in den westlichen Filmen eine Traurigkeit und ein Pessimismus herrschen, die beträchtlich sind. Und das ist das herrschende Kino. Überhaupt keine Jugend, nur Alte, alte Geschichten, alte Legenden. Während das russische Kino damals ziemlich kindlich war, es war was anderes, es gab auch keine besonderen Geschichten. Man spürt im *Mann mit der Kamera* genau, er will sich herumtreiben, seine Kamera überallhin mitnehmen, er will versuchen, mehr kollektive Phänomene wiederzugeben. Da ist vor allem eine solche Hoffnung, finde ich, etwas, das man überhaupt nicht mehr spürt, wenn man dann unvermittelt übergeht zu einem Film wie *The Bad and the Beautiful*. Da hat man den Eindruck, man kommt vom Tag in die Nacht. In der Nacht, unter der Nacht, trifft man plötzlich Ungeheuer, da in ihrem Produktionsbüro.

Le Mépris kann keine Vorstellung vom Kino geben, es kann, jedenfalls habe ich das versucht, eine Vorstellung von Leuten im Kino geben, und das finde ich weniger unehrlich als eben zum Beispiel den Film von Truffaut, der den Leuten zu sagen versucht: So läuft es beim Film. Und die Leute verstehen zwar nichts von alledem, aber sie sind zufrieden, in ihrer Vorstellung bestärkt worden zu sein, daß man davon sowieso nichts verstehen kann und daß es eben so läuft. Während, wie der Film *La Nuit Américaine* wirklich entstanden ist, gar nicht so gelaufen ist. Ich habe mich vollständig und endgültig mit Truffaut überworfen – einmal wegen einer Geldgeschichte, aber als ich ihn an die Geldgeschichte erinnerte, die es zwischen uns gab, habe ich ihm auch gesagt, daß ich seinen letzten Film gesehen hätte und daß eine Einstellung darin fehlte, nämlich die, wie ich ihn während der Dreharbeiten am Arm von Jacqueline Bisset in ein Pariser Restaurant habe hereinkommen sehen. So wie er den Film gemacht hat, wäre das wohl das wenigste gewesen, weil er den Film nämlich nur deshalb gemacht hat. Die Einstellungen von ihm mit Jacqueline Bisset fehlen ganz in

dem Film, während er sich nicht gescheut hat, Geschichten mit anderen Leuten zu erfinden.

Er hat mir nicht geantwortet. Wir reden nicht mehr miteinander. Aber es ist eben kein Zufall, daß *La Nuit Américaine* dann irgendwann den Oscar für den besten ausländischen Film bekommen hat, er ist eben ein typisch amerikanischer Film. »La Nuit Américaine« ist ein technischer Terminus, für einen Trick. Die Amerikaner filmen Nachtszenen oft am hellichten Tag, mit einem Filter, der den Himmel dann tiefblau erscheinen läßt – das nennt man »la Nuit Américaine« –, statt daß man nachts dreht. Es ist ein technischer Vorgang. Aber ich denke, man hat diesen Film auch ausgezeichnet, weil er so gut verdeckt, gerade weil er so tut, als decke er etwas auf, was das Kino sein kann, etwas Magisches, das einem völlig über den Horizont geht und zugleich eine Menge angenehmer und unangenehmer Leute anzieht. Woraus folgt, daß die Leute gleichzeitig zufrieden sind, daß sie nicht dazugehören, und doch nichts lieber tun als regelmäßig fünf Dollar auszugeben, um einen Film zu sehen.

Als wir in Frankreich anfingen, Filme zu machen, war das, was man bewunderte, der französische Film. Als Reaktion darauf haben wir gesagt: Der amerikanische Kommerzfilm ist in Wirklichkeit besser als der französische sogenannte Kunstfilm. Das war unsere Reaktion. Ein kleiner amerikanischer Gangsterfilm ist besser als ein französischer Film, geschrieben von einem berühmten Drehbuchautor oder einem Mitglied der Académie Française oder nach einem Roman von André Gide. So war das damals. Es war die Zeit, als die großen französischen Filme, wie *Symphonie Pastorale* mit Michèle Morgan, für das Festival in Cannes ausgewählt wurden. Dagegen haben wir dann gesagt: Ein kleiner amerikanischer Film von Preminger ist besser. Aber in Frankreich haben wir uns damit, daß wir das gesagt haben, auch reingeritten. Es war erst nur eine Reaktion, aber sie hatte zur Folge, daß wir total von der Mythologie des amerikanischen Films eingefangen wurden.

Heute nicht mehr? Oh doch, ich glaube mehr denn je.

Finanziell ist das Kino der ganzen Welt vollständig amerikanisiert worden. Ausgenommen vielleicht das Hindu-Kino, das die größte Filmproduktion hat und eine eigene Ästhetik des Durchschnittsfilms, die völlig verschieden ist vom westlichen Kino.

Ich glaube, es ist nicht entscheidend, ob man auf der Straße dreht oder nicht, mit leichter oder nicht leichter Ausrüstung. Die Frage ist, ob man sich für Leute interessiert, für eine bestimmte Zahl von Leuten, und ausgehend davon, wie man die Leute erreicht.

Dazu fällt mir *Tout Va Bien* ein. Ungefähr drei oder vier Jahre nach dem Mai 68 passierte der Mord an einem militanten Linken, Pierre Overney bei Renault. Danach gab es dann eine der letzten großen linken Demonstrationen, etwa hunderttausend Leute waren bei seiner Beerdigung. Und danach kam dann die große Ebbe. Und wir haben uns gesagt: Dieser Film, *Tout Va Bien*, den machen wir für die hunderttausend, die auf der Beerdigung waren. Nur, nach der Beerdigung waren sie auseinandergegangen, und um diese hunderttausend dann hinterher wieder zusammenzubringen... Vielleicht haben wir ein paar von ihnen erreicht. Der Film war ein kommerzieller Mißerfolg, er hat nur fünfzehn- oder zwanzigtausend Zuschauer gehabt, aber ich bilde mir ein, diese fünfzehn- oder zwanzigtausend, die waren auch bei der Beerdigung von Pierre Overney. Und da man nun einmal das Verteilersystem nicht kontrolliert, weiß ich nicht, wie man da diese hunderttausend erreichen kann... Wenn einer die Staatsbürgerschaft gewechselt hat, wenn er weggegangen ist, wie soll man den erreichen? Was nicht geht, was überhaupt nichts bringt, das ist, die Produktion zu dezentralisieren, wenn diese Dezentralisierung nachher wieder preisgegeben wird, einen kleinen Film zu drehen – klein oder groß, was immer das auch sein soll, jedenfalls auf eine andere Art oder über Leute, die man bis dahin nie gesehen hat, in einem anderen Stil, weshalb er vielleicht interessieren könnte –, und hinterher kommst du dann wieder in das umfassende Verleihsystem, das zu groß für dich ist.

Gestern haben wir über das Publikum gesprochen. Wer sind denn eigentlich die Leute, die ein großes Publikum haben? Es sind die Diktatoren mit den großen Filmen und dem Fernsehen. Das Fernsehen funktioniert wie die Diktatoren: es hat an einem einzigen Tag in einer Stunde so ein Publikum. Es ist in gewisser Weise unmittelbarer geblieben, was bewirkt hat, daß es den Verteilungsprozeß des Kinos vervielfacht hat. Es kann die Königin von England oder ein Fußballspiel in Argentinien zeigen, und dabei hat es dann, was weiß ich, während anderthalb Stunden anderthalb Milliarden Zuschauer, die alle dasselbe anschauen. Welcher Diktator hätte nicht von einem solchen Publikum geträumt? Und welches

Publikum würde außerdem nicht für den Diktator stimmen, der ihm erlaubt, im gewünschten Augenblick ein bestimmtes Fußballspiel zu sehen?

Es wäre Zeit, daß die Regisseure sich die Frage stellen, die wir uns inzwischen stellen. Wenn man was schreibt, wenn man einer guten Freundin schreibt, glaubt man, daß sie gern von einem hören möchte, und wenn sie einem nicht antwortet, dann sagt man sich, daß man ihr nicht dauernd weiterschreiben sollte.

Die Produzenten oder die Verteiler, die Verleiher sind realistischer als drei Viertel aller Künstler, weil sie ans Publikum in Gestalt von Dollars denken, sie denken an drei Millionen Leute zu zwei Dollar je Sitz, sie machen eine kleine Multiplikation, und dann sagen sie sich... Das ist ihre Art zu denken. Das ist wenigstens real, und das versuchen sie. Aber wenn man daran nicht denkt? Was ist in mir, das vier Millionen Zuschauer interessieren könnte? Ich habe lange Zeit gebraucht, bis ich mir das so sagen konnte, und ich denke, daß das, was ich sagen kann, in Frankreich vielleicht hundert- bis zweihunderttausend Leute interessiert. Aber wie? Ich weiß nicht, das Verteilernetz ist dafür nicht besonders gut organisiert. Um sie mit der Post zu erreichen, müßte ich zu viele Briefe schreiben. Der Film, den ich fürs Kino mache, erreicht sie auch nicht. Um sie zu erreichen, müßte ich ihn anders machen, ich müßte so einen Film machen, wie ich ihn nicht machen möchte. Also sage ich mir: Man muß zugleich kleiner denken, etwas länger und anders. Und dann geht mir auf, daß ich wirklich allein bin. Und damit stoßen wir auf das eigentliche Problem. Was bewirkt, daß das, was ich mache, jemand anderen interessieren könnte? Man kann jederzeit bei seinem Nachbarn anklopfen und sagen: Hör zu, gib mir fünf Dollar, und ich lese dir dafür eine Geschichte vor. Und dann statistisch erfassen, wie viele die Tür aufmachen, die fünf Dollar hergeben und sich die Geschichte anhören. Ob sie gut wäre, das wäre eine ganz andere Frage...

Aber das ist das wahre Problem des Vertriebs und der Produktion. Im Grunde sind doch die Produzenten, die eigentlichen Komplizen der Verleiher die Massen der Zuschauer, das heißt, die Gesamtheit der Gesellschaft, in der wir leben. Sie delegieren... In der Wirklichkeit leben die Leute ihr eigenes Leben, lauter mehr oder weniger außerordentliche Geschichten. Wer sich in einer Fabrik abrackert, lebt ein unglaublich anstrengendes Leben. Aber sie delegieren..., sie stellen sich nicht vor... Leute, die gerissener sind als sie, bringen es fertig, ihre Vorstellungen in Umlauf zu bringen, einige sogar ganz anständig – das ist ihre Art zu arbeiten –, aber es ändert nichts an der Tatsache, daß die Leute die Vorstellung oder Nicht-Vorstellung ihres Lebens ans Kino oder ans Fernsehen delegieren. Und da ist es dann eben aus...

Ich habe immer versucht, Schauspieler als reale Menschen zu sehen, deren Realität man zeigen sollte – in einem vorgegebenen Drehbuch, das sie zwingt, bestimmte Sachen zu machen, aber auch berücksichtigt, was sie wirklich sind. Daß man, wenn jemand blonde Haare hat, eben sagt, daß blonde Haare etwas Hübsches sind. Oder aber, wenn sie schwarze Haare hat, es nicht sagt... Eben das eine oder das andere. Deshalb mochte uns Brigitte Bardot, weil sie, als wir noch Kritiker waren und sie in *Et Dieu créa la femme* auftrat, wegen ihrer Sprechweise, die anders war als sonst bei Schauspielerinnen, heftig kritisiert worden war. Man hatte gesagt: Sie kann nicht spielen, sie spricht falsch. Und da hatten wir gesagt: Dieses falsche Sprechen, das eben ihre Art zu sprechen ist, ist viel echter als manches andere sogenannte richtige Sprechen, das in Wirklichkeit ganz falsch und ganz akademisch ist. Und bei diesem Film ging es darum zu versuchen, etwas einfach glaubhaft zu machen. Das ist etwas, was ich mag, worum ich mich bemühe: daß es den Anschein von Wahrheit hat, daß diese Frau oder dieser Typ sowas sagen könnten, daß, wenn man sie träfe... Daß es nicht außergewöhnlich wirkt, sondern etwas realistisch. Das heißt, einfach die Person zu respektieren. Das hat mich aber absolut nicht gehindert, Eddie Constantine einen Satz von Blaise Pascal sagen zu lassen. Man hat darüber gelacht. Für mich ist das ein Typ... Er wurde bezahlt, er machte das, er hatte dieses Aussehen, das mir gefiel, und ich fand, daß er absolut qualifiziert war, vielleicht mehr als mancher andere, zu sagen: »Das Schweigen dieser Räume erschreckt mich.« Und ich sehe nicht ein, warum er das nicht hätte sagen können. Ich versuche ganz einfach, daß er es so sagt, wie ich glaube, daß es gesagt werden müßte, damit man es, wenn schon nicht glaubt, so doch anhört. Daß man es anhört, nicht damit man begeistert ist, sondern damit man es hört. Deshalb haben meine Filme nie einen riesigen Erfolg gehabt. Ich versuche, etwas zu Gehör zu bringen oder sichtbar zu machen.

Manchmal, spüre ich, möchte ich auch gern begeistern, denn ich mag gern... In dem Film von Wertow habe ich es gespürt, man konnte spüren, daß es da Augenblicke von Enthusiasmus gab. Das möchte ich schon gern, aber ich weiß nicht richtig, wie man es macht, oder ich habe plötzlich Angst, in der nächsten Sekunde nicht weiterzuwissen. Deshalb ist es mir lieber, wenn man mir zuhört oder hinsieht. Daß es den Anschein von Wahrheit hat, wie man so sagt. Unter den Umständen ist jeder brauchbar. Man muß einen Schauspieler finden und sich, ausgehend von ihm, eine Szene ausdenken.

Man kann seine persönlichen Vorlieben haben, sogar physische, alles das. Meistens ist es das, was bei der Arbeit mit einem Schauspieler eine Rolle spielt. In Wahrheit fehlt in den Filmen immer eine Szene, die entscheidende Szene aller Filme: warum man jemanden engagiert. Während die Statisten, das ist wie Vieh – obwohl, auch da wählt man dieses oder jenes Vieh, das heißt, es ist der reine Rassismus. Die Person, die die Wahl trifft, der das »casting« obliegt, wie es im Amerikanischen heißt, hat Vorstellungen, aber total subjektive und absolut rassistische.

Und wenn ich den Film von Truffaut sehe, dann finde ich meinen ehrlicher, wenn Sie so wollen, weil ich absolut draußen geblieben bin, das ist nämlich..., ich weiß nicht... Damals habe ich nicht so gedacht, aber wenn ich es heute machen müßte, wäre das das erste. Was nicht ehrlich ist in Truffauts Film, ist, daß er nicht zeigt, wie er die Leute engagiert. Warum er Jean-Pierre Léaud engagiert und warum... Truffaut zeigt sich nur mal eben in einem kleinen Bett, das er nicht mehr hat, und blendet dann das Wort »Kino« darüber. Was selbst, um zu zeigen, was er vom Kino denkt, von einer unglaublichen Blödheit ist.

Sein erster Film... Wirklich eine sehr seltsame Karriere. Das wahre Leben von François Truffaut wäre ein sehr schöner Film, dessen Produktion entsetzlich teuer würde. Denn er hat eine seltsame Karriere gehabt. Wenn man seinen ersten Film anschaut, *Les Quatre Cents Coups,* und wenn man ein wenig seine Vergangenheit kennt, sein Leben vorher... Für mich ist da ein ganz klarer Einschnitt gleich nach *Les Quatre Cents Coups.* Ich weiß nicht, wie das passiert ist. Er hat sich einfangen lassen vom Kino. Er ist genau das geworden, was er so sehr verabscheute. Wenn man die Artikel aus seinen Anfängen liest und heute seine Filme sieht, kann man sich nur wundern. Das Unglaubliche ist, daß es bei den Nachdrukken der Artikel in seinen Büchern Sachen gibt, die rausgestrichen sind, wenn er Schlechtes über Autant-Lara und Delannoy sagte – und so aggressiv, wie er es sagte, hat uns das damals in ein sehr schlechtes Licht gesetzt. Wir attackierten die Leute persönlich, sogar ihre physischen Mängel. Sowas tat man nicht, ein Regisseur sagt nichts Schlechtes über einen anderen. Während wir keinen Moment zögerten, wir gehörten ja nicht zur Branche. Aber was mich jetzt eben in den Memoiren von Truffaut stört – ich erinnere mich an ganz gezielte Attacken gegen Autant-Lara zum Beispiel –, das ist, daß er sie rausgelassen hat. Das ist doch seltsam. Ich meine: Wer macht das? Wer schreibt Biografien um? Welchen Grund gibt es dafür?

Er kann anderer Meinung sein? Natürlich, aber man muß zeigen, wie man sich ändert. Das ist doch das Interessanteste. Jeder darf seine Meinung ändern, es geht nicht darum, daß man nicht das Recht hätte, nur muß man sie zeigen, diese Veränderung.

Mich erinnert das zum Beispiel auch – und damit kommt das ganze französische Kino wieder hoch –, das erinnert mich an alle Filme während der Vichy-Regierung. Statt *The Bad and the Beautiful* hätte ich *La Nuit Américaine* gern einen anderen Film von Minnelli gegenübergestellt, nämlich *Two Weeks in Another Town*, da war es nämlich fast genauso, aber man hätte zwei Versionen sehen können. Was die Leute glauben macht, daß das großes Kino wäre, ist in Wahrheit kleines Provinzkino, oder doch kleine Provinzkomödie. Weshalb auch die Amerikaner so davon eingenommen sind und zum Beispiel Pagnol immer besonders gemocht haben. Aber nicht *Angèle* haben sie gemocht, sondern *La Femme du Boulanger* und dergleichen – *Cousins Cousines*. Die echte französische Tradition.

Wenn man den Zuschauer fragte, wie Kino gemacht wird, könnte er nach dem russischen Film sagen: Kino machen heißt, seine Kamera überall aufzustellen und zu versuchen, überall ein wenig zu filmen, sowohl Leute, die arbeiten als auch Leute, die Sport treiben, Leute, die dies oder jenes machen. Er könnte sagen: das ist Kino. Wenn er dagegen *The Bad and the Beautiful* sähe, könnte er sagen: Wie ich es sehe, ist das Kino in erster Linie eine Geldangelegenheit. Einer hat Geld, er gibt es einem anderen, und dann tut dieser andere so, als sei er ein Künstler, aber in Wirklichkeit... Das könnte er sagen. Und über *Le Mépris*: Ich weiß nicht genau, ich sehe Leute im Kino arbeiten, und dann sehe ich, wie das ihre Beziehungen zueinander kaputtmacht, es ist offenbar kein Ort... Aber nach *La Nuit Américaine* – wie könnte er da beschreiben, was das ist: einen Film machen? Er würde sagen... Ich weiß nicht, was er sagen würde... Er wäre unfähig zu... Und eben darin liegt die Stärke des Films, er bestärkt die Leute in ihrer Vorstellung, es wäre was Geheimnisvolles und gleichzeitig was Vertrautes, denn man gibt schließlich jede Woche fünf oder sechs Dollar dafür aus.

Kino und Fernsehen müßten sein wie Provinzzeitungen. Es gibt so kleine Zeitungen. Die Studenten hier... Ihr macht eine Zeitung für euch. Kleine Zeitungen werden gemacht für die Universität, und man sagt sich nicht: Diese Zeitung muß in der ganzen Welt vertrieben werden. Für drinnen, das genügt. Ich denke, mit Filmen ist es genauso. Es kann ein paar geben, die vielleicht für alle sind, aber schlecht ist es, auszugehen von allen. Ich glaube, das hat ganz üble Folgen, über die die Leute sich nicht im klaren sind.

Bei den russischen Filmen zum Beispiel – deshalb muß man sie auch immer wieder zeigen – ging es in alle Richtungen. Sie waren zu schnell. Sie hätten das Tempo ein wenig drosseln müssen, versuchen, etwas länger zu dauern. Sogar in dem Film von Dreyer gibt es trotz allem eine von drei oder vier Einstellungen... Nicht, daß sie nicht gut wäre, aber sie ist nicht nötig. Man könnte es einfacher machen. Und man macht es sich nicht klar, da wird man weggezogen von der Bewegung, eine Geschichte zu erzählen und keine Lücke zu lassen. Das Leben muß erzählt werden, aber so konzentriert, daß es ja keine Ähnlichkeit mit dem täglichen Leben hat, denn das tägliche Leben, das besteht aus Lücken und Löchern, aus ruckweisen Sachen, die mal ganz schnell und mal ganz langsam passieren. Aber während anderthalb Stunden muß es ganz regelmäßig ablaufen, in einer bestimmten Form, sonst würde man es nicht ertragen.

Das ist letztlich auch die Meinung der Person, mit der ich ein wenig zusammenarbeite, sie heißt Anne-Marie Miéville. Sie hat ziemlich starke Vorbehalte gegen das Kino, es widert sie an, weil sie es überflüssig findet. Was mir da in bezug auf die russischen Filme auffiel, war, daß verglichen damit die drei amerikanisch-europäischen wirklich ein wenig widerlich, weil eben überflüssig waren. Glauben zu machen, daß es nützlich ist, weil es existiert, oder daß es interessant ist – während der andere für sein Land in einem bestimmten Augenblick wirklich etwas suchte. Es hat nicht lang gedauert. Er hatte nicht die Gelegenheit... Aber da gibt es etwas anderes. Dagegen kann man nicht sagen, daß in *The Bad and the Beautiful* der Typ daran denkt, daß er Amerikaner ist, daß Amerika Probleme hat, und daß auch er etwas dafür tun muß.

Es gibt eine Sache, die mich immer beschäftigt hat: wie man von einer Einstellung zur anderen gelangt. Das heißt im Grunde: warum man eine Einstellung an die andere setzt. Gestern haben wir von dem Amateurfilmer gesprochen, der immer nur eine Einstellung macht. Er filmt seine Kinder oder seine Frau, wie sie am Strand aus dem Wasser kommt, und dann an Weihnachten oder an ihrem Geburtstag. Ganz genau entsprechend der Reklame, die die Kamerafirmen machen: Filmen Sie Ihr Kind, wie es die Kerzen ausbläst. Aber nie gibt es zwei Bilder. Kodak sagt: Filmen Sie dieses Bild. Aber sagt nicht: Und dann filmen Sie das Bild, wie Sie ihm eine Ohrfeige geben. Denn von dem Moment an müßte man sich für das Familienleben interessieren. Man interessiert sich für das Familienleben, weil man es lebt, aber dann müßte der Papa oder die Mama, die filmen, darüber nachdenken, wie der Film den Beziehungen innerhalb der Familie nützlich sein könnte, und dann müßten sie es machen, eben deshalb. Wenn man das nicht braucht, braucht man auch kein Kino zu machen. Die Amateurfilmer machen es nicht, sie brauchen es nicht. Aber die professionellen Filmer, die setzen nicht nur eine Einstellung an die nächste, sondern achthundert aneinander. Sie können sich darauf verlassen – so läuft es heute –, daß die achthundert Einstellungen alle gleich sind, es ist eine Einstellung mit achthundert multipliziert. Man nimmt Schauspieler, um zu zeigen..., aber man ändert die Titel der Filme nur, weil, wenn man den Titel ließe, würden die Leute nicht mehr kommen. Da sie so total fertig sind von ihrer Arbeit in der Universität oder der Fabrik, sehen sie nicht, daß es derselbe Film ist. Und dann, wenn russisch gesprochen wird oder japanisch, hat man den Eindruck, es wäre ein etwas anderer Film. Ist es aber kaum. Ich glaube, das ist es.

Was sind fünfzehn Millionen Dollar? Für einen Film ist das nicht sehr teuer. Was kannst du damit machen? Damit kannst du sieben Filme zu zwei Millionen machen. Das ist nicht viel. Für einen Menschen ist das viel, aber fürs Kino sind das kleine Zahlen. Wenn man sie nur auf sich selbst bezieht, sagt man sich: Fünfzehn Millionen Dollar, das ist schon eine ganze Menge, verglichen mit dem, was ich verdiene. Das stimmt. Aber so darf man das nicht sehen. Wie groß ist das Budget der NASA? Was für ein Budget hat Radio Canada? Radio Canada macht Filme für'n Groschen, wo man jemanden sieht, der redet vor einem Landkartenhintergrund. Damit scheffeln sie Milliarden. Die verstehen es. Sie tun nichts. Das Fernsehen ist phantastisch!

Das Kino ist eine Macht, und die Leute sehen immer noch gern Filme. Was schauen sie sich im Fernsehen gern an? Shows, Sport und die Filme. Aber Filme, die fürs Kino produziert worden sind, und auch noch die Serien werden von Kinoleuten in Fernsehform gemacht. Wenn die Filme gemacht wären... *Le Mépris,* meinetwegen auch *La Nuit Américaine* oder dergleichen, wenn das im Fernsehen immer noch gefällt, oder wenn das den Leuten im Kino noch gefällt, so weil die Art, wie es gemacht wird, drei oder vier Monate lang, immer noch dem einzelnen – aber im Kollektiv – näher ist, weil darin eine ungeheure Stärke liegt und weil sich das auch nicht ändern wird. Vielleicht ändert sich das technische Verfahren, aber das Entscheidende bleibt. Deshalb sollte ein junger Regisseur immer voller Hoffnung sein, weil das Kino der einzige Ort ist, der einem hilft zu leben. Es ist der einzige Ort, wo Veränderung möglich ist oder sogar, was man »Revolution machen« nennt, ich mag das nicht so nennen, aber..., wo es möglich ist, Dinge zu verändern, die so nicht taugen. Überall sonst sind dazu zu viele Leute nötig, man braucht zu viele Dinge, um es zu ermöglichen. So hat man die Wahl, zu warten und seinen eigenen Kleinkram zustandezubringen, wenn man es schafft. Aber dafür braucht man trotz allem eine große Passivität. Manchmal gibt es eine Explosion, man kriegt es nicht hin. Im Kino, da ist es möglich, weil es ziemlich einfach ist, es geht nur um eine kleine Zahl von Leuten. Bei einem Film von mir sind es acht Personen. Bei einem amerikanischen Durchschnittsfilm sind es hundertzwanzig bis hundertfünfzig Leute. So toll ist das auch nicht, hundertfünfzig Personen.

Man kann mal mit zwölf Personen arbeiten und dann mit zweien, und dann versucht man, ausgehend von zweien oder dreien, ob es nicht noch ein paar andere gibt, die Lust hätten. Vielleicht muß man sich auch nicht unbedingt mit Kinoleuten zusammentun. Man muß sich anderswo Verbündete suchen, um trotz allem etwas zu machen.

Hollywood? Ja, das ist ein kulturelles Phänomen, das soviel stärker ist als alles andere, und das kann nicht untergehen. Es kann einfach nicht, der Beweis dafür ist, daß es besser weitergeht denn je. Es geht besser weiter als jemals seit 1900. Und gleich viele Filme gibt es jährlich in der ganzen Welt. Seit 1900 werden jährlich ungefähr zwei- oder dreitausend Filme in der Welt gemacht, das hat sich nicht geändert. Und der Träger wird vielleicht anders, aber sonst ändert sich das nicht. Film ist das Herz des Fernsehens. Auf eine andere Art. Und sie brauchen ihn. Sie stecken ihn in ein Sauerstoffzelt, wenn man so will... Hollywood gibt es nicht mehr so wie früher, aber es existiert neu auf eine andere Art.

Und die Zuschauer? Davon gibt es mehr denn je. Eltern machen jedes Jahr – wieviel Kinder? Woher, glauben Sie, kommt das Publikum? Immerhin müssen die Leute gemacht werden, die sich die Filme ansehen sollen.

Wir kennen nur wenige Leute. Die wenigen, die wir kennen, mit denen sind wir schnell zerstritten. Ich schaffe es einfach nicht, jemanden zu finden. Der einzige, den ich gefunden hatte – und da war es noch er, der auf mich zugekommen ist –, war Jean-Pierre Gorin. Er ist zu mir gekommen und hat gesagt: Ich kann allein keine Filme machen, ich muß mehr als einer sein. Er wollte Filme machen, aber anders als die anderen, nicht allein. Und ich machte mir unbewußt klar, daß ich allein es nicht schaffen würde. Man mußte wenigstens zu zweit sein. Und vielleicht dann, wenn möglich, zu dritt. Aber ich habe es nicht geschafft. Nach Gorin habe ich eine Frau gefunden, eine Freundin, aber wir sagen uns: wir sind anderthalb. Anderthalb, weil wir nur die Hälfte von dreien sind. Anderthalb heißt nicht einer und ein halber, es heißt die Hälfte von dreien. Ich habe es nie geschafft, zu dritt zu sein. Das Problem meiner Firma ist, einen Dritten zu finden. Daß ich zum Beispiel einen Kameramann hätte, aber einen Kameramann, der auch mal was anderes machen mag, nicht nur fotografieren, oder wenigstens einen, der das Fotografieren für sich selbst braucht, der es nicht zufrieden wäre, sein Geld zu verdienen und sich zu verkaufen, der das für sich brauchte, der das Bild auch für sich selbst brauchte und nicht nur für die Agentur oder für mich, wenn ich es von ihm verlange.

Wenn es ein Kameramann wäre – gut. Wenn es ein Finanzier wäre, wäre es ein Finanzier. Wenn es ein Drehbuchschreiber wäre,

wäre es ein Drehbuchschreiber. Wenn es ein Schauspieler wäre, ein Schauspieler. Das wäre egal – jeder könnte der dritte sein. Wir haben es nicht geschafft. Wir glauben, daß die großen Hollywoodfilme von einem gemacht werden, manchmal von zweien, wenn sie gut sind, wenn sie besser sind. Und wenn zum Beispiel... Mir ist erst kürzlich wieder aufgegangen, daß die Stärke der Neuen Welle, daß sie zu einem bestimmten Zeitpunkt in Frankreich zum Durchbruch kommen konnte, einfach darin lag, daß wir zu dritt oder viert waren, die miteinander über das Kino redeten. Die Stärke des amerikanischen Durchschnittsfilms vor dem Krieg kam daher, daß die Leute den ganzen Tag zusammen waren und schon morgens in der Kantine miteinander redeten und anderswo als in einer Fabrik. Es war eine Fabrik, aber eine Fabrik ganz besonderer Art. So konnten sie miteinander reden. Während die Arbeiter in Detroit oder bei Renault, die können nicht reden, weil sie dazu zu müde sind. Jedesmal, wenn es etwas gegeben hat, was man eine »Schule« nennt, dann hat es besser geklappt. In der Beziehung ist das Kino der Malerei näher. Wie man »impressionistische Schule« sagt... Picasso und Braque sprachen miteinander über Malerei. Später haben sie dann nicht mehr miteinander geredet, als sie berühmt geworden waren. Genauso ist es uns ergangen. Sobald wir einen Film gemacht hatten, haben wir uns nicht mehr gesehen und dann den nächsten gemacht. Sogar das jüngste amerikanische Kino: Coppola, Scorsese, de Palma, das sind Leute, die irgendwie zusammen waren und sich trafen, zuerst, und übers Kino redeten. Hinterher nicht mehr. Auch die Deutschen. Auch der italienische Neorealismus. Es hat Zeiten gegeben, da sprachen Rossellini und Fellini miteinander. Und das hat im Verhältnis zu den anderen rundherum schon ausgereicht, weil sie was sagten und das Bedürfnis hatten, es sich zu sagen, weil sie das Bedürfnis hatten, durch den Eindruck von etwas hindurchzugehen, und dieses Eindrucksmittel war eben der Film und nicht das Buch. Sonst macht man kein Kino.

Dritte Reise

Faust	FRIEDRICH WILHELM MURNAU
Rancho Notorious	FRITZ LANG
La Belle et la Bête	JEAN COCTEAU
L'Année dernière à Marienbad	ALAIN RESNAIS
Alphaville	J.-L. GODARD

Wenn es einen Sinn hat, was wir hier machen, dann liegt er darin, daß wir Ausschnitte zeigen und versuchen können, eine Art Leitfaden zu finden, wie einen Film oder ein musikalisches Thema. Aber manchmal findet man ihn nur, wenn man die richtigen Instrumente zusammenbringt, das heißt, Instrumente, die eine Zeitlang ganz bestimmte Töne hervorbringen können, und Leute, die sie spielen. Dann kann man vielleicht eine Musik wiederfinden und etwas zum Ausdruck bringen, das sich ereignet hat oder wovon man möchte, daß es sich ereigne.

Mein Weg durch die Filmgeschichte hat sich ganz von selbst dadurch ergeben, daß ich Filme gemacht habe. Für viele Leute war er ganz anders, zum Beispiel dadurch bestimmt, daß sie Filme angeschaut haben. Aber niemand hat sie dabei gefilmt oder befragt. Man kann also nicht genau wissen, was passiert ist. Aber es gibt einen großen Teil der Film- und Fernsehgeschichte – das wird meistens gar nicht erst erwähnt, denn es beträfe Milliarden von Individuen und Stunden, die mit Schauen verbracht wurden –, den man nur machen kann, indem man von den Filmen ausgeht. Man muß aber auch, man müßte auch ausgehen können vom Blick der Zuschauer. Nur gibt es davon einfach zu viele. Aber interessant wäre es sicher. Also sollte man es wenigstens versuchen und zum Beispiel ausgehen vom Blick derjenigen, die Filme gemacht haben. Das ist bisher nie geschehen. Immer haben Schreiber die Filmgeschichte gemacht. Einen Film kritisieren heißt, daß man schreibt: Das ist gut, Sowieso spielt gut, Sowieso spielt schlecht, außergewöhnliches Schauspiel, schöne Farben – so in der Art. Und dazu gibt es dann noch ein Foto, damit der Zeitungsleser auch sicher weiß, von welchem Film die Rede ist. Nur dazu ist das Foto da. Der

Kritiker macht keine Aufnahmen, er braucht das nicht. Ich habe zwanzig Jahre gebraucht, man braucht wirklich zwanzig Jahre, bis man lernt, bis man erwachsen wird. In meinem Kinoleben bin ich jetzt etwa zwanzig, das heißt, ein Jugendlicher, während ich physisch fünfzig Jahre alt bin, ein halbes Jahrhundert, das heißt anfange alt zu werden. Aber dem Kino nach bin ich erst fünfzehn, zwanzig Jahre alt, in der Blüte meiner Jugend, im Vollbesitz der Mittel, und ich fange an, Dinge zu sehen, zu wissen, was ich mache.

Neulich habe ich gesagt, als wir *Le Mépris* gezeigt haben, inzwischen könnte ich sehen, was in *Le Mépris* nicht gut ist, welche Einstellungen schlecht sind. Dann hat mich ein Freund gefragt, ob ich es ihm erklären könnte. Und ich konnte es nicht. Aber wenn ich es mir jetzt genau überlege, merke ich, daß es Momente in der Einstellung sind. Man sah sie nicht, weil sie in einer Einstellung inbegriffen sind, und wenn eine Einstellung kürzer ist, kann man leichter sehen, weshalb sie überflüssig ist, weshalb man eine andere Einstellung gebraucht hätte oder daß diese Einstellung hätte anders sein müssen. Auch wegen der Menge der Einstellungen sieht man es nicht, sie gehen so dahin und vorbei. Es ist wie in der Zeitung: Gäbe es nur einen Titel, dann könnte man etwas sehen, aber bei sechzig Seiten sieht man überhaupt nicht, wo etwas nicht stimmt, nicht ist, wie es sein sollte.

Langsam fange ich an, ein klein wenig, zu begreifen, was beim Übergang vom Stummfilm zum Tonfilm wirklich passiert ist, inwiefern man sehen kann – und das ist ganz entscheidend –, daß es wirklich etwas anderes ist. Und darum versuche ich immer, wenn ich einen von meinen Filmen zeige, Ihnen vorher einen Stummfilm zu zeigen, denn man weiß nicht mehr... Ich glaube, die Regisseure der Stummfilmzeit, selbst die eher mittelmäßigen, drückten sich besser aus, und zwar bloß, weil anders gesprochen wurde, weil es an bestimmten Stellen Zwischentitel gab und die Zwischentitel... Man betrachtete sie als Titel, aber gleichzeitig hatten sie den Wert einer Einstellung. Und danach fing die nächste Einstellung ganz neu für sich an. Heute sieht man: Da war eine Einstellung und dann die nächste, ein Zwischentitel, und die Einstellung danach war eine neue Einstellung. Worin bestand denn eigentlich die Erfindung des Tonfilms? Erst vor etwa vierzehn Tagen bin ich darauf gekommen. Man hat einfach die eine Einstellung, die Zwischentitel-Einstellung, rausgenommen, und man hat die anderen Einstellungen aneinandergehängt. Das heißt, von den drei Einstellungen, die es vorher gab, ist eine weggefallen, und aus den zwei anderen ist eine geworden. Die Zwischentitel-Einstellung ist weggefallen. Sie kam nach der Einstellung mit dem Mund, und dann nach dem Zwischentitel machten sie so... – das war der Stummfilm. Der Tonfilm machte nichts weiter, als daß er eine Einstellung verschwinden ließ, und damit hat der Mund angefangen, wie im Leben zu sprechen. Die Geschichte des Films ist wie ein Kind, das vielleicht ein bißchen etwas anderes hätte lernen können. Aber was macht man mit einem Kind, das sich einfach weigert, Wörter wie Mama und Papa zu sprechen, bei dem man spürt, daß es etwas anderes will? Man erklärt es für anomal. Genauso ist das Kino von der Literatur für anomal erklärt worden. So sehe ich das. Nachher hat man es normalisiert, indem man es zum Sprechen brachte, und deshalb hat es heute so unglaubliche Mühe, daß aus ihm was wird.

Dabei ist seine Geschichte nicht sehr lang, immerhin ist sie sechzig Jahre, hundert Jahre, sagen wir, das ganze zwanzigste Jahrhundert. Sie ist interessant, weil sie visuelle Spuren hinterlassen hat, weil die Spuren uns ähnlich sind und weil, wenn man sie betrachtet, es ein wenig ist, wie wenn man sich selbst betrachtete. Angenommen, ein kleines automatisches Ding würde immer dann ein Foto machen, wenn ein Mann oder eine Frau in den Spiegel schaut, und am Ende des Jahrs ginge man in ein Büro, und da gäbe es die Reihe der Fotos, die immer dann entstanden sind, wenn man in den Spiegel geschaut hat, das ergäbe eine interessante Geschichte. Man würde sich nicht unbedingt darin erkennen. Das Foto müßte das Datum des Tages tragen. Ich glaube, manche würden darin nicht bloß die exakte Kopie ihres Gesichtes sehen.

Nein, Untertitel, wie man sie heute macht, mag ich nicht besonders, da ist mir Synchronisation lieber. Aber die Synchronisationen werden so schlecht gemacht, daß mir dann doch die Untertitel wieder lieber sind. Meine ersten Filme, *A Bout de Souffle, Le Petit Soldat,* waren synchronisiert, das heißt, in ihrer eigenen Sprache nachsynchronisiert. Verglichen mit dem übrigens, wie damals im allgemeinen Filme in drei, vier Tagen nachsynchronisiert wurden, stellt *A Bout de Souffle* eine kleine Revolution dar. Das heißt, es war schwierig, wie alles andere auch. Wir hatten uns vorgenommen, daran zu arbeiten, fünfundzwanzig Tage hat es gedauert, weil wir wirklich etwas daraus machen wollten. Ich hätte Lust, das auch mit bestimmten anderen Filmen zu machen. Das müßte erlaubt sein, dazu müßte man die Möglichkeit haben. Die Vorstellung vom Autor und vom geistigen Eigentum verhindert das in Europa aber. Ein Schauspieler findet zum Beispiel, daß er das Eigentum an seiner Stimme hat, und daß man ihn nicht von einem anderen synchronisieren lassen darf. Das stimmt und gleichzeitig auch wieder nicht. Wenigstens müßte man doch darüber reden können, wenn man die Idee hätte, etwas daraus zu machen.

Was mich zum Beispiel bei einem nächsten Film interessieren würde, was wir vielleicht machen werden: einem einzigen Schauspieler aus mehreren Stimmen eine neue mischen, von fünf oder sechs Stimmen ausgehen, auch Tierstimmen und -lauten, und einen Mann sprechen lassen mit einer Stimme, die eine Mischung aus Tier- und Frauen- und anderen Männerstimmen wäre oder etwas Ähnliches – ganz neu zusammengesetzt, aber das würde sehr, sehr viel Arbeit erfordern, eine Arbeit, die mehr mit Musik zu tun hätte. Aber ich glaube, da liegen sehr große Möglichkeiten. Nur hat man beim Drehen nicht die Zeit, achthundertmal dasselbe Musikstück von neuem anzufangen und entsprechend mit dem Bild zu verfahren, aber das wäre genau der Moment, wo das Zerlegen passieren müßte, und diese Arbeit müßte für jeden Film neu gemacht werden, denn eine Figur darf nicht, wenn die Geschichte stimmen soll, dann darf eine Figur nicht überall dieselbe Stimme haben, sie muß verschiedene Stimmen haben, auf die man im Lauf des Films immer wieder zurückkommt, mal eben eine gemischte Stimme und dann auch wieder eine ungemischte. Das könnte dann noch von der eigenen Stimme dominiert sein. Ich glaube, man könnte da eine Menge Sachen machen, auf die man nur stößt, wenn man ein wenig Zeit hat und frei ist.

Mehrere Personen, die dieselbe Rolle spielen? Ich weiß nicht. Wenn man ins Kino geht, und im Leben, im gesellschaftlichen Leben, wenn man in die Fabrik geht, da gibt es mehrere Personen, die gegenüber der Firma, für die sie arbeiten, dieselbe Rolle spielen. Das heißt, man müßte doch – ich finde nicht, daß Buñuel die Dinge in dieser Richtung sehr weit getrieben hat –, man müßte doch wirklich etwas daraus machen, Filme, in denen es nur eine einzige Rolle gäbe und tausend Schauspieler, die sie spielten.

Ausgegangen bin ich von Fiktion, die ich immer auch dokumentarisch behandelt habe. *Alphaville* ist ein total fiktiver Film und gleichzeitig... Er endet nämlich mit »Ich liebe dich«, und dann hört man Geigen und alles das. Und gleichzeitig ist das auf völlig dokumentarische Weise behandelt. Wir haben nichts kaschiert. Wir haben in Paris gedreht, damals war das... Es ist gleichzeitig sehr dokumentarisch und totale Fiktion, wie in Comics. Ich mag Comics sehr. Sie sind so voller Einfälle, viel mehr als das Kino. Hand und Stift sind oft einfach freier. Allerdings gehört dazu Talent. Mein Traum ist, zu arbeiten wie Pagnol oder Chaplin, das heißt, ein eigenes Studio haben, deshalb hatten Chaplins Filme solchen Erfolg – abgesehen natürlich von seinem Talent. Er machte alle sechs oder sieben Jahre einen Film, und er konnte sich Zeit dabei lassen. Das ist eigentlich die normale Zeit für einen Film, Zeit, nochmal von vorn anzufangen, Zeit, eine große Szene zu machen, wenn man es möchte, Zeit, sich zu irren, zu suchen und zu finden, und das mit vielen Leuten, nicht nur mit ein paar. Ich war, um zu überleben, immer gezwungen, Arbeit in meiner Garagenecke, meiner Werkstattecke anzunehmen. So macht man dann Filme mit weniger Aufwand. Genau da in *Alphaville,* das ist kein Supercomputer oder etwas Ähnliches, das ist ein Philips-Ventilator für drei Dollar, von unten angeleuchtet. Wir haben uns die Zeit genommen, jemanden zu suchen, der an den Stimmbändern operiert war und wieder sprechen gelernt hatte. Dazu braucht man Zeit, Zeit zum Finden. Und dann, wenn es darauf ankommt, Zeit, Ideen zu haben, denn Ideen kommen nicht einfach so, sie kommen aus der Praxis. Heute möchte ich weiter versuchen, etwas zu machen, was ich lieber Fernsehen nennen möchte oder was mit Journalismus zu tun hat, aber Journalismus, der anders ist als der übliche. Und so sind wir wieder allein, einsam, und immer weiter muß man genauso kämpfen, und auf die Dauer wird man müde. Ausgehen von Erfahrungen im audiovisuellen Journalismus und wieder Fiktion machen, aber anders, anders als üblich, anders als in den ein wenig konventionellen Hollywoodfilmen. Ein wenig anders, aber dafür braucht man viel Zeit. Komponieren wie mit einem Orchester oder auch allein wie ein Maler.

Oh, daran kann ich mich nicht mehr erinnern. Ich habe doch gar nicht so viele Filme gemacht. Es wundert mich schon, daß ich anfange, sie durcheinanderzubringen. So viele habe ich doch gar nicht gemacht, zwanzig etwa. Bis zwanzig zählen ist doch nicht schwer, und ich habe den Eindruck, ich erinnere mich – das zitiere ich jetzt –, ich habe die Memoiren von Raoul Walsh gelesen, der hat einhundertzwanzig bis -dreißig Filme gemacht, und er sagt: Ich kann mich nicht mehr genau erinnern, ob das der siebzigste oder der neunzigste ist ..., und ich habe den Eindruck, mir geht das schon mit zwanzig Filmen so, das heißt, ich weiß nicht mehr, ob es der siebte oder der achte war, und ich habe den Eindruck, als spräche ich vom siebzigsten oder neunzigsten. An diesen da kann ich mich erinnern, aber ich weiß zum Beispiel nicht mehr, ob er vor *Pierrot le Fou* war oder danach. Es kommt mir vor, weil er schwarzweiß ist, als wäre er vorher. Aber das muß auch nicht stimmen, denn *Masculin Féminin* ist ebenfalls schwarzweiß, das weiß ich genau, und den habe ich nach *Pierrot le Fou* gemacht, der in Farbe war.

Es war eine Auftragsarbeit. Ein Produzent hatte mich gefragt, ob ich bereit wäre, einen Film mit Eddie Constantine zu drehen, der mal ein großer Star des französischen Kriminalfilms gewesen war, aber bevor ich anfing, Filme zu machen. Sein Stern war im Sinken, jedenfalls machte er keine Krimis mehr. Mich hat das überhaupt nicht gestört. Wie man im Western jemanden auf ein Pferd setzt, setzten wir ihn in ein Auto und ließen ihn irgendwo ankommen. Und dann schmückt man aus, man erfindet, man spielt. Jedenfalls sehe ich das so. Mich interessierte nicht, welchen Platz er in der Filmgeschichte hat, sondern auszugehen von dem Platz, den ich selbst in dieser Galaxis habe, und zu versuchen, richtig zu sehen, was das für eine Geschichte wäre, in der ich ein Tropfen war oder was das für ein Fluß war, in dem ich ein Tropfen bin. Und ich als Tropfen habe allen Grund, über diesen Fluß zu sprechen.

Zu Beginn nimmt man die Figur von Eddie Constantine einfach so, wie sie eben ist. Er kommt an, man erfährt Dinge über ihn, aber nur über den Dialog anderer, wie in einem Western, wie in *Rio Bravo,* da kommt jemand an, schiebt die Türen zum Saloon auf, geht an die Theke. Ich will sagen, so geht das eben immer, das beweist gewissermaßen den Gang durchs Gehen. Und da ist es genauso, es gibt nichts... Er kommt, um etwas herauszufinden, und danach reist er wieder ab. Er hat Schwierigkeiten bei seiner Nachforschung. Alle Western gehen doch so. Ein Sheriff kommt irgendwo an, er will einen Gefangenen abholen, und dann nimmt er ihn mit. Der Film dauert entweder so lange, wie er ihn sucht, oder so lange, wie er braucht, um ihn zurückzubringen oder von beidem etwas. Hier ist es ganz genauso. Ein Sheriff kommt an von irgendwoher, er nennt es die äußeren Welten, er kommt an, und dann fährt er wieder ab.

In *Alphaville* ist Eddie Constantine nicht gut, kein guter Schauspieler, wie man sagt. Er ist unbeweglich wie ein Klotz, überhaupt kein Schauspieler wie etwa Jannings. Anna Karina dagegen, die etwas von einer nordischen Schauspielerin hatte, spielt wirklich wie im Stummfilm, mit dem ganzen Körper. Sie spielte nie psychologisch, wenn sie selbst es auch glaubte. Vielleicht war es mein Fehler, daß ich das nicht mehr akzentuiert habe. Hinter dem Spiel der Schauspieler heute, finde ich, steckt die Gesellschaft. Sie will es so. Man kann nicht behaupten, sie könnten nicht spielen. Sie haben wirklich keine Möglichkeit mehr, es zu lernen. Im allgemeinen sind sie, wenn sie anfangen, besser als am Ende oder wenn sie superbekannt geworden sind. Je bekannter sie sind, desto weniger spielen sie, und wenn sie es geschafft haben, heißt das, man darf sie für Millionen Dollar fotografieren. Der Regisseur hat das Recht, sie zu fotografieren, und dann schickt man diese Fotografien in die Kinos, so verlangt es das System. Es ist seltsam, daß gerade die großen Stars, die drei oder vier berühmten Stars, Italiener sind, sogar in Amerika: Travolta, Robert De Niro. Aber ich glaube, Schauspieler sind heute, verglichen mit der Stummfilmzeit, weniger gut, ausgenommen die Statisten. Vor dem Zweiten Weltkrieg waren oft die Nebendarsteller besser als die Stars, sie gaben dem Film etwas Solides, aber heute... Nur die Statisten, die Kleinstdarsteller, spielen, infolge einer seltsamen Verschiebung, noch wie die Stars von früher. Wenn sie einen Filmstatisten, dessen Beruf das ist, bitten, eine Szene zu spielen, dann spielt er sie ganz, wie zum Beispiel Jannings im *Faust* spielt. Heute heißt das »sehr schlecht spielen«, aber schlecht oder gut – ich weiß nicht... Ich glaube, heute ist, eben wegen der Dialoge, weil es solche Dialoge gibt, das Spiel verkümmert und geschrumpft. Ich glaube, es gibt wenige Schauspieler, die sich freispielen, so daß diese Befreiung der Inszenierung und dem Dialog zugute kommt und daran teilhat. Am Anfang arbeitet der Regisseur allenfalls etwas mit dem Dialogisten oder mit dem Szenaristen, aber das Drehbuch wird nie mit den Schauspielern gemacht. Erst wenn das Drehbuch geschrieben ist, wie Gott die Bibel geschrieben hat, dann wird bestimmt: die Rolle geben wir dem Moses, die Rolle bekommt der Sowieso, die Rolle die... So werden Filme gemacht. Da ist doch klar, die Bibel, die Gesetzestexte, die machen das Rennen. Das stört mich entsetzlich, deshalb rede ich auch immer davon. Eine wahre Geschichte des Kinos müßte deshalb einen Moment der Geschichte des menschlichen Körpers in seiner gesellschaftlichen Form vermitteln.

Man müßte ein Stück Film zeigen. Dafür müßte man es zunächst finden, und man müßte auch schon die Suche nach diesem Stück Film zeigen, mengenweise kleine Stücke vorführen und erzählen, wie man sie gefunden hat, sagen: In der Richtung haben wir gesucht..., und dann plötzlich, gemeinsam mit Ihnen und vor Ihnen, wie bei einem Experiment, feststellen, daß es das kleine Stück ist, das interessiert, und es dann zu einem anderen in Beziehung setzen und so ein Stück Geschichte daraus machen. Aber dafür braucht man die Filme, und man braucht die Möglichkeit, sie vorzuführen und mit ihnen zu arbeiten und schließlich auch noch die geistige Fähigkeit dazu. Schließlich wird sich bei unserer Geschichte des Kinos eine Spur ergeben, Ausdruck des Bedauerns über die Unmöglichkeit, Filmgeschichte zu machen, aber man wird die Spuren sehen.

Das ist wie bei der naturwissenschaftlichen Arbeit, wie bei den Entdeckungen von Einstein oder von Heisenberg, was weiß ich. Ein Historiker wie Sadoul hat geforscht, Dinge gemacht, Dinge gesehen, aber von dem Augenblick an, wo er angefangen hat, zu sagen, was er gesehen hat..., wenn man bedenkt, was heute aus dem Sagen und der Literatur geworden ist – das Faktum des Schreibens, wenn Sie so wollen –, kann man gar nicht sagen, was man gesehen hat, man kann es nicht sagen, es hat nichts zu tun mit dem Sehen. Wenn Einstein Zusammenhänge herstellt, im Augenblick, wo er sie ausspricht, haben sie nichts mehr zu tun mit dem, was er gesehen hat. Deshalb dauert es mit den großen Entdeckungen immer eine Ewigkeit, denn man sieht unmittelbar, sofort, Kopernikus oder Galilei, die haben direkt gesehen, daß sich die Erde dreht. Er hat es direkt gesehen, und dann hat er es sagen müssen. Und weil er es sagte und die anderen ihm nicht glaubten, hat man ihm nicht geglaubt. Oder aber die anderen sagen es und wollten aber nicht sagen: Ja, ich habs gesehen. Sonst hätte es keine Probleme gegeben, es wäre sofort aufgenommen worden. So hat es zweihundert Jahre gedauert, bis der Text vom Körper aufgenommen wurde und eingegangen ist in die Beziehungen aller gesellschaftlichen Körper. Das braucht gut seine hundert Jahre. Sogar um ein Kind zu machen – dabei geht das noch am schnellsten –, dafür braucht eine Frau neun Monate, nachdem sie die Botschaft empfangen hat, eine andere lebende Materie zu fabrizieren. Und weil so viel davon vorhanden ist, geht es so schnell, in neun Monaten. Aber eine große Entdeckung, die hat immer lange Zeit gebraucht, weil so etwas auf Papier niedergeschrieben wird und weil die Übersetzung, das Verstehen der Übersetzung so lang dauert, daß zum Schluß etwas ganz anderes daraus wird und man im Grunde von den großen Entdeckungen nichts hat. So ist das überall. Es könnte ja ruhig einige Zeit dauern, wenn man hinterher etwas davon hätte. Aber man hat nichts davon, weil man erst hundertfünfzig Jahre später etwas davon hat. Und hundertfünfzig Jahre, die haben mit vorher nichts mehr zu tun.

Ich denke heute, nach zwanzig Jahren Kino und fünfzig Jahren Leben, wenn Länder wie Kuba oder ein anderes Land der dritten Welt besser aufgepaßt hätten, dann hätten sie gemerkt, daß sie vor allem nicht hätten lernen dürfen – man nennt das Alphabetisierung –, vor allem weder schreiben noch lesen. Vielleicht wäre es möglich gewesen, und Kuba hatte eine außergewöhnliche Chance, wegen seiner Insellage. Kambodscha könnte das nicht, Kambodscha möchte es gern, aber es geht nicht, und deshalb das Blutvergießen dort. Sie möchten gern..., sie haben eine ungefähre Vorstellung davon, aber es geht nicht, und weil es eine so tiefgreifende Idee ist, deren Anwendung schwierig ist, endet alles im Terror, in einer großen Explosion. In Kuba wäre es freilich möglich gewesen, weil sie Robinsons waren, sie waren zehn Millionen Robinsons. Bedauerlicherweise haben sie große Opfer auf sich genommen, nur um das auszumerzen, was sie von anderen unterschied. Und so sind sie wieder wie die anderen und machen dieselben Dummheiten. Das ist unvermeidlich, wenn man erst mal die Gesetzestafeln hat und obendrein noch Cecil B. DeMille, um sie zu inszenieren. Aber ich glaube, darüber wäre ein interessanter Film zu machen, nur als Beispiel: Man müßte versuchen, einen Ort zu finden, wo man nicht lesen und schreiben lernte, und den über einen Zeitraum von zwanzig Jahren zu beobachten. Ich glaube, heute ist das nicht mehr möglich, die Kommunikation kommt überallhin, es war einmal möglich... Mit Kommunikation meine ich einfach Telefon, Tourismus und dergleichen. Der Tourismus ist ein Kommunikationsmittel. Man muß sehen, wie der Tourismus kommuniziert. Ich habe oft Ferien in Tunesien gemacht. In zwanzig Jahren wird es Tunesien sicher nicht mehr geben – dank der drei Millionen Deutschen jährlich in Tunesien. Es ist schon jetzt ganz kaputt, Tunesien. In

Mexiko ist es genauso. Wenn man da in ein Hotel geht, gibt es nichts Spanisches mehr, alles ist amerikanisch. Wenn man nach Tunesien kommt oder in sonst eins von diesen Ländern, bekommt man nicht mal mehr eine französische oder englische Zeitung, nur noch deutsche. Ganze Länder werden verheert. Was ich damit sagen will... Durch die Kommunikation... Ein Land kann nicht mehr leben und bestimmen, durch ein Dekret: Schluß mit der Alphabetisierung für eine gewisse Zeit. Wir werden regredieren, wir versuchen nicht mehr... Ich weiß nicht, wie das heute noch möglich sein sollte. Aber ich stelle es mir gern vor.

Ich streite mich auch mit meinen Freunden. Wenn ich von einer Reise zurückkomme, sagt meine Freundin: Erzähl mir, was du gemacht hast. Ich fühle mich wirklich sehr unwohl dabei, wenn ich erzählen muß: Das habe ich gesehen, das habe ich gemacht..., so daß es einen zusammenhängenden Text ergibt, aber ohne viel Bezug zu den Stücken von Bildern und Tönen und überhaupt, die manchmal auch Text brauchen, aber nur Text. Sie brauchen Passagen wie im Stummfilm, wo man zwischen zwei Einstellungen oft Textstücke hatte, woher es kommt, daß selbst ein schlechter Film... Die Art, wie da mit der Kamera umgegangen wurde, kommt mir lebendiger vor als heute. Heute ist das oft sehr schwierig. Man stopft zu viel Text hinein oder aber nicht genug, oder aber man weiß nicht richtig, wie.

Die Filmkritik sollte Filme machen, statt zu kritisieren. Oder aber Kritiken wie Filme machen. Unsere Stärke, als wir Kritiken schrieben, bestand darin, daß es keine Kritiken waren. Wir sprachen als Regisseure über die Filme anderer Regisseure, und oft wußten wir nicht, was wir über den Film als Film sagen sollten, weil er uns einfach nicht gefiel. Da blieb uns nur übrig – wir konnten nicht einfach sagen: das ist ein schlechter Schwenk –, den beim Namen zu nennen, der ihn gemacht hatte, als physische und moralische Person, und zu versuchen, dieser physischen und moralischen Person was anzuhängen, damit ihr klar würde, daß wir was Schlechtes über den Film sagten. Was ich sagen will, ist folgendes. Jemand behauptet, er beziehe sich ausschließlich auf meinen Film und lasse meine Person völlig außer acht, um dann aber bei der nächsten Gelegenheit fürchterlich über mich herzufallen. Der müßte doch konzedieren, daß ein Film sich selbst erklären könnte. Wenn nicht, würde ich ihm ohne große Mühe erklären können, daß

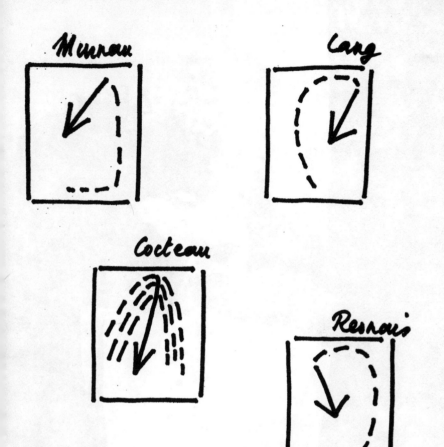

le désir
 du destin
  la contre-plongée
 la capitale comme désir de
   la douleur
  capitales de l'imprimerie

das Verlangen / nach Schicksal / die Untersicht / die Großstadt als Verlangen nach Schmerz / Großbuchstaben

alles Negative, was er vorgebracht hat, im Grunde nur positiv ist. Der Kritiker muß zwischen sich und dem Film, zwischen mir und dem Film einen Bezug herstellen. Ich sehe nicht, wie man Filmkritiker sein könnte, so wie man Musikkritiker ist oder Kunstkritiker. Man kann zwei Gemälde abdrucken, ein Foto hernehmen, man kann zwei Bilder abdrucken, drei, vier oder ein halbes, und eine Verbindung herstellen und sich meinetwegen auch des Alphabets bedienen. Was ein paar Kritiker schon gemacht haben, nicht viele, in Frankreich ein bißchen Elie Faure und André Malraux, andere, glaube ich, nicht. Das Neue an Malraux' Kunstgeschichte jedenfalls war, und das hatte großen Erfolg, daß er so viele Fotos brachte. So konnte man wenigstens sehen, wovon er sprach. Bei Filmen macht man das nie. Die Filmprogramme – das ist Filmkritik: heute von zwei bis vier ein Film mit Steve McQueen. Das ist Filmkritik. Das sagt wenigstens was, da weiß man, wo was läuft. Alles andere ist Literatur. Etwas anderes. Als wir die Neue Welle gemacht haben, sprachen wir über Filme, weil wir es nicht fertigbrachten, Filme zu drehen. Das machte uns nicht traurig, wir fingen ja erst an. Ich glaube, so war es. Ich habe mich nie als Filmkritiker gesehen, sondern als jemanden, der über einen Film redet, weil er Lust hat, selbst einen zu machen. Über einen Film zu reden war wie einen zu machen. Es war eine Art, etwas mit dem Kino zu tun zu haben. Genauso wie es war, als wäre ich in Hollywood, als ich zwei Jahre in der Werbeabteilung der Pariser Fox gearbeitet habe. Ich brauchte erst gar nicht dahinzugehen, denn ich war in Hollywood, Hollywood in Paris, bei der Fox.

Die mieseste Reklame für ein Auto oder eine Waschmaschine spricht besser über die Waschmaschine, auch wenn es eine Lobhudelei ist, jedenfalls bleibt sie an ihrem Gegenstand, während die Filmkritik, was hier an den Universitäten gemacht wird, im Filmlehrbetrieb, meilenweit vom Gegenstand entfernt ist. Man hat total vergessen, allenfalls weiß man es unbewußt, daß das Kino ein Ort ist, wo der Körper dauernd in Bewegung ist. Wenn man filmt, ist man dauernd in Bewegung, viel mehr als der Körper eines Arbeiters am Fließband oder einer Banksekretärin. Auch der Zuschauer ist in Bewegung. Beim Inszenieren, beim Inszeniertwerden, beim bloßen Fotografieren übrigens auch. Man braucht nur einen japanischen Touristen zu beobachten, wie er in den Straßen von Montreal fotografiert. Es ist wahnsinnig, was der für Bewegungen macht, nur um eine winzige Einstellung von einer Straße aufzunehmen.

Wörter können über Wörter sprechen. Schief wird es erst, wenn Wörter über Bilder sprechen, die dafür nicht gemacht sind. Sie können sich auf sie beziehen, sie können aus ihnen hervorgehen, sie können sie in sich hineinholen, aber dazu braucht man dann unbedingt Fotos. Ich fühle mich so allein im Film, weil ich niemanden getroffen habe, der zum Schreiben, um einen Stift zu halten, ein Foto braucht. Um ein Foto zu machen, braucht man einen Stift, der die Legende schreibt. Und der Stift hat auch einen Radiergummi, das heißt, man braucht einen Gummi, um ein Foto zu machen. Einen Radiergummi am Ende des Stifts. Das ist Kino, das ist Fernsehen, oder, um ein Modewort zu benutzen, das mir lieber ist, das ist das Audiovisuelle, die Information.

In *Alphaville* waren es mehr Gedanken. Heute tut es mir leid, daß diese Gedanken nur als Buch in Erscheinung treten. Das lag daran, daß ich selbst keine Ideen hatte und deshalb Ideen von einem anderen verwendete. Aber ich zeige nicht nur Bücher, sondern ebensoviele Plakate und anderes. Aber es war eine Form von Gedanken, von Poesie. Heute finde ich sie zu literarisch oder nicht literarisch genug. In *Alphaville* hätte ich mich gern selbst hineingebracht. Das geht nicht gegen das Geschriebene. Es ist da als Augenblick, es ist zwischen zwei Bildern, sozusagen ein Augenblick zum Atemholen, dazu kann der Text dienen, aber unabhängig vom Gesicht. Die Wörter »Hauptstadt des Schmerzes« sieht man, und danach dann sieht man ein Gesicht, das blickt – ein Montageeffekt. Den Text zu sehen als Maler, als Kalligraph, als Zeichner – wenn ich zeichnen könnte, gäbe es bei mir viele Zeichnungen. Es tut mir sehr leid, daß ich es verlernt habe. Ich konnte ein bißchen zeichnen, aber ich habe es nie praktiziert, und heute traue ich mich nicht mehr. Aber ich würde gern zeichnen können, nicht so professionell wie die Zeichner von Comics, sondern ohne besonderes Talent, nur einigermaßen korrekt etwas zeichnen können. Ich glaube, das würde ich dann häufiger einsetzen.

Möglichkeiten zu malen oder zu zeichnen – beim Video gibt es Instrumente, mit denen man auf die Leinwand schreiben kann, die sich noch sehr verbessern ließen. Die Handschrift könnte eine wirkliche Rolle spielen. Nicht nur als Indiz für die Polizei.

Hitchcock ist ein wirklich großer Regisseur. Er hat Format in den fünf oder sechs großen Filmen, die er gemacht hat. Er hat es verstanden, sich ein passendes Drehbuch zu besorgen zu den Bildern, die er vorher in irgendeiner Landschaft gesehen hat. Er sah eine Landschaft mit einer Mühle, er sah jemanden... Und dann sagte er sich: Wenn jetzt die Mühlenflügel stehenblieben, was könnte das heißen? Das wäre sicher ein Signal von jemandem, der sich da versteckt hält und ein Zeichen geben will. Und dann suchte er nach einer Geschichte. Er konnte sie nicht selbst erfinden, aber das war für ihn der Moment, die Rechte an einer Vorlage zu kaufen, die ihm zu der Geschichte verhalf und dazu, die folgende Einstellung zu machen, nachdem er die erste eines Tages eben so gesehen hatte.

Wenn man einen Film im Fernsehen sieht, sieht man genau das, was man sehen will. Lassen Sie sich von Ihren Kindern, wenn Sie welche haben, eine Fernsehsendung oder einen Film erzählen. Sie werden sehen, sie erzählen etwas total anderes als in dem Drehbuch gestanden hat, das der Fox oder der Columbia vorlag. Und wir selbst, wir erzählen von einem Film, den wir gesehen haben, auch immer nur Stücke. Streckenweise ist man drin, dann wieder gibt es Augenblicke, da ist man draußen, da liegt man daneben. Und wenn schon. Als Regisseur hat man heute nicht mehr diese Möglichkeit, oder wenn man sie hat, ist sie nicht anwendbar. Aber das macht man sich gar nicht klar. Das heißt, die Regisseure machen ihre Filme, wenn man das so ausdrücken will, ohne sie zu sehen. Erst lesen sie sie, und dann halten sie sich an das Drehbuch, wobei es gar nicht darum geht, wie es geschrieben ist: sie folgen etwas anderem, sie wissen gar nicht mehr, was sie machen. Manchmal wissen sie überhaupt nicht mehr, wann sie eine Einstellung schneiden müssen, das hat ja sowieso keine Bedeutung. Die Cutter machen das nach einem bestimmten System, völlig mechanisch, das spürt man. Das ist etwas, das mir heute immer besonders auffällt und was man in Stummfilmen nie spürt, nicht einmal in den mittelmäßigen.

Was ich sagen will, ist: Sogar in einem Film wie *Alice in den Städten* dreht der Regisseur eine Einstellung, aber wenn sie abgedreht ist, braucht er sie gar nicht mehr anzuschaun, um die nächste daraus abzuleiten. Man weiß vorher, welches die nächste sein wird. Mack Sennett wußte nicht, welche Einstellung er als nächste machen würde. Das ist normal, das waren die Anfänge des Kinos. Auch Chaplin wußte es nicht. Ich auch nicht, wenn auch anders. Was mich an einem Bericht über Dreharbeiten interessieren würde – und das wäre Filmkritik, eben nicht zu sagen: Das ist gut oder schlecht..., sondern wie etwas vonstatten geht, daß die Leute dann selbst entscheiden können, ob sie es gut oder schlecht finden sollen. Wenn ich heute Chefredakteur der *Cahiers* wäre oder bei der Filmseite der *New York Times,* würde ich sagen: So sieht das mit dem nächsten Film von Wim Wenders aus, das weitere können Sie dann selbst sehen... Wenn man dann nachher ehrlich analysiert, merkt man, daß der Anteil des Buches viel größer ist. Damit will ich nicht sagen, daß Wenders sich nicht die Muster ansieht, das will ich damit nicht sagen. Nur daß kein wirkliches Bedürfnis dafür besteht, die Muster anzuschaun, um zu wissen, was man am nächsten Tag macht. Dann müßte nämlich die Ökonomie des Films total umgekrempelt werden. Aber als Teil eines ökonomischen Systems funktioniert es nach dessen Gesetzen.

Und wie werden Gesetze heute diktiert? Indem man sie schreibt. Wenn in Ihrem Paß steht: Einreiseverbot für Rußland, dann wird das nicht mit einem Bild ausgedrückt. Wie könnte das in einem Bild ausgedrückt werden? Das wird nicht in Bildern ausgedrückt, weil Bilder die Freiheit sind und die Wörter Gefängnis. Ein Bild ist notwendigerweise frei, ein Bild verbietet nichts, aber es erlaubt auch nichts, es ist ein anderer Zusammenhang, es ist was anderes. Allerdings könnte man heute in Ihrem Paß, wenn das Kino wirklich Einfluß hätte, sagen: In Rußland verboten. Da wäre das Wort Rußland. Es gäbe eine Hand, die so machte..., und dann stünde da »Sowjet« und außerdem Ihr Foto, und der russische Polizist wüßte, daß das hieße, daß sie Einreiseverbot für Rußland hätten. Aber es gibt nur das, es gibt die Wörter, diese Bezeichnungen: Dieser Bürger ist unerwünscht. Es gibt kein Foto, daß dieses »unerwünscht« ausdrückt.

Nanook of the North   ROBERT FLAHERTY
Francesco, Giullare di Dio   ROBERTO ROSSELLINI
Persona   INGMAR BERGMAN

Une femme mariée   J.-L. GODARD

Ich wollte einen Bergman dabeihaben. *Persona* hatte ich nie gesehen, ich habe mich geirrt, als ich ihn bestellte, ich hatte nämlich an ein Stück aus *Schweigen* gedacht. Ich kenne die Filmgeschichte nicht mehr sehr gut und hatte geglaubt, *Persona* sei der Originaltitel von *Schweigen*. Deshalb habe ich *Persona* gesagt, gemeint hatte ich in Wirklichkeit *Schweigen*.

Bergman hat in meinem Filmerleben einen immensen Einfluß gehabt. Es gibt Stellen in *Une femme mariée,* da kann man die Spuren deutlich erkennen. Die Neue Welle, kann man sagen, hat Bergman zwar nicht lanciert, aber doch schon zum Durchbruch verholfen. Ich erinnere mich, wir waren die ersten, die positiv über *Monika* geschrieben haben und noch über einen anderen, der hieß..., ich habe den Titel vergessen. Es gab zwei oder drei Filme, bevor Bergman allgemeine Anerkennung fand. Ich wollte Ihnen im Zusammenhang mit *Une femme mariée* jemanden zeigen, der mich dabei beeinflußt hat, eine Frauenfigur zum Helden zu machen, wie im Hollywoodfilm.

Nanuk ist ein Eskimo, ein Jäger, er jagt Fische. Und danach dann *Une femme mariée,* da könnten Sie fragen: Worin besteht denn der Zusammenhang zwischen einem Eskimo und einer verheirateten Frau oder einem Fisch und einer verheirateten Frau? Man könnte sagen, daß eine verheiratete Frau in den Banden der Ehe hängt wie ein Fisch im Netz. Aber das wäre ein eher literarischer Vergleich. Der Film, den wir zuerst gesehen haben, soll eher zur Definition eines Gesamtkomplexes dienen, zu dem auch mein Film gehört. Er gibt gewissermaßen den Titel für die heutigen Vorführungen ab. Einen Stummfilm habe ich genommen, um zu zeigen: der Stummfilm hat etwas erfunden, das ist daraus geworden, bis zu der Zeit, wo ich auftauche. Hier ging es mir um den Dokumentarfilm, das heißt, was man im Film dokumentarisch genannt hat. In der Literatur und der Kunst hat es das nicht gegeben. In der Kunst sagt man von Breughel nicht, er habe einige dokumentarische Werke geschaffen, als er die kleinen Leute malte, oder daß Velazquez ein reiner Fiktionsmaler wäre, weil er Könige und Prinzessinnen gemalt hat. Da macht man diese Unterschiede nicht. Auch in der Musik nicht. Man sagt nicht, Rockmusik ist dokumentarisch und Bach ist Fiktion. Ich weiß nicht, wie es beim Kino dazu gekommen ist. Man glaubt zu wissen, was das heißt, fiktiv und dokumentarisch. Ich glaube, in Wirklichkeit sind es nur zwei verschiedene Momente, ich ahne das ein bißchen, es ist sehr kompliziert. Wann ist die Geste eines Arbeiters Fiktion oder die Geste einer Mutter, wenn sie ihr Kind berührt oder eine Frau ihren Liebhaber, wann ist sie dokumentarisch und wann fiktiv? Man sagt, etwas ist dokumentarisch, wenn die Person im Augenblick, wo sie gefilmt wird, selbst etwas gesagt hat, wenn man es ihr nicht in den Mund gelegt hat, der Regisseur es ihr nicht vorgesagt hat. Aber wenn ein Kind Mama zu seiner Mutter sagt, vielleicht hat die Mutter ihm das vorgesagt, in dem Fall wäre die Mutter der Regisseur.

Mir ist immer der folgende Satz von Lubitsch sehr plausibel vorgekommen. Er gilt als psychologischer Regisseur, der ausschließlich psychologische Dramen und Lustspiele gedreht hat, und er hat gesagt: Filmen Sie erst mal die Berge – wenn man Berge filmen kann, kann man auch Menschen filmen. Das ist ein Satz, an den ich glaube. Wenn man Berge modellieren kann, dann kann man auch Menschen modellieren. China hat sich verändert, als es seine Menschen modellieren mußte. Man mußte die Landschaft modellieren, um die Beziehungen zwischen den Menschen zu ändern. Und bei *Nanuk* spürt man, glaube ich, da wird ein Drama gefilmt. Zeit filmen ist im Dokumentarfilm nicht dasselbe wie im Spielfilm. In der Fiktion müßte eigentlich alles vorkommen. Für mich ist, wenn Sie so wollen, ein Film – und deshalb gehört auch *Nanuk* dahin –, was etwas Dokumentarisches, ein Realitätsfragment dramatisiert. Bei *Nanuk* war das Drama des Essens sehr dokumentarisch. Bergman seinerseits hat der Psychologie etwas hinzugefügt, das Dokumentarische, das heißt, er beobachtete die Frauen, er war verliebt in sie, er beobachtete sie wie ein Wissenschaftler, wie ein Zoologe ein Tier betrachtet, das er studiert, und das ist dokumentarisch. Sein Ausdruck folgt auf Eindrücke, die er empfangen hat. Und den Aspekt bekommt auch *Une femme mariée*, wenn zu Beginn des Films klar gesagt wird, daß es Fragmente eines Films sind, dann und dann gedreht, und die damit so vorgestellt werden. Alle Filme, die wir gezeigt haben, gehören zu dieser Kategorie. Bestimmte amerikanische Filme gehören nicht dazu, auch andere von meinen nicht. Aber *Nanuk,* finde ich, paßt genau hierher. Ich sehe überhaupt keinen Unterschied zwischen Nanuk dem Eskimo, wobei »Eskimo« das Adjektiv zu »Nanuk« ist, und der verheirateten Frau, bei der »verheiratet« das Adjektiv zu »Frau« ist.

Man müßte sich zum Beispiel noch einmal eine Einstellung aus *Nanuk* vornehmen und dazu eine Einstellung aus irgendeinem anderen Film, aus *Vertigo* zum Beispiel, von Hitchcock, einem richtigen Fiction-Film ohne jeden dokumentarischen Aspekt. Aber wenn man Ihnen das ganz unvermittelt vorführen würde, einfach so, Sie kommen hier morgens um zehn rein, man führt Ihnen einen Ausschnitt vor, Sie sehen Kim Novak dahergehen, das heißt, eine Frau dahergehen, dann brauchen Sie zwei, drei Sekunden, bis Sie wissen, das ist ein Spielfilm, bis Sie, wenn Sie ein Cinephiler sind, Kim Novak erkannt haben. Wenn man diese drei, vier Sekunden zu analysieren versuchte und man Sie mit einer kleinen Videokamera dabei filmen könnte, wie Sie Kim Novak anschauen, und sich das nachher anschaute, dann sähe man von einem bestimmten Moment an die Fiktion aufkommen. Kim Novak ist dann nicht mehr jemand, den man für eine Hausfrau halten könnte, die ihr Kind aus der Schule abholen geht, oder eine Sekretärin, die einen Geschäftsbrief ihres Chefs zu einem anderen Chef bringt oder was Ähnliches. Man würde sagen, das ist ja Kim Novak, und das passiert vorher und das nachher.

Aber was ist denn dann die Fiktion? Ich glaube, es ist der Moment der Kommunikation. Es ist der Moment, wo man das Beweisstück akzeptiert, wo es mehr ist als nur ein gleichgültiges Beweisstück. Sobald man sich interessiert, ist Fiktion im Spiel. Der Blick macht die Fiktion. Man merkt es eben nach einer Weile, sonst bliebe es nur Beweisstück für die Polizeiakte oder den Computer. Es gibt Hunderte von Paßfotos, die Beweisstücke sind, und im Augenblick, wo der Blick der Polizei darauf fällt und sie sagt: He, Sie, sind Sie derjenige, der seine alte Mutter an dem und dem Tag und da und da umgebracht hat?, kommt durch Ihr Foto Fiktion auf, eine reale, wenn Sie Ihre Mutter tatsächlich umgebracht haben, oder eine irreale. Der Blick ist die Fiktion, und der Text ist der Ausdruck dieses Blicks, die Legende zu diesem Blick. Die Fiktion ist nämlich der Ausdruck des Dokuments, das Dokument ist der Eindruck. Eindruck und Ausdruck sind zwei Momente einer Sache. Ich würde sagen, der Eindruck geht vom Dokument aus. Aber wenn man das Dokument betrachten muß, in dem Augenblick drückt man sich aus. Und das ist Fiktion. Aber die Fiktion ist genauso real wie das Dokument. Sie ist ein anderer Moment von Realität.

Wenn *Nanuk* heute gedreht würde, würde er im Fernsehen laufen. Aber wie würde er im Fernsehen laufen? Als ein Film von Flaherty? Als ein Meisterwerk? Nein, als Dokumentarfilm für die, die nicht wissen, wie man einen Fisch fängt. Man würde ihn zeigen und am nächsten Tag die Fortsetzung, keinen Dokumentarfilm über Nanuk, sondern etwas Entsprechendes in einem anderen Beruf oder einem anderen Land. Da wird dann der Dokumentarfilm wieder Fiktion. Die richtigen Filme über den Mai 68 hätte es nur im Fernsehen geben können. Mir fällt jetzt oft auf, daß ein Film schlecht ist nicht, weil er an sich schlecht wäre, sondern weil man ihn an einem Ort sieht, wo man ihn nicht wirklich sehen kann. Das ist schlecht für die Gesundheit. Ich weiß nicht, wie ich mich verständlich machen kann. Brot ist schlecht nicht, weil es schlecht hergestellt würde, sondern der Umstand, daß es schlecht hergestellt ist, bewirkt, daß man es schlecht ißt, und davon wird man krank. Der Film oder die Sachen, das ist dasselbe.

Kürzlich habe ich in Frankreich einen Film gesehen, der hieß *L'Amour violé*. Ein schlechter Film, weil er ins Fernsehen gehört hätte. Er ist nicht fürs Fernsehen gemacht worden, das Mädchen hätte ihn fürs Fernsehen so nicht machen können, man hätte sie gezwungen, anders zu denken. Im Kino denkt man nicht auf die gleiche Weise ans Publikum. Im Fernsehen, wenn etwas um zehn Uhr abends läuft oder mittags, dann weiß man, daß das von verschiedenen Zuschauergruppen gesehen wird. Jedenfalls ist es etwas klarer. Man sieht eine gewisse Kategorie von Leuten vor sich, eine bestimmte Zahl, und man sagt sich: Das geht, und das geht nicht. Und übrigens sagen nicht Sie das, sondern die Direktion sagt es Ihnen: Mein Lieber, wenn Sie das machen, kriegen wir Schwierigkeiten. Da gibt es keine Diskussion. Im Kino geht alles durch. Bei *Une femme mariée* erinnere ich mich an eine absolut unglaubliche Diskussion mit dem jetzigen französischen Justizminister, Peyrefitte, der damals Informationsminister war, bevor er 68 Erziehungsminister wurde und auf Kosten der Chinesen mit einem Buch, *China erwacht,* ein Vermögen gemacht hat. Ich erinnere mich an wirklich unglaubliche Diskussionen über *La femme...* – der hieß nämlich erst *La femme mariée,* und sie haben verlangt, daß er umgetitelt würde in *Une femme mariée.* Es ist wirklich nichts Besonderes an dem Film, wenn man ihn heute sieht. Ich erinnere mich, ich habe mich an Malraux wenden müssen, der unser Bevormundungsminister war, um den Film freizubekommen. Man hatte ihn nämlich verboten – ich frage mich warum.

Heute läßt man alles zu. Damals gab es das Fernsehen noch nicht, jedenfalls nicht so. Heute läßt man im Kino alles zu, weil man im Fernsehen nicht viel machen kann. Die Filmer machen sich überhaupt nicht klar, wieviel Freiheit man ihnen im Kino läßt. Sie wissen sie nicht zu nutzen, weil sie, wenn man so sagen kann, verkümmert sind durch das herrschende Denksystem, das visuelle, das des Fernsehens, mit einer Menge von Bilderstunden jeden Tag. Die anderthalb Stunden Kino im Jahr, die sie machen, sind nichts dagegen. Und wenn man die macht, wenn man alle Freiheiten dabei hat, wenn man einen Ort für sich hat, weiß man ihn nicht zu nutzen. Ich meine, die historischen und ökonomischen Bedingungen haben auch ihr Gewicht. Die Frage ist nicht, ob man Genie hat und Ideen oder nicht, man muß außerdem... Die Ideen fallen nicht vom Himmel, man muß sie finden. Dazu braucht man Praxis. Wenn die nicht vorhanden ist, hat man keine Ideen. Das ist der Grund, warum sich das Kino heute so entwickelt. In unserer Filmgeschichte könnte man nämlich den Zeitpunkt genau bestimmen, wo systematisch, industriell der Pornofilm auftrat. Natürlich gibt es immer eine Grenze, es ist entweder über der Gürtellinie oder drunter, nie etwa von beidem ein bißchen. Der Pornofilm ist der Film unter der Gürtellinie. Aber das ist die Schuld derer, die immer nur über dem Gürtel filmen, die drunter nicht filmen können, ohne nicht auch drunter zu sein, wenn man so will, statt das menschliche Wesen als etwas Ganzes zu sehen. Sich den Gürtel anschnallen... Das alles, heißt es, sind Wortspiele, aber sie sind nicht unschuldig. »Sich den Gürtel enger schnallen« geht in beide Richtungen. Sexuellen Hunger gibt es nämlich auch. Auch das ist interessant.

Mir fällt auch immer auf, wie eingeengt wir sind. Ich erinnere mich an Einstellungen damals oder auch heute, wo man sagt: Das darf man so nicht aufnehmen, da sieht man dies oder jenes. Wer bestimmt denn eigentlich wirklich die Einstellungen? Doch das Bestimmungsministerium, nicht ich. Und das brachte mich auf Ideen. Wenn es nämlich keine Direktiven gegeben hätte, gegen die man sich hätte auflehnen können, wenn alles erlaubt ist, fällt einem nichts ein. Heute wüßte ich nicht, wie ich eine nackte Frau filmen sollte. Und einen nackten Mann erst recht nicht. In Frauenfilmen sieht man übrigens selten nackte Männer. In dem Film, von dem ich spreche, *L'Amour violé,* was ich da besonders widerlich fand, war, daß die vergewaltigte Frau von dem Mädchen genauso gefilmt war wie in irgendeinem Film von Altman oder einem ähnlichen verkommenen Subjekt. Die Typen hat sie nicht gefilmt. Sie lassen die Hosen fallen, aber sie hat Angst, das zu filmen. Das wäre doch wohl das wenigste gewesen. Ich weiß auch, daß man Angst dabei hat. Aber es kommt einem doch der Gedanke, daß, solange uns Frauen das nicht abnehmen, solange sie nicht die geistigen, nicht nur die finanziellen, ökonomischen, sondern auch die geistigen, kulturellen Mittel haben, es zu tun, kommen wir keinen Schritt weiter.

Ich fand mal einen Film von Cayatte ganz gut, der ziemlich konventionell gemacht war, aber das Prinzip war interessant. Ich weiß nicht mehr, wie er hieß, ein Film in zwei Teilen, ach ja, *L'amour conjugal.* Erst gab es den Standpunkt der Frau und dann, was er den Männerstandpunkt nannte. Der Film war ein großer Publikumserfolg. Es war gewissermaßen eine Ansicht in Schuß–Gegenschuß. Das hätte gut werden können. Die Frau war recht gut gefilmt, aber nicht der Mann. An bestimmten Stellen kam es nicht hin, es ließ einen ziemlich kühl. *Une femme mariée* ist auch kein Film, der einen berührt. Damals glaubte ich, er täte es, das heißt, gleich als ich ihn wiedersah, fand ich es schon nicht mehr. Außerdem ist er, und das hat ihm wirklich nicht gutgetan, unter seltsamen Umständen entstanden. Es war eine Art Wette. Die Festivaldirektion von Venedig hatte im Juli bei mir angefragt, ob ich für das Festival im August einen Film hätte. Ich hatte gesagt: Wenn Sie ihn bestimmt zeigen, mache ich Ihnen einen. Wir haben ihn dann in einem Monat gedreht, was wirklich sehr schnell ist. Aber davon haben wir ja gestern schon gesprochen. Ich war mir nicht klar darüber, daß man mir die Produktionsmittel vorenthielt. Sobald sich die Gelegenheit bot, einen Film zu machen – dabei hatte ich gerade erst *Bande à Part* oder einen anderen abgeschlossen –, stürzte ich mich auf die nächste Gelegenheit. Das muß wohl unbewußt die Angst gewesen sein, ohne Kino nicht leben zu können. Ich bin nicht gut vorbereitet auf das, was wir heute machen wollen. Jedenfalls, das sieht man, ist *Nanuk* ein Film, der einen mehr berührt als *Une femme mariée*.

Der Blick, der Blick – darauf kommt es nicht an. Man kann den betrachten, der betrachtet, und den, der betrachtet wird. Die Gemeinsamkeit zwischen der verheirateten Frau, ich weiß nicht mehr, wie sie mit Vornamen hieß, doch, Françoise – oder Juliette, ist auch egal, wenn sie Françoise hieß, hätten wir den Film Françoise die Pariserin nennen können. Dann hätten Sie den Zusammenhang mit Nanuk dem Eskimo gesehen. Aber das wäre eine Geschichte Pariserin nennen können. Dann hätten Sie den Zusammenhang mit Nanuk dem Eskimo gesehen. Aber das wäre eine Geschichte gewesen. Daran sieht man wieder, wie alles vom Text kommt und der Art und Weise, wie die Sachen und nicht die Bilder gelesen werden. In *Nanuk* zum Beispiel ist der Augenblick interessant, in dem Nanuk die Harpune hebt, und dann wartet er. Das ist Warten. Es gibt nämlich einen Blick Nanuks auf das Warten, der ganz eng zusammenhängt mit dem Warten. Aber das ist in *Une femme mariée* weniger gelungen, in *Francesco* schon ein bißchen mehr. Ich finde, in bestimmten Momenten kommt es da besser raus, da gibt es die Geste. Und wir wissen schon, in einem Liebesverhältnis, im Arbeitsverhältnis gibt es den Augenblick, wo man eine Geste zum anderen hin macht, und das habe ich nicht geschafft auszudrücken, weil keine Zeit war. Aus Gründen... Ich habe mir nicht genug Zeit gelassen. Aber ich war mir auch nicht einmal klar darüber, daß es das war, was ich suchte, diesen Blick auf die Geste, eben diese Geste, die aus dem Warten kommt, und dann erwischt man etwas, statt einem Fisch eine Hand, und diese Hand, wie sie reagiert, das wird einem auch den Hunger stillen. Man könnte heute einen interessanten Film machen, eine Mischung aus *Nanuk* und *Une femme mariée,* einen Film, der zeigen würde, inwiefern zwei Gesten, die Geste einer liebenden Frau und die Geste eines Eskimos, sich ähneln. Das wären die Dokumente. Und davon könnte man ausgehen und sich eine Fiktion ausdenken, die als reale und wissenschaftliche Basis diese Dokumente hätte. Was heißt, man würde einen Film machen, einen Wenders- oder Godard- oder Truffaut-Film, ausgehend von diesen Dokumenten.

Das weiß ich nicht, ich glaube, er ist nicht nützlich, und wie könnte man einen Film nützlich nennen? Wenn Sie mir sagen: *Une femme mariée* interessiert mich nicht, dann könnte ich Ihnen nur antworten: das glaube ich Ihnen gern. Und trotzdem würde es mir helfen, wenn Sie mir sagten, inwiefern er sie nicht interessiert. Aber in dem Augenblick wären Sie gezwungen, ein bißchen Film zu machen, auf Ihre Weise, und mir zu sagen: Ich hätte lieber etwas gesehen wie... Das heißt, Sie hätten sich als verheiratete Frau, wenn Sie verheiratet sind, ein bißchen in Kinotermini denken müssen, in ein paar Bildern. Ich hätte gern etwas gesehen, was nicht in dem Film ist... Und ich denke, in den meisten Fällen wären wir uns einig.

Une femme mariée unterscheidet sich nicht sehr von einem Pornofilm. Aber das, finde ich, ist noch das Gute daran. Jedenfalls gibt er sich offen als Pornofilm, und eben deshalb ist er ja auch verboten worden. Heute bedaure ich, daß er nicht noch viel pornografischer ist. Dann würde er deutlicher, so wie in den richtigen Pornozeitschriften, die Hintern, die Schamhaare, die schreiende Farbe, da wird man ein Gefühl von Schlachthaus nicht los. Als er auf dem Festival in Venedig lief, damals waren die guten Italiener mit ihrer sogenannten Liberalisierung noch nicht so weit wie heute, an der Stelle im Film, wo man eine sehr nahe Großaufnahme von Macha Mérils Bauch sieht, drehte sich die Kartenabreißerin im Kino, als italienisch gut erzogenes junges Mädchen, weg. Ich habe gesehen, wie sie weggeschaut hat. Das Bild hatte sie schockiert. Sie werden sagen, seitdem hat man ganz andere Dinge gesehen. Darum geht es nicht. Ich habe mir damals gesagt: Da muß doch etwas sein, wenn sie sich schockiert fühlt. Das meine ich, wenn ich den Film heute pornografisch nenne.

Wenn man Ihnen sagte: Wir hätten gern zwanzig Bilder von verheirateten Frauen heute in Montreal oder vierzig Bilder, vierzig Bilder von verheirateten Frauen, die Ihnen so ohne weiteres in den Sinn kämen, ich möchte annehmen, von diesen vierzig wären wenigstens zwanzig schon in meinem Film. Es gibt gar nicht so viel mehr. Sie haben gar nicht so viel Gelegenheit, verheiratete Frauen anders kennenzulernen als wie in drei Viertel der Bilder in diesem

Film. Die Bilder sind schon veraltet, und ich weiß genau, sie sind nicht sehr gut. Aber trotzdem sind schon eine ganze Menge drin, wie für ein Polizeiprotokoll, das korrekt wäre. Ich würde mir wünschen, wenigstens solche Filme gäbe es auch über Männer. Mich als Mann würde das ein bißchen in Frage stellen. Sonst könnte man sagen: Ihr habt nur einen einzigen Blick, auch für die Frauen. Alles was ich sagen kann, ist, daß mein Blick auf die Frauen nicht anders ist als der von Rossellini auf diese armen Irren, die an Gott glauben. Sie finden doch auch den Eskimofischer in *Nanuk* nicht lächerlich, zumindest finden Sie doch nicht, daß Flaherty ihn unfreundlich sieht. Sie sagen nicht: Gäbe es nicht noch andere Bilder von dem Eskimo zu zeigen? Wohl aber bei der *Femme mariée*. Insofern ist das besser, deshalb habe ich sie auch zusammen gezeigt, denn die *Femme mariée* erlaubt einem zu sagen, daß Flaherty nicht nur diese Einstellungen von dem Eskimo hätte machen sollen.

Man muß zeigen, daß es Modelle nicht gibt, nur das Modellieren. Was nennt man ein Modell? Das ist interessant. Im Französischen nennt man ein Modell ein Mannequin, das vorführt, also eine Frau da, wo sie am meisten Objekt ist. Das nennt man Modell, man hätte es anders nennen können, aber so ist es nun mal. Und dann in der Modebranche, einem Bereich also, in dem die Frauen als Arbeiterinnen ganz besonders ausgebeutet werden, sagt man »ein Kollektionsmodell«, aber das, was diesem Modell zugrundeliegt, also das Modell des Modells, das heißt, jedenfalls im Französischen, im Englischen weiß ich es nicht, »un patron«. Ein Schnittmuster nennt man »un patron de mode« – »ich habe das nach einem patron de mode gemacht«. Wenn man sich einen Rock macht, sagt man in Frankreich: Ich habe das nach dem und dem »patron de mode« in der Modezeitung gemacht. Da wird die Frage nach dem Modell sehr interessant. Wenn ein Modell zu groß wird, wird es schnell... Stalin, man wird schnell Stalin, Hitler. Wer? Was weiß ich? Pele im Fußball, Godard im Kino oder weiß Gott wer sonst. Ich habe es überlebt, weil man es nicht geschafft hat, aus mir ein Modell zu machen. Aber am Ende bin ich dann doch für die Cinephilen oder die Filmgeschichte das Modell fürs Nicht-Modell, das nicht katalogisierbar ist. Und so katalogisiert man mich als Nicht-Modell, was auf das gleiche hinausläuft.

Kino machen ist nicht schwer, es kostet nicht viel. Teure Filme zu machen ist teuer, aber billige Filme zu machen billig. Um sich auszudrücken, um etwas zu sagen, ist ein Bild oder ein Ton viel stärker als der Text, mit dem man keine Bilder machen kann. Und Ihre Frage: Meinen Sie nicht, daß Sie diese Frau anders hätten filmen müssen? – nun, das wäre gar nicht so schwer. Aber deshalb lernt man ja so schnell sprechen in der Schule und schon im Kindergarten. Dabei wäre heute das Nächstliegende, an die Kinder kleine Polaroidkameras zu verteilen und vor allen Dingen nichts dazu zu sagen. Wenn nichts dabei rauskäme, wäre es auch nicht so schlimm. Ehe sie nach einem Stück Brot fragen, sollten sie lernen, es zu filmen, statt zu sagen: Ich habe Hunger. Sie würden es von selbst lernen. In dem Moment würde sich etwas ändern.

In *Numéro Deux* zum Beispiel bin ich, glaube ich, etwas weitergekommen in bezug auf die Darstellung der Frau. Sie unterscheidet sich, glaube ich, schon etwas von dieser hier. Aber ich bin jetzt an den Punkt gekommen, wo eigentlich die Frauen weitermachen müßten. Ich muß jetzt manchmal die Textebene zur Hilfe nehmen, um mich zu verteidigen. Was ich sagen will: Auch wenn ich ihnen eine neue Produktionsweise offeriere, wird mir klar, es ist nicht richtig für sie, sie haben Angst, sie haben Bildern und der Herstellung von Bildern gegenüber eine andere Haltung. Es gibt soviel weniger weibliche Reporter, von ein paar Stars der Reportage abgesehen, im Grunde sehr wenige. Comics dagegen, auf jeden Fall in Frankreich, werden fast genausoviel von Frauen gemacht wie von Männern, und das finde ich gut.

Es ist kein Zufall, daß der Film, den sich die verheiratete Frau im Kino in Orly anschaut, der KZ-Film von Resnais, *Nuit et Brouillard* ist. Das ist reine Fiktion. Es kommt selten vor, daß in den drei oder vier Flughafenkinos Filme wie *Nuit et Brouillard* laufen. Das war deshalb: sie war eben in der Nacht und im Nebel. Übrigens, die beiden Filme, die ich nebeneinander gemacht habe, *Deux ou trois choses* und *Made in U.S.A.*, die Sie bald sehen werden, hören beide gleich auf, mit einem Gefühl von Konzentrationslager. Jedenfalls ist das auch mein Gefühl, da, wo wir sind. Das ist übrigens auch der Zusammenhang mit dem Interview, dieser Art Rede von Roger Leenhardt, der ist ein französischer Regisseur, eine reale Person. Es ist ein Film darüber, was eine Frau tut, über die Tätigkeiten einer bestimmten Frau. Im Grunde stört es mich gar nicht, daß er *Une femme mariée* heißt, denn es geht doch nur um diese eine da, mehr als um alle anderen. Wenn ich es *La femme mariée* genannt hatte, dann darum, weil ich sagen wollte, daß in einer vieles ist. Sie ist doch nicht nur verheiratet, sie hat eine ganze Menge anderer Beschäftigungen. Von vielen wußte ich damals noch gar nichts, Hausarbeit zum Beispiel. Und die beiden haben kein Kind. Wenn kein Kind da ist, ist eine Frau aus einer bestimmten Gesellschaftsschicht, deren Mann jeden Monat eine bestimmte Summe verdient, an ihren Vor- und Nachmittagen freier, wenn sie nicht zu arbeiten braucht. Da muß sie sich dann beschäftigen, das ist ihre Beschäftigung, ihre »Okkupation«. Schon wieder ein Wortspiel: »Okkupation«, was ist das? Für die Franzosen bedeutet »Okkupation« die Deutschen, der Krieg, die Besetzung des Landes, des Gebiets und der Zeit der Leute. Darauf gibt es drei Anspielungen. Die Köchin, die einen Text von Céline liest, der ein prodeutscher Schriftsteller war. Man sieht *Nuit et Brouillard,* den Film, das ist zwanzig Jahre danach, aber ich lasse erkennen, daß diese Zeit nicht zu Ende ist, sondern eher noch stärker fortbesteht, nur nicht so offensichtlich grauenhaft. Deshalb merken die Leute es nicht, und deshalb sind wir enteignet.

Ich habe die Idee des Fragments so weit getrieben, daß ich aus einem Fragment einen ganzen Film gemacht habe. Der Film bestand aus mehreren Fragmenten. Meine letzten Filme, auch meine Fernsehsendungen... Deshalb arbeite ich lieber fürs Fernsehen, da ist das Fragment akzeptiert in Gestalt der Serien. Täglich sendet man Fragmente. Damals nannte man das so. Auch *Francesco* ist so etwas. Wie wenn jemand am Nachmittag einen Freund trifft und was sie so miteinander reden. Früher gab es Romane in dieser Form.

Um wieder auf die Frauen zurückzukommen – mir ist da was aufgefallen. Ich habe Bücher gelesen, die mir gut gefallen haben, von einer Schriftstellerin, einer militanten amerikanischen Feministin, Kate Millett. Drei Bücher habe ich von ihr gelesen. Ich finde, vom feministischen Standpunkt sind sie eine Niederlage. Wenn ich Feministin wäre... Die Niederlage besteht darin, daß ein Buch daraus würde und kein Film, denn jemand wie Kate Millett... Dabei hat sie Filme gemacht, sie spricht darüber in *Flying,* da erzählt sie die Geschichte eines Films, den sie mit Freunden zusammen gemacht hat. Ich habe bedauert, daß sie die Geschichte des Films nicht als Film gemacht hat oder auch die Geschichten, die sie erzählt und erlebt oder erfunden hat. Aber als Film hätte jemand, der so ehrlich ist wie sie, sie nicht so hätte machen können, wie sie sie gemacht hat. Sie hat es sich leichtgemacht, indem sie daraus Romane machte, und darin, daß sie es sich leichtgemacht hat, liegt die Niederlage. Dagegen als Film... Ein Mann hätte daraus einen Film machen können. Man kann sich gut vorstellen, wie ein Mann daraus würde und kein Film, denn jemand wie Kate Millett... Dabei vielleicht sogar schon passiert. Und das lehnt sie dann ab. Man kann sich gut vorstellen, daß die Fox die Rechte an den Büchern von Kate Millett kauft und dann einen Film mit irgendeinem Star macht. Aber wenn sie daraus hätte einen Film machen müssen – und das wäre nicht ein Film, wie ich oder Altman oder Truffaut ihn daraus gemacht hätten –, dann wäre sie gezwungen gewesen, hätte sie einsehen müssen, daß es so nicht geht. Kann man denn was anderes machen? Alles das zu sehen und zu wissen finde ich interessant. Ich denke nämlich ganz naiv – und dafür gibt es Hunderte von Beispielen –, daß, wenn das Bild den Text ersetzen könnte oder der Text an seinen richtigen Platz im Bild träte und das geschähe am richtigen Ort – und das Buch von Kate Millett, wenn sie selbst daraus einen Film machte, müßte im Fernsehen laufen –, daß das wirklich einen Effekt machte, wenn man so was sähe. Das heißt, man *sähe* ganz einfach – wie man sagt: Man sieht doch, daß... Oder wenn ein Justizirrtum passiert ist und man den Irrtum nachweisen kann, weil ein Dokument auftaucht, daß den Irrtum belegt. Wie in der Dreyfus-Affäre, dem berühmten Fall, das Dokument eines Tages ans Licht kam und man den Irrtum sah.

Ich habe kürzlich eine Geschichte des CIA gelesen. Da wird gezeigt, was Amerika an dem und dem Tag an dem und dem Ort gemacht hat. Aber man erfährt es in literarischer Form. Und es wird nicht im Fernsehen gezeigt, oder wenn, dann interviewt man den Autor, und der redet, das heißt: auch wieder nur Text. Und der Effekt ist gleich null.

Vierte Reise

Sunrise	FRIEDRICH WILHELM MURNAU
You Only Live Once	FRITZ LANG
Rebel Without a Cause	NICHOLAS RAY
Ugetsu Monogatari	KENJI MIZOGUCHI
Pierrot le Fou	J.-L. GODARD

Das ist die Verfilmung eines Romans des amerikanischen Kriminalschriftstellers Lionel White. Der Roman erschien in Frankreich in der Série Noire unter dem Titel *Le démon de 11 h*. Wie ich Ihnen inzwischen schon ein paarmal erzählt habe, wurde es immer schwieriger, Geld für meine Filme aufzutreiben. Als ich schließlich fast gar keins mehr bekam, begriff ich allmählich, daß ich selbst etwas auf die Seite legen mußte oder eine Möglichkeit finden, mir selbst etwas zu geben, sonst würden mir die anderen überhaupt keins mehr geben. Ich habe mit hunderttausend Dollar angefangen. Mehr habe ich nie gehabt, aber dafür habe ich meine Freiheit behalten. Freiheit hieß für mich, in meinem Tempo und in meinem Rhythmus in einem gegebenen Zeitraum denken zu können.

Ich schrieb ja kein Drehbuch, jedenfalls nicht das, was man gemeinhin ein Drehbuch nennt, der Film in geschriebener Form, nach dem sich die Geldgeber den Film vorstellen können. Ich habe das nie gekonnt, nicht, daß ich es nicht gewollt hätte, ich kann es einfach nicht. Da man aber etwas Geschriebenes haben muß, bediene ich mich meistens eines Romans oder eines schriftlich fixierten Dokuments. Da kann ich dann etwas Geschriebenes vorweisen, das in der Hand des Produzenten oder Koproduzenten ein gewisses Gewicht hat, und sagen: davon werde ich ausgehen und versuchen, mir etwas auszudenken. Ich war gerade eine Woche in Kalifornien. Man hat da den Eindruck, in einem Land zu sein, das nicht das geringste historische Empfinden hat, das nicht weiß, was es macht, wo aber unheimlich viel geschieht, wo täglich massenhaft Geschichten erfunden werden. Nixon hat soviel mehr Ideen als de Gaulle, nur daß er weniger weiß, was er macht. Und man kann von egal welchem amerikanischen Roman ausgehen, es kommt nur auf die Stimmung an, und etwas erfinden. Was ist denn ein Drehbuch? Wenn ein Drehbuch das ist, was man eine Geschichte nennt, mit einem roten Faden, der vom Anfang ausgeht, wo der Name einer Person genannt wird und dann der einer zweiten, und dann passiert zwischen diesen beiden Figuren was, und man fragt sich, wie es weitergehen wird, und dann gibt es eine Reihe von Handlungsumschwüngen und Abenteuern, bis irgendwann der Punkt kommt, wo es zu Ende ist, auch für den Leser, und der zufrieden ist, das gelesen zu haben – wenn man das ein Drehbuch nennt, dann ist dieses Buch auch ein Drehbuch. Wenn es das ist, was *ich* ein Filmdrehbuch nenne, wie man den Film heute mit ein paar Notizen und Fotos zusammenfassen könnte, dann wäre das ziemlich verschieden von dem Roman, von dem ich ausgegangen bin, und das nenne ich ein Drehbuch. Ich kann etwas in geschriebener Form vorlegen, aber dann merke ich, daß mich das langweilt. Es ist als Film gemacht worden, weshalb soll man es als Inhaltsangabe nochmal machen? Es langweilt mich immer, wenn ich ein Presseheft oder eine Inhaltsangabe machen muß, weil ich nicht weiß, was man erzählen könnte. Man hat es doch schon erzählt, auf andere Weise. Was ich zum Beispiel gern machen würde, sind Trailer. Aber an denen ist wieder das Dumme, daß sie nur fünf Minuten dauern dürfen. Es sind kleine Filme, wo man sagt: Demnächst in diesem Theater... Für mich ist das fast der perfekte Film. Ich würde das im Grunde lieber machen als die Filme. Meine Trailer würden vier oder fünf Stunden dauern, das heißt, länger als der ganze Film, weil ich den Film lang und breit behandeln würde, den Sie sehen werden.

Heute bin ich gekommen und habe mir ein paar Stücke aus *Pierrot le Fou* angeschaut, weil ich eventuell nochmal einen letzten Film mit Belmondo mache – das heißt, es steht zur Diskussion. Die Situation hat sich sehr verändert. Er ist in Frankreich ein Superstar, nicht in Amerika, aber in Frankreich. Ich habe mir deshalb den Film daraufhin angeschaut, was ich machen möchte, wozu er damals noch fähig war oder was ich zu der Zeit imstande war, aus ihm herauszuholen, ein bißchen so, wie wenn ich mich in jüngeren Jahren sähe, auch wenn wir gleichalt sind. Aber er hat Erfolgsfilme gemacht, er bekommt eine fürchterlich hohe Gage, und deshalb hat er ein großes Mitspracherecht. Ich war gespannt, den Film zu sehen und dazu einige alte Filme, die etwas mit Liebesgeschichten zu tun hatten und mit Gangstergeschichten, um zu sehen, ob mir für ihn etwas einfallen könnte.

Was mich fasziniert haben muß – das kann auch von mir herkommen, ich habe lange gebraucht, ich weiß eigentlich nicht sehr genau, was meine eigene Geschichte ist oder mein Verhältnis zu meinen Eltern. Ich habe immer zwischen zwei Ländern gelebt, und die Geschichte von jedem von uns hat ein bißchen damit zu tun, wo er herkommt. So kommt es, und das ist heute nicht verwunderlich, daß ich mich sehr interessiere..., daß ich mehr und mehr meinen Platz am ehesten an der Grenze sehe. *Pierrot le Fou* war für mich anfangs unbewußt nicht das Ende einer Epoche, sondern wirklich der Anfang. Im Kino war ich schon ein bißchen bewußt. Anfangs hatte ich es eher zufällig gemacht. Ich glaube nämlich, wenn ich Sachen mache, die mir zusagen, die mich berühren, die mir entgegenkommen, dann mache ich etwas Gutes. Mir war ein Buch von Elie Faure, das ich schon kannte, in die Hände gefallen, wo es um Velazquez ging, und gleich am Anfang hieß es da, daß er am Ende seiner Karriere – bei mir war es am Anfang, aber das war mir nicht klar –, daß Velazquez am Ende seiner Karriere die Dinge zwischen den Dingen gemalt hätte. Und mir wurde klar, so nach und nach, daß das Kino das ist, was zwischen den Dingen ist, und nicht die Dinge selbst, was zwischen einem selbst und einem anderen ist, zwischen dir und mir, und auf der Leinwand ist es dann zwischen den Dingen. Weniger interessant ist das Kino, das ganz auf den Zuschauer geht, die großen Erfolgsfilme wie die Travolta-Filme oder dergleichen, Filme, die ganz auf den Zuschauer ausgerichtet sind, wo nichts auf der Leinwand ist, aber zugleich auch nichts hinter der Kamera sozusagen. Das heißt nicht, daß der Zuschauer keine Bedeutung hätte, sondern die Filme sind gemacht..., es ist der Zuschauer, der sie macht, sie sind so gemacht, daß es beim Zuschauer liegt, sie zu machen. Er kann sie in die eine oder andere Richtung drehen, und tatsächlich ist er damit, so wie er lebt, wie er arbeitet und wie er liebt, zufrieden, sie so zu sehen. Dagegen gibt es andere Filme, wie einige, die ich gemacht habe, denen es nicht gelingt, eine Beziehung zum Zuschauer herzustellen, die rein hinter der Kamera gemacht sind. Und dann gibt es die interessanteren Filme, oder bestimmte Momente in Filmen – die guten Filme sind die, die ein bißchen in der Mitte liegen, denen es gelingt, von ganz hinten nach ganz vorn zu gehen sozusagen. Das heißt, wenn der Zuschauer schaut, ist die Kamera umgedreht, er hat eine Art Kamera im Kopf: einen Projektor, und der projiziert.

Und übrigens, ganz zu Beginn, als Lumière das Kino erfand, ganz unbewußt und brav als kleiner Industrieller und guter Techniker, als er die Kamera erfunden hatte, konnte man sie auch sofort als Projektor benutzen, es war ein Apparat, der beidem diente. Das war ganz unbewußt und völlig normal. Lumière hat den Projektor gleich mit erfunden, weil das, was in der ersten Maschine zur Aufnahme da war, auch zum Projizieren diente. Es ist der gleiche Mechanismus: ein Objektiv, zwei Rollen, ein Motor mit einer Kurbel, die von der einen zur anderen führt, und eine Lampe für die Projektion oder aber den Filmstreifen..., Licht, das projiziert wird, um aufzunehmen. Es ist ein und derselbe Apparat. Das rührt wahrscheinlich von der Tatsache her, daß man, wenn man den Film macht, immer dahinter steht. Man ist immer in derselben Position, aber der Apparat wird umgekehrt und reproduziert die Projektion.

Ich glaube also, daß die interessantesten Filme, die können so verschieden sein wie zu einer bestimmten Zeit der *Potemkin* und gewisse..., die sind, die ein bestimmtes Publikum haben und manchmal auch einen gewissen Erfolg. Sie finden ihr Publikum langsamer, aber sie haben es. Ich glaube nicht, daß es gute Filme gibt, die kein Publikum haben, nur daß das Publikum manchmal weit verstreut ist, es ist nie gegenwärtig, und dann, bei bestimmten Filmen, die ich gemacht habe und die kein Publikum hatten, es gibt welche, die kein Publikum hatten, fünfzehn Leute haben sie gesehen, auch andere wurden von fünfzehn Personen gesehen, aber ich glaube, diese fünfzehn waren wirklich interessiert.

Einige Filme, die ich mit Gorin gemacht habe, haben vielleicht dreißig Leute gesehen oder zweihundert, aber unter diesen zweihundert waren zwanzig bis dreißig, die sie wirklich gesehen haben. Das Problem besteht darin, daß diesen guten Filmen, wenn sie auf falsches Terrain geraten, leicht der Vorwurf gemacht wird, sie verachteten das Publikum. Man darf mit ihnen nicht auf ein Terrain gehen, das nicht für sie gemacht ist. Man muß, und das ist heute so schwierig beim Kino und im Fernsehen, man muß die richtigen Orte für die Vorführung der Filme finden. Als ob man alle Blumen auf Beton wachsen lassen könnte! Bei den meisten hat man es geschafft, daß sie auch auf Beton wachsen, aber bei zwei oder drei hat es nicht geklappt. Sind es deshalb schlechtere Blumen? Nein, der Beton ist nicht gut.

Wenn man von jedem dieser Zuschauer nur einen Dollar bekäme, davon könnte man nicht leben, aber es würde erlauben, die

Probleme ein wenig realer zu stellen. Nach zwanzig Jahren fange ich an, mir zu sagen: irgendwen muß das doch interessieren. Dann frage ich mich, wen ich interessieren kann. Und dabei kennt man die Leute nicht, die sich den Film anschaun werden. Zu der Zeit, als ich *Pierrot le Fou* gemacht habe, habe ich mich das überhaupt nicht gefragt. Ich versuchte, einen Film zu machen, so wie andere laufen. Wenn man Läufer ist und jemand sagt einem, man sei besser als die anderen, dann nimmt man sich vor, einen Wettlauf zu gewinnen. Wenn man ihn gewonnen hat, möchte man bei der Olympiade erster werden oder wenigstens beim Länderkampf. Wenn es nicht so geht, behält man vielleicht die Lust am Laufen, aber ganz einfach ist es nicht. Bei der Fußballweltmeisterschaft wollen die Leute so unbedingt erster werden, daß alle, die mal sehr gut spielten, anfangen, kaum daß sie Weltmeister sind, schlecht zu spielen. Ich kann mich erinnern, wie es mir damals ging, als ich mit *Pierrot le Fou* anfing. Eine Woche vorher war ich total verwirrt. Ich wußte einfach nicht, was ich machen sollte. Wir hatten alle Drehorte nach dem Buch festgelegt, wir hatten dem Buch entsprechend die Leute engagiert. Aber ich fragte mich, was ich mit alledem anfangen sollte. Es war, als hätte man alles, um einen Salat zu machen, und wäre sich nicht mehr sicher, ob man Appetit darauf hätte, oder als hätte man den Salat bestellt und fragte sich, ob man sich davon auch ernähren kann. Solange es nur um Salat geht, kann man ihn immer noch essen, aber wenn man ihn obendrein auch noch machen muß und nicht sicher ist, dann fragt man sich plötzlich, ob der Mensch den Salat überhaupt braucht. Da steht man dann da und hat Tonnen Salat vor sich. Man gerät in Panik und sagt sich: ich werde sterben, wenn ich es nicht schaffe, das alles zu essen.

Ich erinnere mich, daß ich damals gar nicht allzu viele Sachen zusammengetragen hatte, nur daß... Zu einer gewissen Zeit war alles möglich. Es kam gar nicht mehr darauf an, eine gewisse Menge von Dingen zu finden und vors Objektiv zu bringen, sondern für mich ging es damals eher darum, wegzulassen, was vorm Objektiv sein konnte – Marianne, Anna Karina, ein Zwerg, Vietnam, alles was mir damals so im Kopf rumging –, das wegzulassen und dann zu sehen, was übrigblieb, oder etwas, wenn man es nicht gut verwendet hat, später im Film nochmal aufzunehmen.

Das ist dieselbe Sprache wie die der Werbung, ob man sich auf Faulkner bezieht oder Reklame für Colgate macht. Ich meine, es kommt aufs gleiche raus. Man sieht Leute, auch am Anfang von *Pierrot le Fou* bei einer Abendgesellschaft, die reden in Sätzen, die aus Werbebroschüren stammen. In *Une femme mariée* gab es das auch, wenn sie ihre Wohnung beschreibt wie in einem Prospekt. Ich benutze gleichermaßen literarische wie visuelle Elemente, um eines Tages wieder einen Dialog zu machen, einen mehr ausgearbeiteten Dialog zu benutzen. Aber man hat da keine große Wahl. Einer Unterhaltung zweier Leute, zweier Liebender in einer Bar zu folgen oder dergleichen, das ist schwierig... Deshalb dauern heute in den Filmen die Szenen im allgemeinen nicht sehr lang, denn nach einer bestimmten Zeit wüßte man nicht mehr, was man einander sagen sollte. Das Beispiel, das ich immer gern anführe, ist der Film von Spielberg. Die Leute reden nichts miteinander, und dann in dem Moment, wo sie reden müßten, ist der Film aus. Er wäre ganz schön in der Klemme, er weiß nicht, was er dem Marsmenschen sagen könnte, weder als irdisches Wesen noch als Marsmensch. Und so behaupte ich als Marsmensch, daß das ein ziemlich schlechter Film ist.

Ich gebe zu, ich habe die letzten Filme von Buñuel nicht gesehen. Als ich noch Kritiker war, mochte ich manche ganz gern, wegen seiner Unabhängigkeit. Er ist wahrscheinlich gar nicht so taub, wie er tut, denn wenn er wirklich taub wäre, dann würde er in seinem Alter nicht solche Filme machen. Ich meine, wenn man zum Beispiel die letzten Quartette von Beethoven nimmt, dann kann man auch schon auf die Idee kommen, daß der Typ die Musik nicht mehr so hörte, wie man sie spielte. Während bei Buñuel, da ist die Taubheit mehr gesellschaftlicher Natur. Und der von seinen Filmen, der mir mit am liebsten ist, den er mit Salvador Dali zusammen gemacht hat, *L'Age d'Or,* das ist, wenn man ihn heute sieht, immer noch ein ungeheuer stimulierender Film.

Buñuel gehört eher zu der Sorte von Leuten, zu der ich auch zeitweise gehört habe, die total hinter der Kamera stehen, die überhaupt kein Verhältnis zum Publikum haben, allenfalls zum sogenannten kultivierten Publikum der Cinephilen, die sich an die Stelle von Buñuel versetzen oder an meine, wenn ich den Film mache, und sagen: Was für ein großer Film, den muß man verstehen, ich werde ihn euch erklären... Was eben die Filmkritik macht. Das Publikum braucht meiner Meinung nach keine Kritik, denn Film und Fernsehen sind die einzige Sache, die es selbst zu kritisieren versteht. Die Filmkritik ist nicht zwischen ihnen und denen, die die Filme gemacht haben. Sie versucht, sich an die Stelle des Regisseurs zu setzen. Eine Art Gewerkschaftsvertreter des Regisseurs. Da im allgemeinen aber hinter der Kamera kein Arbeiter steht, sondern ein Aristokrat, können Sie sich ausmalen, was das gibt: der Gewerkschaftsvertreter eines Aristokraten!

Sie sagen »nochmal«. Ich sage, ich bin noch gar nicht da, wo ich hinwill. Und das ist es wirklich, was mich am meisten interessiert, was ich möchte und nicht kann. Da ist Amerika, die Amerikaner erzählen sich nicht nur Geschichten, sie müssen sich so viele Bücher, so viele Geschichten erzählen, auf eine von den anderen Völkern so verschiedene Art, daß sie seit, was weiß ich, einem guten Jahrhundert die ganze Welt damit fesseln. Sie fesseln die Welt wie ein richtiger Erzähler. Sie erzählen eine Geschichte nicht nur, sie machen, daß die Leute sie leben. Man sieht das ganz deutlich. Es gibt überhaupt keinen Grund dafür, daß Deutschland sich Amerika zu Füßen legt. Die D-Mark ist stärker als der Dollar, die deutsche Industrie erfindungsreicher als die amerikanische, dasselbe gilt für Japan. Aber was passiert? Der Yen und die D-Mark legen sich dem Dollar zu Füßen. Sie stützen den Dollar und könnten sehr gut ganz was anderes machen als das, was vor hundertfünfzig Jahren passiert ist. Man müßte die Geschichte Amerikas sozusagen als die eines Geschichtenimperiums machen. Ich finde, daß das zum Beispiel in Kalifornien sehr auffällt, wo man in der Technik und im Kino am erfindungsreichsten ist – da wird es schließlich gemacht. Man hat das Gefühl, in einem Imperium zu sein, das alles erfindet und Tausende von Geschichten hat, die voneinander sehr verschieden sind. Das heißt, ich habe immer Lust, noch aus dem allerletzten kleinen Krimi da einen Film zu machen, nur daß es mich hinterher dann doch nicht so sehr interessiert. Und dann wohne ich auch nicht hier. Aber ich möchte eine andere Geschichte finden und nicht nur abhängig sein von dieser hier. Und das habe ich nach zwanzig Jahren Kino noch nicht geschafft, zehn Jahren, die ungefähr abgeschlossen waren mit *Pierrot le Fou,* und weiteren zehn, die neu angefangen haben mit dem Film, den Sie morgen sehen werden, mit *Masculin-Féminin,* der nämlich ein kleiner Schwarzweißfilm ist, der sich schon aufs Fernsehen bezieht, ganz unbewußt. Und heute also, nach zweimal zehn Jahren Kino habe ich Lust, eine Geschichte zu erzählen. Aber wie und mit wem? Das ist schwer zu sagen.

Mit geschlossenen oder offenen Augen – welche Geschichte könnte mich eine Stunde lang fesseln, neben der Geschichte meines Tages, so wie ich ihn verbringe, die mich folglich auch etwas gefangennimmt. Mit welcher Geschichte könnte man einen anderen fesseln, damit er aus dieser Gefangenschaft rauskäme?

Ich bin in einem Gefängnis, aber ich kenne es nicht sehr gut, ich muß also eine Idee für mich finden, um da rauszukommen. Ich muß erfinden, ich muß die Welt erfinden, in die ich gehen möchte. Und so frage ich mich: Ist die Geschichte etwas, das einem helfen muß, aus sich selbst rauszukommen, oder ist sie etwas, das einem helfen muß, ein bißchen in sich selbst einzukehren? Nach zwanzig Jahren Kino oder der Art, in der ich es gemacht habe, habe ich den Eindruck, daß ich mich von mir selbst eher zu weit entfernt habe, daß ich mich ein bißchen neben mir selbst befinde, und ich habe ein bißchen Lust, dahin zurückzukehren, wo ich bin. Dann bestünde die Geschichte also darin, daß man einen Zug oder ein Flugzeug erfände, ich mir eins ausdächte, das es mir ermöglichte, zu dem Punkt zurückzukehren, von dem ich ausgegangen bin – Geschichten, aber auch Science-Fiction, Comics, ein bißchen Realität, ein bißchen Realismus. Und alles das in zwei Stunden auf zweitausendvierhundert Metern Zelluloid, weil man es nun mal so erzählt, weil man so die Geschichten aufzeichnet. Manchmal sind zwei Stunden und zweitausendvierhundert Meter zu viel, gleichzeitig zu eng und zu weit für eine Geschichte. Ich glaube, man könnte besser davon reden, wenn man von einem oder zwei Fotos ausginge. Das war ja meine Idee, die Idee, die ich hatte, als wir mit diesen Kursen anfingen, aber so weit sind wir noch nicht. Vielleicht in zwei Jahren, wenn ich wiederkomme, nachdem ich inzwischen etwas anderes gemacht habe, dann werde ich etwas vorzuzeigen haben. Aber dafür müßte man ein Bild zeigen, von diesem Bild ausgehen und sagen: folgende Geschichte läßt sich dazu erfinden... Ich schaue mir oft Leute auf der Straße an, wo ich mich eigentlich nie langweile, und dann versuche ich mir vorzustellen, was gerade vorher war und was gleich danach sein wird.

Wenn Sie eine Verlobte haben, nehmen wir an, Sie nehmen ein Bild Ihrer Verlobten in die Hand, um sich an sie zu erinnern. Teuer wird es erst, wenn Sie danach versuchen, etwas mehr zu sagen, das Bild vorher oder das Bild danach zu machen. Das heißt, einen Film über Ihre Verlobte oder sich selbst, das wird dann teuer. Was teuer ist, ist nicht die Kamera. Eine Kamera für zwanzig- oder hundert-

montage :

*ne voir que ce qui
peut être vu
(non dit,
non écrit)*

*l'explosion atomique en
haut de la colline de ceux
qui ne vivent qu'une fois
rejoindre
le ciel et les fourrés de ceux
qui suivent la règle du jeu
avant que n'explose la guerre
mondiale
(les photos comme radio
de la maladie)*

Montage: nur sehen, was gesehen werden kann (nicht gesagt, nicht geschrieben)
die Atomexplosion oben auf dem Hügel derer, die nur einmal leben / zusammenbringen / den
Himmel und das Gebüsch derer, die der Spielregel folgen, bevor der Weltkrieg ausbricht / (die
Fotos als Röntgenaufnahme der Krankheit)

tausend Dollar, das ist es eigentlich nicht, was teuer ist. Die Technik in einem Film kostet relativ wenig. In einem Film für vier Millionen Dollar ist eigentlich die Technik, das Kopierwerk, alles das gar nicht so teuer. Was teuer ist, ist das ganze Drumherum, die Art und Weise, in der man es macht. Teuer war im amerikanischen Film die Geschichte von Cleopatra. Ich war damals bei der Fox. So spielte sich das ab, als Elizabeth Taylor *Cleopatra* drehte. Damals war ein Grieche Chef der Fox, er hieß... Er schickte ein Telegramm nach Rom oder Paris mit folgendem Inhalt. Der Etat war auf eine Million Dollar festgesetzt, was damals, vor fünfzehn Jahren, etwas mehr als heute war, und dann hieß es, da hatte man mit den Dreharbeiten noch nicht begonnen: Jetzt sind wir bei einer Million. Darauf schickte man ein Telex nach New York und fragte: Chef, können wir überziehen und bis zu zwei Millionen Dollar ausgeben? Es dauerte einen Monat, bis das Telex mit der Antwort kam: Ja, Sie haben das Okay aus New York, Sie können bis zu zwei Millionen gehen. In der Zwischenzeit war der Film sowieso schon bei zwei Millionen angekommen, mit all den Leuten, die schon da waren, den Telex- und Telefonkosten. Darauf gab es dann das nächste Telex: Wir sind schon bei zwei Millionen, können wir bis drei gehen? Und so ging das bis fünfundzwanzig. Und heute, wenn man in Hollywood einen Film macht, startet man, wenn man den Vertrag abschließt, schon mit zwei Millionen Ausgaben, das ist das Minimum, sogar bei einem mittleren Film. Man fragt sich: Das ist teuer, aber was ist denn so teuer? Die Telefonate, die Reisen und was noch, das heißt, die Art und Weise, wie man das Geld ausgibt.

Ich habe lange gebraucht, bis ich das verstanden habe, und immer wieder versucht, den Produzenten oder den Bankiers zu beweisen, daß sie ihr Geld besser verdienen würden, wenn sie, statt einen Film für zwanzig zu machen, der hundert einbringt, was nicht viel ist, das Fünffache, lieber zwanzig Filme für eine Million Dollar machten. Ich habe lange gebraucht, um zu verstehen, daß man beim Film und beim Fernsehen kein Geld verdienen möchte. Das ganze ökonomische System ist darauf aus, Geld zu verdienen. Im Kino möchte man es ausgeben. Der einzelne verdient daran, der Präsident einer Gesellschaft oder auch ein Schauspieler, die verdienen viel. Aber wenn einzelne viel verdienen, wie in Amerika oder Kanada, wo man sein Leben gut verdient, dann deshalb, weil es die Leute auf den Philippinen, in Indien oder in Mosambik verlieren und nichts zu essen haben. Das sind kommunizierende Röhren, die Erde ist nicht unbegrenzt. Und heute, wo die Kommunikation so schnell ist, ißt man um so besser in Amerika, je schlechter man anderswo ißt, weil alles soviel schneller geht. Die Armen sind ärmer als im Mittelalter, und die Reichen sind reicher. Am Film oder am Kino ist interessant, daß es ein Ort der Verausgabung ist, denn sonst wären die Zuschauer nicht bereit, zehn Dollar oder fünf dafür auszugeben. Es ist eine Ware, man ißt sie mit den Augen statt mit dem Bauch. Ich erinnere mich, daß Carlo Ponti mir mal gesagt hat, damals, als wir *Le Mépris* drehten: »Mein armer Jean-Luc, Sie glauben, die Zuschauer würden einen Film mit den Augen betrachten. Sie betrachten ihn mit dem Bauch.«

Aber heute denke ich, ich denke, daß..., ich versuche eher zu denken, ich sage mir: Es muß doch eine ganze Menge Leute geben, die ähnliche Probleme haben wie ich, auf ihre Weise, an ihrem Ort. Das weiß ich aus der Zeitung, aus dem Fernsehen und den Geschichten, die ich höre. Wenn man die Nachrichten hört, wenn man erfährt, daß die und die Leute das und das gemacht haben, einen Streik, einen Mord, wenn ich Nachrichten lese, wenn ich versuche, sie für mich zu interpretieren oder für Sie Nachrichten daraus zu machen, daß sich welche geschlagen haben für ein Haus oder aber jemand sein Kind umgebracht hat, was weiß ich, oder sogar Wirtschaftsnachrichten, dann sage ich mir, es muß Leute geben, von denen ich nicht allzu verschieden bin. Vor zwanzig Jahren habe ich mir das nicht gesagt. Das kommt vom Filmemachen, das heißt, man ist in einer Art Kommunikationsmittel, man ist weder der, der den Pfeil abschießt, noch der, den er trifft, man ist der Pfeil. Schreiben, filmen, denken, reden, das kann bedeuten, Pfeil zu sein. Die Liebe ist etwas anderes, das ist der Augenblick, wo der Pfeil entweder abgeschossen wird oder trifft. Dann braucht man nicht an den Pfeil zu denken. Aber manchmal wird der Pfeil nicht gerade abgeschossen und trifft nicht, manchmal fliegt er. Das kann Hunderte von Lichtjahren dauern oder drei Sekunden.

Ich habe angefangen, den Zuschauer zu denken, zu denken, daß es den Zuschauer gibt. Ich habe mir manchmal gesagt, es käme für mich darauf an, herauszubekommen oder mir vorzustellen, ich wäre einer von ihnen. Dann hat mir das Fernsehen oder das Video in materieller Form geholfen, das zu denken, einfach weil der Umstand, daß man einen Monitor, einen Fernseher hat – das Ende der Kette, beim Video hat man eben die ganze Kette –, es einem gestattet, sich als Produzenten zu denken, der ein Kamerabild aufnimmt, als Kopierwerk und so weiter, vielleicht die ganze Kette zu denken – die man beim Film nie sieht, die Kamera, das Kopierwerk und dann das Theater, das Kino, wie man in Europa sagt –, weil man beim Video das Bild sofort sieht, das heißt, sich als einen der ersten Zuschauer zu denken oder jedenfalls in der Position des Zuschauers. Wenn man für das offizielle Fernsehen arbeitet, wenn man einen Auftrag bekommen hat, macht der Umstand, daß man auf seinem Fernseher bei sich zu Hause etwas empfängt und sieht, wie die eigene Tochter oder, wenn man kein Kind hat, jemand anders es empfängt, daß man gleichzeitig davor und dahinter ist. Man ist dazu gezwungen, sich vorzustellen, daß jemand es anschauen wird, während ich das beim Film anfangs nicht gedacht habe. Ich dachte nicht daran, daß jemand sich das anschauen würde, und ich glaube, die meisten denken nicht daran. Ausgenommen die Produzenten, die in gewisser Hinsicht eine gewisse Ehrlichkeit haben, auch wenn sie bei dieser Ehrlichkeit nicht unbedingt ehrenwerte Leute sind, aber wenigstens sind sie Realisten, das heißt, sie denken daran, daß der Film Geld einbringen kann. Sie sind manchmal realistischer als der Künstler, der denkt nämlich gar nichts.

Dazu fällt mir *Tout Va Bien* ein. Wir haben ganz offen gesagt, damals, daß wir uns als Aktivisten betrachteten. Wir haben uns gesagt: Da hat es den Mord an dem maoistischen Aktivisten gegeben, an Pierre Overnay, der bei Renault arbeitete, und eine riesige Beerdigung, eben die letzten Feuer vom Mai 68, ziemlich spektakulär. Etwa hundert- bis hundertfünfzigtausend waren bei der Beerdigung, was ungeheuer war, bei der Beerdigung von Overnay. Ich erinnere mich, daß Gorin gesagt hat: Wir werden den Film für diese Demonstranten machen. In einem solchen Augenblick ist es wie in einer Gemeinschaft, in der einer der beste Bäcker ist, und der sagt: Ich werde das Brot für die anderen fünfundzwanzig backen, und damit sind dann die fünfundzwanzig einverstanden. In unserem Fall gab es das Einverständnis der anderen nicht. Aber wir leben nicht in einer Gesellschaft, die das Einverständnis mit ihnen gestattete. Vor allem haben wir die anderen nach der Beerdigung nie wieder gesehen. Als der Film dann verliehen wurde durch ein System, das dafür nicht gemacht war, daß der Film von den Leuten gesehen wurde, die bei der Beerdigung dabei waren, sahen ihn nur zehn- oder fünfzehntausend, aber meiner Meinung nach gehörten sie zu jenen Leuten. Wir haben das bei der Reklame sogar noch unterstrichen. Wir hatten beim Start ziemliche Schwierigkeiten mit der Gaumont, weil wir zur Werbung in die Zeitung gesetzt hatten: »Ein großer Film, ein enttäuschender Film.« Und das genau war es. Aber das System erlaubt das nicht. Und man begeht einen Irrtum, wenn man sich ins System begibt und sagt: Mir kann es nichts anhaben. Das stimmt nicht.

Heute ans Publikum zu denken, heißt vielmehr, daß man ausgeht von einer Realität und sich sagt: Wieviel Geld will ich denn eigentlich verdienen? Und wenn man sich eine Zahl vorstellt, dann merkt man – ich, der ich nun schon einige Zeit Produzent bin –, das ist nicht so einfach. Für die großen Stars ist das kein Problem, einem zu sagen, wieviel sie wollen. Sie wollen eine Million Dollar oder fünfhunderttausend, und für weniger tun sie es nicht. Aber wenn es Leute sind, die man kennt, wie in meinem Fall, dann sagen sie: Das ist überhaupt kein Problem, du gibst mir, was du mir geben kannst. Und man hat fürchterliche Mühe, sie dahin zu bringen, daß sie einem richtig sagen, wieviel sie verdienen wollen und wieviel ihnen das, was sie können, ihrer Meinung nach einbringen sollte. Ich zum Beispiel sage mir: Ich brauche, sagen wir, was ich als ein ordentliches Gehalt ansehen würde, zwischen achthundert und tausend amerikanische Dollar im Monat, um mir ein Auto, eine Dreizimmerwohnung mit Bad und hin und wieder eine Reise leisten zu können. Und dann gibt es das System der Malerei. Wenn ich Maler wäre, würde ich sagen: Ich male monatlich ein Bild, und mein Problem besteht darin, es für eintausend Dollar zu verkaufen, das heißt, regelmäßig zwölf Bilder im Jahr. Ein Film ist nicht nur das. Wenn ich mir sagte, ich mache monatlich eine Fotografie, würde ich niemanden finden, der sie mir für eintausend Dollar abkauft. In der Malerei ist das möglich. Wie es bei Schlagern ist, weiß ich nicht. Und so überlege ich, ich sage mir: Ich könnte vielleicht Fotos machen, die ich für einen Dollar verkaufen würde, aber das hieße, daß ich jeden Monat tausend Leute finden müßte, die bereit wären, sie mir abzukaufen. Man muß die Realität sehen. Also tausend Personen würde ich nicht finden. Dann sage ich mir, vielleicht fünfhundert, aber dann müßte ich sie für zwei Dollar das Stück verkaufen. Und danach dann vielleicht zweihundertfünfzig. Könnte ich jeden Monat zweihundertfünfzig verschiedene Personen kennenlernen und sehen, dann müßte ich sie ihnen für fünf Dollar verkaufen. Und was müßte auf dem Foto sein, daß ich, wenn ich jeden Monat zweihundertfünfzig Leute träfe, die fragen könnte: Würden Sie mir vier Dollar geben für die Informationen, die Sie mit dem Foto bekommen? Das ist ein wenig abstrakt, gibt aber einen Eindruck von der Realität. Was wäre nötig, daß jemand... Es müßte wirklich eine Information sein, die ihn persönlich beträfe, damit er es haben wollte, etwa ein Foto seiner Frau, auf dem sie etwas tut, was er sich nie vorgestellt hat. Das wäre etwas sehr Privates. Aber das könnte ich nicht, weil ich ihn nicht kenne. Also bin ich gezwungen, im Leben etwas zu finden, mir auszudenken, aber daraus ergibt sich...

Ich glaube, nur wenige Regisseure, überhaupt nur wenige, die Produzenten ja, denken so, daß sie ausgehen von einer Durchschnittssumme, einem mittleren oder normalen Gehalt, sagen wir eines Facharbeiters. Das bringt einen nämlich dahin, real an die Geschichte zu denken, die man zeigen sollte, an die Bilder, die man zeigen sollte, und gleichzeitig an die Unmöglichkeit, dieses Bild, das interessiert, zu zeigen. Man brauchte also ein Bild, das, wenn man nur eins hätte, zweihundert Personen auf einmal interessierte. Was wäre das wohl für ein Bild, Bild und Ton, der Text, die zweihundert Personen auf einmal interessierten? Wenn man an Millionen denkt, kommt man ins Schleudern. Wenn man an Millionen denkt, sagt man sich: Ich werde machen, was mir gefällt, und hofft, daß es anderen auch gefallen wird. Aber wenn man es wirklich bedenkt, hat man nicht viel, wovon man ausgehen kann, Essen, Hunger, Tod oder Leben, Sex und dergleichen. Es realer, akzeptabler zu machen, das ist es, was ich die Schwierigkeit nenne, heute Geschichten zu finden.

Die Erde hat sich verändert, die Welt hat sich verändert, aber doch nicht so sehr, denke ich dann wieder. Man zieht sich wieder an wie im Mittelalter, nur Hose, Kittel und Holzschuh, und das in der perfektioniertesten Umwelt. Es ändert sich viel, aber dann ändert sich doch wieder nicht so viel. Ich denke, die Filme, was ich davon sehe..., die Zuschauer können sich nicht so sehr geändert haben, wenn die Filme fast immer noch die gleichen sind.

Es gibt heute überhaupt keine mehr. Vielleicht gibt es eine Evolution auch in den Filmen. Vielleicht haben die Filme sich verändert, und die Zuschauer sind dieselben geblieben. Das müßte man zeigen. Ein Film existiert nicht für sich allein, der existiert nur mit Familie. Der Amateurfilm existiert nur mit Familie. Wenn es die Familie nicht gäbe... Nehmen wir an, es gäbe nur Verliebte, und die täten sich nicht zu Familien zusammen, sie heirateten nicht. Dann gäbe es keinen Amateurfilm. Von dem Tag an, wo weniger geheiratet würde, bräche Kodak zusammen. Das stimmt. Wann fängt man an, Aufnahmen zu machen in Form von Bildern und nicht von Texten? Wenn man zu dritt oder zu viert ist. Solange man nur zu zweit ist, braucht man halt keine Bilder und keinen Ton, um zu kommunizieren. Ich denke, das könnte ein interessantes Filmbuch sein, wenn es ein Zuschauer, kein Filmkritiker, mal fertigbrächte, sein Leben als Zuschauer zu erzählen.

Drei Jahre lang habe ich es versucht, übrigens im Auftrag des französischen Fernsehens. Ich mußte es aufgeben und das Geld zurückzahlen, weil, ich weiß nicht, ich habe es nicht geschafft, es ging in alle Richtungen auseinander, ein unmöglicher Film. Zweihunderttausend Stunden, und es blieb nicht mal genug von meinem Leben übrig, um das zu drehen, einfach einen Film mit dem Titel *Meine Filme*. Ich sehe überhaupt nicht, wie ich das anfassen sollte. Man müßte soviel sagen, und ich bin im Augenblick nicht in der Lage, nicht in Bildern jedenfalls, auch nur zwei Bilder von *La Chinoise* zu zeigen oder eins, und zwischen *La Chinoise* und *Pierrot le Fou,* um das zu zeigen, die drei Jahre, dafür auch Bilder hinzutun, die mich betreffen, mich und den Teil der Welt, der für mich während der drei Jahre wichtig war, und dann noch unwesentliche zu zeigen und andere.

Wenn man sich meines Namens bedienen will, versuche ich wenigstens, Prozente dafür zu nehmen. Mir ist es nicht besonders gelungen, seit zehn Jahren versuche ich nun schon, keinen Namen mehr zu haben, einen anderen Namen zu haben, denn die Leute verstecken sich hinter Namen, dafür oder dagegen. Der Name ist wichtig, im Paß etwa. Ich habe mindestens vierzig Minuten mit einem Grenzbeamten diskutiert, weil er meinen Paß verlangt hatte, ich habe einen Schweizer Paß, und er sagte: »Sind Sie Schweizer?« Im Paß steht: Der Inhaber dieses Passes ist Schweizer Staatsbürger. Ich habe gesagt: »Geben Sie mir meinen Paß«, und ihm vorgelesen: »Der Inhaber dieses Passes ist Schweizer Bürger.« Darauf sagte er nur wieder: »Antworten Sie auf meine Frage: Sind Sie Schweizer?« Darauf sagte ich wieder: »Geben Sie mir meinen Paß.« Er wurde wild, und mich amüsierte es einen Augenblick. Ich fand es ganz unglaublich, daß dieser Typ mir, einem Touristen, eine Vorlesung in Semantik halten wollte.

Als ich neulich Belmondo oder vielmehr seinen Agenten gefragt habe, ob wir einen Film mit ihm machen könnten – ihn würde ich lieber danach fragen als jeden anderen –, fragte der mich: Haben Sie wirklich Lust, einen Film zu machen? Ich verstand nicht. Ich mußte mich verstellen, denn wenn ich ihn gefragt hätte, was er denn unter »einem Film« verstünde, hätte er mich für einen Witzbold gehalten oder sonstwas. Weil mir aber vielleicht daran liegt, die Sache zu machen, habe ich den Mund gehalten. Aber was nennt er »einen Film«? Wenn er meinte: Wollen Sie wieder einen richtigen großen Film machen – komisch, das habe ich doch immer gemacht. Er meinte beispielsweise sowas wie *Pierrot le Fou* oder *Alphaville*. Aber damals, als die gemacht wurden, sind sie genauso über mich hergefallen und haben gesagt: Das ist kein Film. Damals, als *Pierrot le Fou* in Paris rauskommen sollte, wenn sie da nicht Belmondos Namen gehabt hätten, der schon ein ziemlich großer Star war und den Film für etwas weniger Geld als sonst gemacht hatte, hätten die Direktoren von Gaumont gesagt: Der Film kommt nicht raus. In Italien hat ihn Dino de Laurentiis mitproduziert, der hat ihn nicht rausgebracht, er hat gesagt: Das ist kein Film.

Wenn ich heute über die Grenze gehe und der Polizist liest »Godard«, dann kennt er mich, er »kennt den Namen«, ich weiß nicht, wo er ihn gesehen hat, aber er kennt mich. Woher kommt es, daß ich bekannt bin? Ich habe nur Mißerfolge gehabt, außer *A Bout de Souffle*. *Pierrot le Fou* war ein finanzieller Mißerfolg. Er hat damals zweihundertfünfzig Millionen alte Francs gekostet. Die hat er nie eingespielt.

Ich glaube, es ist was anderes. Ich muß wohl wie jemand wirken, der die Idee nicht aufgegeben hat, wie soll ich sagen, sein Leben auf ehrliche Weise zu verdienen oder auf interessantere Weise, interessanter als in einer Fabrik oder in der Armee oder als Lehrer, einer, der macht, nicht, was er möchte, sondern was er kann, und seine Wünsche hineintut in das, was er kann. Ich suche andere Leute, die es genauso machen, egal ob bei einem Streik, da fühle ich mich immer ermutigt, wenn ich sehe, wie mit Erfolg gestreikt wird, oder wenn in gewissen Ländern ein Teil der Bevölkerung den anderen stürzt, dann fühle ich mich ermutigt und sage mir: Sieh mal, da sind noch andere Godards. Oder: Ich bin auch ein Chilene. Oder: Ich bin auch ein Tschechoslowake. Oder: An meinem Platz bin ich auch ein Arbeiter von Lip. Wirklich, so sehe ich das eher.

Wenn man einen Schauspieler sieht wie..., der Name fällt mir nicht ein, in dem Murnaufilm, da kann man sagen: Das ist jemand, der eine gewisse Arbeit mit seinem Körper macht, mit seinem Kopf, der versucht, einen bestimmten Bezug zu haben, an der Stelle, wo er sich befindet. Er hat seine Gage verdient, auch wenn sie etwas übertrieben war. Wenn man danach *Pierrot le Fou* sieht oder schon James Dean – wahnsinnig! Zur Zeit von *A Bout de Souffle* waren Jean-Paul und ich, wir beiden zusammen waren sowas Ähnliches wie Nicholas Ray und James Dean es vielleicht waren. Danach, in *Pierrot le Fou,* schon sehr viel weniger. Jean-Paul ist schon viel mechanischer, und damit er überkommt, mußte man etwas in ihn hineinlegen, das war oft viel zu intellektuell, Dinge, die ich ranbrachte, und ich hatte nicht die Kraft, Leben in ihn hineinzubringen, von meinem eigenen Sauerstoff. Wenn man Stummfilme sieht, merkt man immer, man konnte die Schauspieler für eine Geschichte hernehmen. Ich glaube, heute kann man das nicht mehr. Die Schauspieler taugen nicht mehr dazu. Nicht selten hindern sie die Geschichte daran, sich zu entwickeln.

Wenn man sich zehn Minuten von der *Liebe einer Blondine* vorführt und dann zehn Minuten von *Einer flog übers Kuckucksnest,* dann geht einem auf, was die Russen in zehn, zwanzig Jahren aus der Tschechoslowakei gemacht haben. Ich will damit nicht sagen, die Russen sind Schweine und die Tschechen sind Würstchen, daß sie sich so haben fertigmachen lassen. Es geht nur darum, ein Bild vorzuführen, das heißt »Miloš Forman eins«, und dann eins, »Miloš Forman zwei«, und dann läßt man..., und den kleinen Film nennt man einfach: Was die Russen der Tschechoslowakei angetan haben. Das sind dann zwei Bilder und ein Ton. Man kann nicht mal sagen, daß es seine Schuld wäre. Es gibt da übrigens etwas ganz Komisches in Amerika, weil verschiedene tschechische Regisseure dahin geflüchtet sind, und da gibt es dann die Armen und die Reichen, die deshalb nicht die besseren Filmer sind, einer von ihnen ist wahnsinnig arm, er heißt Nemec. Vielleicht haben Sie seine Filme gesehen. Dieser Nemec verdient sich heute sein Leben in San Diego, indem er frühmorgens am Strand aufsteht und leere Flaschen aufsammelt oder irgendwelche Bierdinger oder sowas und sie dann wieder verkauft und so versucht, zwei, drei Dollar für den Tag zu verdienen. Ich bin hier, um ein wenig laut zu denken – vor Leuten, um nicht allein zu denken –, damit, wenn wir unsere Filmgeschichte machen, wir uns sagen: Das ist ein Beispiel für ein

Stück Filmgeschichte, das heißen wird »Bezüge zu Amerika«. Was es für zwei Filmer bedeutet. Wie man mir gesagt hat, gibt es da Tschechen, die es zu etwas gebracht haben, einen oder zwei, und denen gefällt das nicht besonders, daß da einer oder zwei sind, die es nicht geschafft haben. Als Tschechen müssen sie ihnen etwas helfen, und gleichzeitig stört sie das doch ein bißchen. Na?

Sous les toits de Paris   RENÉ CLAIR
Pickpocket   ROBERT BRESSON
La Fille de Prague avec le sac trop lourd   DANIÈLE JAEGGI

Masculin-Féminin   J.-L. GODARD

Als Serge Losique mir vorgeschlagen hat, hier die Nachfolge von Henri Langlois anzutreten, habe ich ihm gesagt: Es geht nicht darum, einen Nachfolger für Henri Langlois zu finden, es geht darum, auf andere Art eine Arbeit fortzusetzen, die er angefangen hat, die er auf andere Weise gemacht hat, mit der ich übrigens nicht immer einverstanden war. Ich habe ihm gesagt, kurz vor seinem Tod: Es ist jetzt Zeit, daß du die Cinémathèque verkaufst, oder wenn du keinen Käufer findest, kann man sie verbrennen, und danach machen wir dann etwas anderes. Trotz allem, Henri Langlois war für mich ein Produzent, der einen Teil der Filmgeschichte produziert hat. Daß es ihm schließlich etwas über den Kopf gewachsen ist... Er stand allein. Wenn man allzu allein ist, wird es schwierig.

Also habe ich zu Serge Losique gesagt, daß ich einverstanden wäre, wenn er das Ganze als eine Filmproduktion betrachtete. Darauf hat er gesagt: Was für einen Film werden wir denn produzieren? Ich hatte ein Projekt zur Filmgeschichte. Was mir fehlte, war die Möglichkeit, Filme zu sehen. Was mir fehlte, war, darüber reden zu können. Außerdem war es ein Projekt, das ich mit Henri Langlois vorgehabt hatte. Ich hatte auf ihn gezählt, damit er mich auf Dinge brächte, die ich nicht kannte, weil ich mehr Filme machte als ich sah. Und deshalb sollte es als Produktion betrachtet werden.

Ehe man die Filmgeschichte produzieren kann, muß man das Sehen der Filme produzieren. Das Sehen der Filme zu produzieren besteht nicht darin – ich ahnte es ein wenig, aber jetzt bin ich davon überzeugt –, es besteht nicht bloß darin, sie anzusehen und danach darüber zu reden. Es besteht eher darin, daß man zu sehen lernt.

Vielleicht müßte man... Man müßte die Geschichte des Sehens zeigen, das sich mit dem Kino, das die Dinge zeigt, entwickelt hat, und die Geschichte der Blindheit, die daraus entstanden ist. Das ist ein wenig unsere These, die wir in dieser Filmgeschichte entwickeln wollen: zu zeigen, an klassischen Beispielen, wie es etwas gegeben hat, das verschieden war sowohl von der Kunst als auch von der Literatur, und wie sich das dann mit dem Tonfilm ziemlich schnell verändert hat. Dieses Licht, das sich ziemlicher Beliebtheit erfreute, immer noch, das muß blindgemacht werden. Und ich dachte, als ich hierherkam, daß ich vor Ihnen Sehexperimente machen könnte: Filme vorführen, kleine Stücke aneinanderhängen. Ich habe sehr schnell erkannt, daß ich zwar die Ausrüstung hätte, das zu machen, ungefähr zehn Jahre habe ich gebraucht, um sie zusammenzubringen, allein schon, um auf die Idee zu kommen, aber ich hatte die Filme nicht. Und er hier hatte den Zugang zu den Filmen, aber er hat nicht die Ausrüstung, oder sie ist woanders und so eingerichtet, daß man sie nicht gebrauchen kann. So reduzierte sich das Ganze auf Diskussionen im Filmclubstil, man sieht sich einen Film an und dann redet man darüber, das heißt, wenn es während der Projektion etwas Sichtbares gab, macht man es nachher mit Reden wieder blind. Ich glaube, es gibt eine kulturelle Angst, die bewirkt, daß den Leuten die Blindheit immer noch lieber ist als diese Angst zu erleben. Das normale Publikum des kommerziellen Films hat sie nicht. Wenn es unzufrieden ist, tun ihm seine vier Dollar leid, oder es ist zufrieden, die vier Dollar tun ihm nicht leid, und es schaut sich den nächsten Film wieder an. Da haben wir vielleicht schließlich ein System gefunden... Es wurde mir klar, daß ich mich auch zwingen mußte, meine eigenen Filme anzuschaun. Zu Hause für mich hätte ich mich nie gezwungen, sie mir anzusehen. So habe ich mich gezwungen, meine Filme in einem bestimmten Zusammenhang der Filmgeschichte zu sehen, in chronologischer Folge, und zu versuchen, sie zu vergleichen mit anderen, die damals oder heute dazu einen Bezug haben...

Aber man müßte sie gesehen haben, um eine Auswahl zu treffen. Die Auswahl ist ein wenig zufällig zustande gekommen. Wer hat die Filme gesehen? Gibt es hier an der Universität, am Konservatorium, in der Cinémathèque, hier oder in Europa oder sonstwo, vielleicht einen kleinen praktischen Führer, der einem sagt: Wenn Sie *A Bout de Souffle* zeigen oder *Masculin-Féminin,* empfehlen wir Ihnen, vorher oder nachher, um ein wenig Licht in die Diskussion zu bringen, oder nach jeder zweiten Rolle zum Beispiel eine Rolle von der *Liebe einer Blondine* zu zeigen oder einen Film von Vigo. Und dann könnte da zum Beispiel stehen: Von der *Liebe einer Blondine* sehen Sie sich Minute vierzehn bis sechzehn an. Das heißt, daß man, genau wie in der Medizin, wenn man etwas studieren will, gesagt bekäme: Schauen Sie doch mal in der Richtung... Aber schließlich wird der menschliche Körper auch schon viel länger studiert. Das Interessante, Einmalige am Kino ist, glaube ich, daß es nur aus aufeinanderfolgenden Bildern besteht. Seine Geschichte dürfte nicht schwierig sein, weil sie in ihm selbst ist, nicht außerhalb und nicht daneben. Natürlich gibt es auch daneben noch eine Geschichte, das wäre etwa die Geschichte der Zuschauer, die die Filme gesehen haben. Aber diese Geschichte gibt es auch noch nicht. Einfach ist nur..., einfach ist nicht die Geschichte des Wissens, wie die Filme gemacht wurden, einfach ist nur die Geschichte der Leute, die die Filme gemacht haben. Da heißt es: Griffith wurde dann und dann geboren, allenfalls wird noch gesagt, was damals in Amerika los war, aber sonst hat man nicht die geringste Idee, weil man nicht weiß, wie man es anfassen soll. Man müßte zeigen, daß er einer bestimmten Epoche angehört, daß er etwas in einer bestimmten Zeit gemacht hat, einen Montagestil erfinden konnte, den man dann Parallelmontage nannte, daß das zu einer bestimmten Zeit geschah und auch nicht in Deutschland oder Rußland, weil es in Deutschland und Rußland zu der Zeit etwas anderes gab, weil sich da anderes ereignete.

So habe ich mir vorgenommen, meine eigenen Filme wiederzusehen und sie dann mit anderen, leider ein wenig zufällig ausgewählten Filmen zu vergleichen. Mir schwebte vor, zu *Masculin-Féminin* Filme von sogenannten jungen Leuten über junge Leute zu zeigen, daß man sich sagte: Als der Regisseur den Film gemacht hat, war das sein *Masculin-Féminin*. Man hätte eigentlich auch Ausschnitte aus Stummfilmen zeigen müssen. Ich hätte zum Beispiel gern *Menschen am Sonntag* von Billy Wilder in Deutschland gezeigt, aber auch noch andere Filme, einen anderen Stummfilm aus der Zeit. Aber da kenne ich mich nicht besonders gut aus.

Nun zu *Masculin-Féminin,* von dem wir gestern schon ein wenig gesprochen haben, inwiefern er sich von *Pierrot le Fou* unterschied. Ich kann dazu nur sagen, daß das im Grunde nicht so sehr von mir kam, sondern von einer kleinen Gruppe von Leuten, die ich öfter sah, Freunde, auch meine Assistenten, ein oder zwei. Sie fragten sich, was ich nach *Pierrot le Fou* wohl machen könnte, wie wenn der das Ende von etwas gewesen wäre, eine Art Feuerwerk. Das beunruhigte mich, denn ich fragte mich in der Tat, was ich machen könnte, und außerdem habe ich immer das Produktionsprinzip gehabt, sobald ein Film zu Ende ging oder sogar schon vorher den nächsten in Angriff zu nehmen, damit daraus kein abgeschlossenes Werk würde, sondern ein regelmäßiges Lohnempfängerdasein sozusagen. Und da bekam ich das Angebot, einen Film in Koproduktion mit Schweden zu machen. Das Thema war freigestellt. Anfangs war mal von einer Erzählung von Maupassant die Rede, aber das haben wir dann ganz aufgegeben, und langsam ist das daraus geworden. Für mich gibt es da allerdings Unterschiede. Heute ist der Unterschied zu *Pierrot le Fou* ganz klar, aber was heißt schon klar? Und so leicht läßt sich das nicht sagen.

Ich habe zum Beispiel versucht, mich zu erinnern, wie ich zu den Dialogen gekommen bin. Ich glaube mich zu erinnern, daß es gar keine geschriebenen Dialoge gab, sondern wirkliche Interviews mit den Schauspielern gemacht wurden. Ich selbst machte ein wirkliches Interview, das teilweise auch fiktiv war, denn wenn ich mit einer Person des Films sprach, hatte sie die Anweisung, auch als die Figur zu antworten, die sie darstellte, aber dann sprach ich mit ihnen wieder als realer Person. Die vier hatten jeder sein eigenes Interview, dann habe ich die Interviews miteinander vermischt, mit der Absicht, zwei Montagen zu machen, einen Dialog zwischen Chantal Goya und Léaud und einen zwischen den beiden anderen, auszugehen von diesen Interviews und sie durch die Montage so zu verbinden, daß man glaubte, sie sprächen miteinander. Und tatsächlich hat man den Eindruck, als sprächen sie sowohl miteinander als auch für sich selbst und nicht mit mir. Eigentlich habe ich immer versucht, nicht so sehr das als wahr erscheinen zu lassen, was gesagt wird, als vielmehr den Augenblick, in dem es gesagt wird. Es hätte wahr sein können, ja, es hätte wahr sein können. Ich versuche, die konventionellsten Sachen zu verwenden, weil das die bekanntesten sind, wenn Sie so wollen. Und auszugehen von diesem Bekannten und zu zeigen... Wenn man, was weiß ich, übers Licht reden wollte, nicht etwas Ausgefallenes, einen Laserstrahl zu nehmen, wo sich niemand auskennt, sondern einen Lampenschirm, den jeder kennt, davon auszugehen und zu zeigen, was Licht ist, ganz abstrakt oder komplex darüber zu reden, aber ausgehend von etwas ganz Bekanntem.

Man kann einen Vergleich von Brecht nehmen, der sagt, genau kann ich mich nicht erinnern, aber er sagte etwa: Es gibt Schwierigkeiten beim Aufstieg im Gebirge, aber die wahren Schwierigkeiten fangen an, wenn man absteigt, wenn nach den Schwierigkeiten des Gebirges die Schwierigkeiten der Ebene kommen. Bis zu *Pierrot le Fou* würde ich von Schwierigkeiten des Gebirges reden und ab *Masculin-Féminin* von Schwierigkeiten der Ebene. Während der Arbeit an diesem Film habe ich mir einen Fernseher gekauft, vorher hatte ich keinen. Ich erinnere mich, daß Truffaut mir gesagt hatte, oder ich hatte mir gesagt, ich werde es machen wie Truffaut und mir einen Fernseher kaufen und mir die Schauspieler ansehen, weil es da viel mehr gab als im Kino – das Fernsehen fing damals an, sich weiterzuentwickeln –, das wäre doch die Gelegenheit, Gesichter anders zu sehen und Unbekannte zu sehen. Der Junge, den wir genommen haben, war ein Typ, der so rumhing. Das Mädchen war keine Berufsschauspielerin. Chantal Goya war damals – das war die Zeit, als Filipacchi Herausgeber der *Cahiers du Cinéma* war, er machte auch Blätter wie *Salut les Copains* und *Lui*, und Chantal Goya war eine Sängerin, die er damals zu lancieren versuchte. Wir haben das hergenommen, was es so um uns herum gab.

Ich hatte damals schon ein bißchen die Idee wie heute, daß es gut ist, von Zeit zu Zeit einen richtig großen Film zu machen, aber daß der die kleinen nicht verdrängen dürfte, und daß die großen manchmal deshalb so schlecht sind, weil es keine anderen mehr gibt. Das heißt, allein können sie die Nachfrage nicht decken. Und deshalb hieß es in *Masculin-Féminin*: Das ist einer von den Filmen, die es nicht gibt – was für mich eine Kritik an dem Film ist, der anders gewesen wäre, wenn in demselben Jahr sechzig dieser Art gemacht worden wären. Was mir soviel Schwierigkeiten dabei bereitet hat, passende Ausschnitte zu finden, war, daß mir hätten Filme einfallen müssen, die ein bißchen in dieser Optik gedreht worden wären. Ich habe in der Filmgeschichte keine Liste von Filmen, keine zehn Filme von jungen Leuten eines Jahrgangs gefunden, die einen bestimmten Zeitabschnitt darstellen. Es war eben einfacher, zu *Pierrot le Fou* ein paar Filme zu finden, die einen Bezug hatten, die einen haben konnten, einfach weil es eine bis ins Extrem getriebene Liebesgeschichte war. So konnte man drei oder vier Filme finden, man hätte auch vier, fünf oder sechs weitere finden können oder noch zehn mehr, eine Musterkollektion, die

généalogie de la
jeunesse
    (du cinéma)
logique de la
    jeunesse et
jeunesse de cette
    logique
la lumière comme
jeunesse de l'obscurité

salles obscures

prison
l'ombre
toujours le désir
la proie et l'ombre

Genealogie der Jugend (des Kinos) / Logik der Jugend und / Jugend dieser Logik / das Licht als Jugend der Dunkelheit / dunkle Säle / Gefängnis / der Schatten / immer das Verlangen / die Beute und der Schatten

zusammen mit *Pierrot le Fou* ein hübsches Schauspiel abgegeben hätten, vom stummen Deutschland nach Schweden und weiter nach Italien – es hätte noch eine Menge anderer Filme dazu gegeben. Mit diesem da war es eben sehr viel schwieriger. Und es ist sicher kein Zufall, daß es heute morgen so etwas wie ein Loch gab und ich einen Ausschnitt aus dem Film von Jaeggi gezeigt habe, von einer jungen Filmerin, die ich noch nicht kannte, das heißt, ich habe sie nur flüchtig in Paris kennengelernt. Ihn ganz zu zeigen war nicht nötig, weil er ja in den *Perspectives du Cinéma Français* zu sehen sein wird. So habe ich die Gelegenheit ergriffen, ihn zu sehen, und mir gesagt: Mal sehen, wie das aussieht, wenn jemand heute seinen ersten Film macht. Als ich *Masculin-Féminin* machte, hatte ich auch ein wenig das Gefühl, neu anzufangen, aber es stimmt, das habe ich eigentlich immer, das Gefühl, wieder anzufangen.

La Fille de Prague avec le sac trop lourd – ich kann darüber nicht viel sagen. Es ist ein Film von einer Frau, Danièle Jaeggi, die in Paris arbeitet. Ich glaube, es ist ihr erster Film. Er ist in den *Perspectives du Cinéma Français* beim Festival in Cannes gezeigt worden, und er soll wieder laufen in der Auswahl daraus, die das Konservatorium zusammengestellt hat. Er soll nächste Woche laufen. Eigentlich habe ich ihn nur ausgesucht, ich habe ihn zu den anderen Ausschnitten dazugenommen, um einen Film von jemand Jungem zu haben, einen jungen französischen Film über die Jugend. Ich war dabei gespannt, ob wohl etwas Politik in dem Film sein würde. Für mich begann nämlich mit *Masculin-Féminin* das, was man meine »politische Periode« genannt hat. Ich bin dagegen, denn die Filmgeschichte, wie ich sie gerade nicht machen möchte, besteht sozusagen darin, über Leute und ihre Probleme zu reden und den Nachdruck auf das zu legen, was drumherum passiert, was mehr in die Rubrik »Vermischtes« gehört und zu den großen politischen Ereignissen in der Form von »vermischten Nachrichten«.

Meine Ausgangsidee geht mehr in die Richtung, wie die Untersuchungsrichter in Amerika vorgehen, die fragen: Stimmt es nicht, daß... So möchte ich die Sequenzen in meinem Film einleiten: Stimmt es nicht, daß Mr. Griffith, als er von etwas träumte, das er Großaufnahme nannte, stimmt es nicht, daß er auf der Suche war nach etwas Bestimmtem, was heute allgemein so genannt wird? So etwa stelle ich es mir vor.

Es soll eine ganz einfache Filmgeschichte werden. Vier Stunden auf Videokassetten, die auch für sich in Form von einzelnen Filmen verkauft werden können, aber prinzipiell fürs Fernsehen gemacht sind und sich mit dem Kino beschäftigen, ausgehend von dem, was ich davon kenne. Ich frage mich, wie man Kino unterrichten kann, wie das überhaupt außerhalb aller realen Praxis passieren soll, da doch die reale Praxis des Kinos immer die der Auswertung ist. Also vier Kassetten zum Stummfilm, viermal, dann vier zum Tonfilm. Und jede Kassette hat einen Titel, die erste *Stummes Amerika – Silent America –*, die zweite *Stummes Rußland – Silent Russia*. Ich denke nämlich, wir machen es zuerst auf englisch und dann erst auf französisch, weil nämlich vor allem in den Vereinigten Staaten, ein bißchen auch in Kanada, aber eben vor allem in den Vereinigten Staaten der Unterricht, der Unterrichtsmarkt am größten ist. Es gibt eintausenddreihundert Universitäten in Amerika, und jede hat ein oder zwei Filmvorlesungen, mal ganz abgesehen von kleineren Schulen. Er ist also riesig. Damit soll den Lehrern zunächst etwas Visuelles an die Hand gegeben werden, das sie zeigen können. Damit sie auf Ideen kommen, weil es mit einfachen Videomitteln gemacht ist, die es heute überall zu kaufen gibt, auf Ideen zur Praxis, mit einer kleinen Sonykamera, so daß sie, wenn sie zum Beispiel über Eisenstein reden wollen, sich selbst trauen, eine Einstellung zu drehen, einen Einstellungswinkel zu finden.

Die Idee ist einfach, auszugehen von den klassischen Beispielen, *Stummes Amerika, Rußland, Deutschland,* die die drei großen Länder waren, und danach dann die nächste Kassette mit den anderen, hauptsächlich Frankreich. Und nach dem Stummfilm dann dasselbe mit dem Tonfilm: *Tönendes Rußland, Deutschland,* dann die anderen in den letzten Kassetten, vor allem wieder Frankreich. Die Ausgangsideen sind da, aber es gibt Stellen..., für den Tonfilm weiß ich es zum Beispiel schon genau, beim Stummfilm bin ich mir noch nicht so sicher. Ich glaube, bei Amerika werde ich vom Beispiel Griffith ausgehen, bei Rußland von Eisenstein, bei Deutschland vom Expressionismus, Murnau und Lang, bei den anderen weiß ich es noch nicht so genau.

Die Ausgangsidee ist, daß das Kino mit seiner Erfindung eine Art und Weise zu sehen entwickelt und aufgezeichnet hat, wie wir gesehen haben, die etwas Neues war und die man Montage genannt hat, die darin besteht, etwas mit jemandem auf eine andere Weise in Verbindung zu setzen als es der Roman und die Malerei der Zeit machten. Deshalb hat es Erfolg gehabt, einen enormen Erfolg, weil es, glaube ich, auf eine bestimmte Weise die Augen geöffnet hat. Das war nicht wie beim Gemälde, das hatte nur einen Bezug zum Gemälde, der Roman nur zum Roman. Wenn man dagegen einen Film sah, gab es wenigstens zweierlei, und da es jemand betrachtete, wurde es dreifach. Das heißt, es gab etwas, etwas Neues, das dann schließlich nach seiner technischen Form Montage genannt wurde. Es bestand darin, daß nicht die Dinge gefilmt wurden, sondern die Bezüge zwischen den Dingen. Das heißt, man sah die Bezüge. Zunächst sah man den Bezug zu sich selbst. Grob gesagt ist die These, daß der Stummfilm, daß alle großen Filmer, die, die immer noch bekannt sind, weil sie am weitesten vorgedrungen sind, die Stärksten, die Verbissensten, nach der Montage suchten. Das ist die These. Sie waren auf der Suche nach etwas, das spezifisch ist fürs Kino, nämlich die Montage. Und dann, mit dem Tonfilm, ging das verloren. Die Gesellschaft oder die Art, wie es zurückgenommen wurde, denn zunächst hat es sich ziemlich anarchisch entwickelt... Die Montage erlaubte es, Dinge zu sehen und sie nicht nur auszusprechen. Das war das Neue. Man konnte sehen, daß die Bosse die Arbeiter bestahlen, es wurde evident, ohne daß man es aussprechen mußte. Es wurde evident, daß der Boß ein übler Typ war. Wenn man etwas sieht, sagt man: es ist klar, man siehts. Noch heute, vor Gericht, wenn man jemanden verurteilen will, reicht dazu das Hörensagen nicht aus, man muß es gesehen haben. Unter den extremen Bedingungen des Kinos wurde das natürlich, jedenfalls war es auf dem Wege dahin, und das hätte alles verändert. Denn ich bin der Meinung, wenn das Kino sich verändert, dann verändert sich alles, da ist Veränderung am leichtesten möglich und deshalb ändert sich da auch am wenigsten. Allein da könnte man was verändern, aber wenn man da was veränderte, folgte alles andere nach, weil unsere Art zu sehen verändert würde. Und Kindern bringt man auch eher bei zu reden als zu sehen.

Nein, wie gesagt, das wäre die Ausgangs-, die allgemeine Grundthese, die wir zeigen, indem wir gewisse Geschichten erzählen, die sich ereignet haben, oder eine bestimmte Art und Weise, in der Geschichte erlebt worden ist, als die Geschichten einzelner, die uns als Legenden überliefert sind. Sagen wir zum Beispiel, Griffith hätte die Großaufnahme erfunden. Angenommen, er hätte es getan: Was wollte er damit? Er wollte nicht jemanden von nahem sehen, er wollte etwas Entfernteres und etwas Näheres einander annähern, eine Ferneinstellung – er hat es nie geschafft –, eine Ferneinstellung und eine nähere Einstellung – er hat es so nie gedacht. Und später, in der Abteilung Tonfilm, werden wir zeigen, wie die Erfindung der Großaufnahme sehr schnell verbunden wurde mit dem Auftreten des Stars und der Art, einen Star zu sehen. Der Star hat einen Sinn. Von der Diktatur des Stars gibt es eine Verbindung zur reinen und eigentlichen politischen Diktatur, zu Beziehungen des diktatorischen Typs. Das ist ein Beispiel, und das Kino erlaubt, das recht gut zu zeigen.

Andererseits werden wir versuchen zu zeigen, daß Eisenstein, der sich für einen Montagespezialisten hielt, in Wirklichkeit, glaube ich, einer der wenigen Filmer mit einer eigenen Perspektive auf die Dinge war, und daß er die nicht zu einem beliebigen Zeitpunkt gemacht hat, denn um 1915, 1920 hatten die Russen, ein Teil der Russen, eine bestimmte Perspektive auf die Welt, die sich von der der anderen unterschied, von einem großen Teil der restlichen Welt. Sie hatten eine ziemlich genaue Vorstellung von dieser Perspektive, denn sie haben etwas gemacht, woraus dann geworden ist, was daraus geworden ist. Aber damals verkörperte Eisenstein das wirklich, denn er hatte Ideen zu Kameraperspektiven, und zwar derartige Ideen, daß es, wenn man zwei Einstellungen von Eisenstein nebeneinanderstellt, wenn er sie in einem Film nebeneinanderstellte, einen Bezug zwischen den beiden gab. Aber das war nicht Montage – im Gegenteil. Zur selben Zeit machte ein anderer, mit dem er sich viel herumstritt, fast genau das Umgekehrte. Der hatte nur zur Montage Ideen, das heißt, zu Beziehungen, aber er wußte nichts damit anzufangen. Sie waren ganz platt, die Filme von Wertow.

Jedenfalls werden wir die Dinge in etwa so zeigen und anschließend zu zeigen versuchen, was daraus geworden ist, was daraus hätte werden können und was dann im Tonfilm daraus geworden ist, eine Art Demontage, und wie aus dem russischen Kino, das ein Aufnahmekino war, beim Ende Lenins und unter Stalin ein Drehbuchkino geworden ist, geschrieben von politischen Kommissaren. Darin hat es sich mit Hollywood getroffen. Die friedliche Koexistenz hat es im Kino schon sehr früh gegeben, wenn Sie so wollen, lange bevor es sie in der Politik gab. Übrigens, wenn die Länder Verträge schließen, das erste, was sie austauschen, sind immer Filme. Nicht Rohstoffe, sondern etwas anderes, das erste, was ausgetauscht wird, sind immer Filme.

Es ist wie bei allen meinen Filmen, es gibt kein Drehbuch im eigentlichen Sinn, das heißt, eine in schriftlicher Form erzählte Ansicht des Films. Man macht Notizen, Leute treffen sich, unterhalten sich, und dann, nach und nach...
Vielleicht gibt es Künstler, die eine Zeichnung machen und sie danach kolorieren, die dann erst losgehen und sich alles kaufen, was sie brauchen, um mit Farbe dasselbe nochmal zu machen. Dann gibt es andere, die machen es anders, sie gehen rum und schauen, machen Skizzen, gehen wieder hin, und schließlich brauchen sie die Landschaft oder die Leute, die sie gesehen haben, gar nicht mehr zu sehen. Es gibt beim Film eine mühsame Arbeit, von der ich mich ein bißchen freigemacht habe. Man hat weniger Angst, wenn man..., vielleicht, wenn man älter wird, davor Angst zu haben, etwas nicht zu schaffen, was, glaube ich, die meisten, die gern Filme machen möchten, daran hindert, es wirklich zu tun. Und diese Angst wird ihnen noch zusätzlich eingeredet, indem man ihnen sagt: Es kostet soviel. Sie fühlen sich also unfähig, oder aber, wenn sie fähig sind, aber anständig und auch nicht größenwahnsinnig, dann empfinden sie eine zu große Verantwortung.

Anderthalb Stunden bis zwei Stunden durchhalten, was wirklich eine blödsinnige Länge ist... Ich meine, die Filmgeschichte müßte es fertigbringen, zu erzählen, wie die Filme, die anfangs zwei oder drei Minuten dauerten, von einem bestimmten Augenblick an nach und nach zu einer gewissen Standardlänge gekommen sind. Wenn man sich dem nicht unterwirft, wird man zwar nicht eingesperrt, aber man ist draußen. So ging es dem Film, über den wir vorhin gesprochen haben, dem Film *Chronique quotidienne* von Leduc, den Radio Canada in Auftrag gegeben hatte. Aber da er aus Stücken von drei, acht und dann dreiundzwanzig Minuten bestand, was doch völlig normal ist – für ein Spiegelei braucht man drei Minuten, für ein Steak etwas länger, und wenn man noch etwas anderes macht... – die Dinge brauchen nun mal unterschiedlich viel Zeit, aber für Radio Canada ist die Zeit für ein Spiegelei zwanzig Minuten, für ein Steak ebenfalls, alles braucht zwanzig Minuten. Wenn Sie sich nicht daran halten, wird etwas sogar dann abgelehnt, wenn es bestellt war. Diese Geschichte mit den Längen ist interessant. Fußballspiele zum Beispiel dauern auch anderthalb bis zwei Stunden. Ich hätte gern, ich mag Fußball sehr gern, daß die Spiele acht, neun Stunden dauerten, wie früher, glaube ich – ja bestimmt. Wenigstens die Römer, mit den Gladiatoren: Wenn sie nach drei Minuten genug hatten, ging der Daumen runter, das hieß, sie mußten sterben. Wenn man dagegen begeistert war, ging er hoch, damit es weiterginge, und das dauerte dann ganz verschieden lang. Man müßte nun also herausbekommen... Jedenfalls gibt es eine Länge, was ich wirklich eigenartig finde. Ich sage oft: Rivette macht für mich dieselben Filme wie Verneuil. Darauf heißt es: Aber Rivette ist doch viel netter, wie können Sie sowas sagen... Und doch macht er einen Film von anderthalb bis zwei Stunden. Man hat es nicht immer in der Hand, aber er macht ihn noch dazu genau in der vorgeschriebenen Zeit, in der gleichen ökonomischen Zeit wie jemand, der im Prinzip sein Feind ist. Das heißt, er macht ihn in einer bestimmten Zahl von Wochen mit einer bestimmten Zahl von Leuten, und egal, ob es nun zwölf Personen mal fünf Wochen sind, das Verhältnis bleibt dasselbe. Während ich mich immer unbewußt und heute sehr bewußt diesem Verhältnis zu entziehen versuchte und sehr schnell versuchte, die Kontrolle über das Budget meiner Filme zu bekommen, indem ich mein eigener Produzent wurde, damit mich die Leute ernstnahmen, das heißt, daß sie wußten, daß ich das Geld nicht in Las Vegas verspielen würde, daß ich den Film auf jeden Fall machen wollte. Aber vorher hat es mit meinem ersten Produzenten einen sehr harten Kampf gegeben, damit ich die Kontrolle über das Budget bekam, so daß ich heute sagen kann, ich entscheide alles selbst. Ich habe gemerkt, daß man kein Drehbuch machen darf und keinen Drehplan, denn damit kriegen sie einen hinterher nur dran. Dann heißt es: es war doch vorgesehen, am Dienstag mit drei Elefanten und zwei Gladiatoren zu drehen – weshalb machst du das denn jetzt nicht? Wenn man etwas schriftlich festlegt, dann kriegen sie einen dran, eben weil es geschrieben steht.

Wir kommen sehr wenig in den Verleih, viel zu wenig, und damit kommen wir in eine ökonomisch schwierige Situation. Unsere Firma ist ökonomisch ungesund, denn sie lebt nur von dem Geld, das sie bekommt, um Filme zu machen, und sie lebt nicht von der, wenn auch noch so schwachen, Rentabilität der Filme.

Wenn man mit zwei oder drei anderen lebt, braucht man ein Minimum. Das kam durch den Kontakt mit dem Fernsehen. Wir hatten die Möglichkeit, die wir uns ein bißchen selbst verschafft hatten, eine Ausrüstung zu kaufen, und das brachte uns den Fernsehleuten näher, denn die hatten dieselbe Ausrüstung, und ich hatte sie als Filmer, so kam es, daß die Fernsehleute an mich rantraten und sagten: Sie verwenden die Ausrüstung so, dann können Sie doch mal einen Film für uns machen... Und die Gelegenheit haben wir ergriffen. Es war wie die Gelegenheit, für eine Zeitung zu schreiben, Zugang zu einem Sender zu bekommen, eine wirklich reale Sache. Das ist wie bei einem Sänger, der immer nur Platten macht, aber nie wirklich vor Publikum auftritt. Ich meine, es kann nicht richtig sein, wenn er immer nur das eine will. Er braucht es, auch mal vor einem wirklichen Publikum aufzutreten, er kann nicht immer nur Platten machen. Und so haben wir fürs Fernsehen verschiedene Filme gemacht wie *Lotte in Italia, British Sounds, Pravda,* nicht sehr gelungene experimentelle Filme übrigens, aber als Auftragsproduktionen fürs Fernsehen. Wir haben sie wie Filme gemacht, wie fürs Kino, und das war nicht gut.

Aber danach bekamen wir die Gelegenheit, Serien zu machen. Da ist FR 3 über die INA an uns herangetreten, ob wir für sie nicht in einem Zeitraum von zwei Monaten eine Stunde Film machen könnten. Wir hatten einen Vertrag, nach dem wir ihnen jährlich eine Stunde Film zu liefern hatten. Da habe ich zu ihnen gesagt: Nein, eine Stunde innerhalb von zwei Monaten, das ist unmöglich. Eine Stunde ist sehr viel, dafür brauchen wir Zeit. Für eine Stunde brauche ich nicht acht Wochen, sondern wenigstens ein Jahr. Andererseits, haben wir ihnen vorgeschlagen, könnten wir ihnen in drei Monaten vielleicht sechs Stunden machen, denn unter den Umständen denkt man ganz anders, und sechs Stunden, zum Beispiel, um mit seiner Liebsten zu reden, ist unheimlich viel. Wenn man alles in einer Stunde sagen müßte, reichte das vielleicht nicht aus. Da dreht man dann total durch, man weiß nicht mehr, warum man was sagt. Aber bei sechs Stunden sagt man sich: Da kann man sich wenigstens offen und ehrlich aussprechen. Und jedenfalls kann man, was das Fernsehen sonst nie macht, das heißt, aufs Schneiden verzichten, ein Stück von zehn Minuten nicht nach vier Sekunden schneiden. Es ist im Fernsehen gelaufen, und das ist alles. Wie man sagt: Das ist alles, und alles ist nicht nichts. Es ist weder besser noch schlechter, es ist was anderes. Und hin und wieder ist es mir lieber, sechs Stunden lang zu zweihunderttausend Leuten zu sprechen. Das waren die Leute, die am Sonntagabend um zehn Uhr im Sommer in Frankreich den dritten Kanal einstellen. Zweihundert- bis zweihundertfünfzigtausend sind das Minimum. Wir lagen damit noch unter dem Index, wir hatten nicht mal ein Prozent, deshalb wurden wir nicht registriert. Aber immerhin waren es zweihundert- bis zweihundertfünfzigtausend Zuschauer, und soviel habe ich sonst nie gehabt. Da habe ich mir dann auch gesagt: Diese zweihundertfünfzigtausend Zuschauer müssen mir in ihrer täglichen Existenz an bestimmten Stellen doch ein wenig ähnlich sein.

Übrigens hat man mir daraus keinen Vorwurf gemacht. Man hat gesagt, das sei ganz gut. Denn es gibt da diese Art von Haß nicht, die man beim Film so oft findet, auf die ich so oft gestoßen bin. Da hat es wirklich einen Haß gegeben, mal waren es die Techniker, mal die Verleiher oder die Kritiker, es war richtiger Haß. Ich bin jemand, der ein deplaziertes Kino macht. Ich interessiere mich wirklich mehr für Außenseiter. Ich fühle mich den displaced persons näher, ob es nun von den Juden vertriebene Araber sind oder von den Deutschen vertriebene Juden oder von Ärzten vertriebene Kranke, deplazierte Verrückte – also mache ich ein deplaziertes Kino, und deshalb ist es oft da, wo man es sieht, nicht am richtigen Platz.

Das Fernsehen hat mir manchmal, einfach, weil es weltweit gesehen wird, das Gefühl zurückgegeben, normal existieren zu können und dabei anders über den Film nachdenken zu können, keine Angst mehr haben zu müssen vor den anderthalb Stunden, denn die werde ich nicht so einfach ändern können. Daß, wenn ich das Bedürfnis nach vier Stunden hätte, ich versuchen könnte, einen Film zu machen, der aus viermal einer besteht, ihn einfach in viermal einer Stunde zu denken statt in einmal vier Stunden. Jedenfalls eine Menge völlig elementarer Dinge, die einem helfen können. Und ich merke, daß die, die zum letzten Mal einen Film machen oder die am Ende angelangt sind, jemand wie Chabrol, der kann sowas nicht mehr denken. Aber ich muß sagen, jemand, der heute anfängt, ist viel eingeschränkter als selbst noch in den Grenzen, die wir hatten, als wir anfingen. Er ist total begrenzt in seinem Denken. Er sagt sich, ein Film kostet viel Geld. Er macht sich nicht klar, daß man ihm das einredet. Es stimmt, daß es teuer ist, aber welcher Film ist denn teuer? Lohnt es sich, ihn so zu machen, und weshalb macht man ihn so? Und was will man denn, was will man genau? Ich weiß heute, daß ich es nicht genau wußte. Ich weiß, daß ich, um über mich zu reden, mich aus mir selbst herausstellen muß, in einer gewissen Form, und daß mir das hilft, Kontakte zu anderen zu bekommen, selbst so unpersönliche Kontakte wie hier mit Ihnen, trotz allem hilft mir das ein wenig. Ich habe das in Europa nicht gefunden. Wenn ich es in Montreal finde, lohnt es sich, dafür hierherzukommen, wenn sich daraus eine Produktion machen läßt und wenn man seinen Unterhalt damit verdient. Das hier, das ist ein Film wie jeder andere, in diesem Augenblick drehe ich. Es entspricht einer Produktion. Als ich noch Kritiker war... Ich sehe mich nicht als jemanden, der eine Vorlesung hält. Wir haben unentwegt Unannehmlichkeiten mit den Steuern, mit dem Finanzamt. Die sagen: Aber Sie sprechen, Sie werden als Vortragender bezahlt. Nein, sage ich, meine Firma hat mich für diese Arbeit engagiert und ich bekomme kein Gehalt. Die Firma bekommt Geld, um etwas zu produzieren, und ich bin eine Produktionsmaschine, die das produziert. Und deshalb muß man mich selbstverständlich als Maschine unterhalten.

Jedenfalls ist die Zeit kein Handicap mehr. Davor habe ich weniger Angst, aber ich zögere noch ein wenig, mich wieder auf die Zeit von anderthalb Stunden einzulassen, denn um das zu machen, was man einen großen Film nennt oder einen Film innerhalb des normalen Systems, das geht für mich immer aus von der Zeit, und zwar einer zweifachen Zeit, der, die man aufnimmt, und der, während der man dreht.

Video ist interessant, könnte interessant sein, weil man das Bild sofort sieht. Die technischen Verhältnisse und die technische Hierarchie sind nicht dieselben, können nicht dieselben sein, denn der Kameramann wird sehend. Das könnte es sein, ist es aber nicht, denn Video wird vom Fernsehen gebraucht, und den Film braucht das Kino. Wenn beim Video der Kameramann das Bild sofort sieht, ist er nicht mehr der Spezialist, derjenige, der ein Auge wirft. Beim Film ist der Kameramann den anderen überlegen, weil er etwas besser weiß, was man am nächsten Tage sieht, wenn es aus dem Kopierwerk kommt. Und deshalb redet man nicht mit ihm, weil man nicht seine technischen Kenntnisse hat. Aber auch, wenn man seine technischen Kenntnisse ausgenutzt hat, redet man nicht mehr übers Bild. Am nächsten Tag in der Vorführung, wenn man die Muster sieht, sieht man sie nur unterm technischen Gesichtspunkt. Man ist so zufrieden, daß man etwas auf dem Filmstreifen hat, daß man hinterher nicht mehr darüber redet. Während wir beim Video, das ist mir bei meinen Dreharbeiten so gegangen, unheimliche Mühe hatten, die Techniker dahinzubringen, mit uns zusammenzuarbeiten, denn sie spürten... Ich habe das bei meinem letzten Film erlebt. Ich habe einen Film mit Kindern gemacht und mir gesagt: Es ist mir wichtig, daß der Kameramann, mit dem ich arbeiten möchte, selbst Kinder hat und dann einfach Bescheid weiß, daß ich nicht mit den Jungen und Mädchen nur so rumrede; er ist kein übler Typ, eher offen, mehr als andere, und das beruhigt mich; er wird zu mir sagen: Hör zu, Jean-Luc, so solltest du sie nicht fragen, meine Tochter ist heute aus der Schule gekommen und hat mir was erzählt... Ich dachte, es würde mir beim Drehbuch sicher ein bißchen helfen, jedenfalls müßte ich mir den Film nicht allein ausdenken, wie Rivette und Verneuil und ich, als ich noch Filme machte. Ich habe sehr gelitten, ich bin damit sehr schlecht allein fertiggeworden, denn das bekommt man beigebracht, daß man alles allein machen muß. Das einzige, was ich in meiner Filmgeschichte auf die Dauer gesucht habe, war, weniger allein zu sein. Besonders geschickt habe ich es dabei nicht angestellt, aber ein klein wenig ist es mir doch gelungen. Was originell war an Gorin, als er Kino machen wollte, war, daß er nicht allein arbeiten konnte. Von Anfang an sagte er: Ich muß mit jemandem zusammenarbeiten. Ich habe mich dagegen gewehrt, aber ich spürte, daß ich jemanden brauchte. Das ist, wie wenn man... Zu zweit arbeiten, das geht nicht mit zwei Männern. Aber ein Mann und eine Frau können zusammenarbeiten. Ich glaube, zu zweit gibt es sehr interessante Beziehungen, und beim Video kann man zu zweit auf einem Bild sein, zu mehreren, gezwungen sein, zu mehreren zu sein, weil man es sofort sieht.

Die Entscheidung liegt bei mir, weil es mein Film ist, aber daß es mein Film ist, heißt nicht, daß man nichts mehr dazu sagen kann, und auch nicht erst, wenn er einmal fertig ist. Übrigens, wenn er erst mal fertig ist, bekomme ich auch nichts gesagt. Man sagt mir, er ist gut oder er ist schlecht, aber was heißt das?
Wir haben gemerkt, daß beim Video die Leute schweigen, und wir, Anne-Marie Miéville und ich, spürten ihr Schweigen so stark, daß sich ein Unbehagen ausbreitete. Sie spürten, daß es nicht anging, daß sie nichts sagten, daß sie auch mit Godard reden mußten, über ein Bild, das sie gemacht hatten, und zwar nicht über Godard mit ihm reden und sagen: Hier, Godard, bist du wirklich genial, aber was du da gemacht hast, ist die allerletzte Scheiße..., sondern reden, um zu sagen: Ich habe selbst eine kleine Tochter, ich würde die Kleine in der Situation nicht so filmen. Da sprächen sie dann nicht mit dem Genie Godard oder dem Vollidioten, sondern

wie mit jedem anderen auch. Und das Video würde mir erlauben, das Kino normal anzugehen, allein weil die technische Disposition anders ist.

Beim Fernsehen nicht, da wird der Regisseur mehr zum Zuschauer, und zu einem Zuschauer kann man sagen: Brauchst du für dich zum Leben ein Bild? Hast du es manchmal nötig, dich der Fotografie zu bedienen? Machst du Fotos, und wenn ja warum? Natürlich, wenn einer nichts damit im Sinn hat, braucht man mit ihm nicht erst vom Film reden.

Ich glaube, ein Kind wird geboren als Sozialist. Es muß erst mal sehen und berühren, was es sieht, und sehen, was es berührt, und dann wird es... Es bleibt das nicht, vielleicht wird es das nochmal wieder ein bißchen im Alter, wenn ihm dann was übriggeblieben ist, Verrücktheit, Armut oder sonstwas. Die Alten haben übrigens ein sehr gutes Verhältnis zu den ganz Jungen. Und der Rest der Menschheit, der damit beschäftigt ist, die Welt zu regieren, hat sie beide abgeschoben. Ich habe an einen Film gedacht, den ich vielleicht mal machen werde, nicht jetzt, aber er geht mir seit langem im Kopf herum. Ich wollte *A Bout de Souffle* noch einmal machen, aber mit zwei Alten. Heute könnte ich es nicht, das spüre ich. Es bleibt eine verlockende Produzenten- oder Drehbuchschreiberidee. Aber von Zeit zu Zeit habe ich ganz ernsthaft daran gedacht. Erst dachte ich: das ist ganz einfach, ich lasse sie dieselben Sachen sagen. Und dann habe ich gesehen, ich kann es nicht, es würde etwas ganz anderes daraus. Aber das ist es, was ich eine Idee oder einen Ausgangspunkt für einen Film nenne. Heute läßt sich das so nicht konstruieren. Was daraus folgert? Weiß ich nicht. Aber warum muß man auch immer gleich Folgerungen ziehen wollen?

Eine Zeitlang habe ich immer das Bedürfnis gehabt, mich einer wirklichen Realität zu stellen, der Realität des Fernsehens, und zu versuchen, etwas länger mit den Leuten zu reden als es im Fernsehen passiert, das heißt, sie wirklich zu interviewen und dieses Reale, das heißt, dieses als real Kodierte, das Fernsehinterview, also reale Personen in den Film hineinzunehmen. Ich sehe nicht ein, inwiefern, wenn man fotografiert wird..., ich sehe nicht ein, inwiefern mein Foto im Paß realer sein soll als ich. Aber im Film, wenn ich in einem Film mit Steve McQueen auftrete und Jean-Luc Godard heiße, dann sagt man: Jean-Luc spielt mit, der heißt da...

Oder wenn François Truffaut in dem Film von Spielberg Doktor Truffaut geheißen hätte oder besser noch der Filmer Truffaut, dann hätte man gesagt: Schau, er spielt seine eigene Rolle. Spielt man im Leben wirklich seine eigene Rolle? Sagen wir besser, dem Sprachgebrauch entsprechend, ich habe immer auch, und zwar schon ziemlich früh, Leute reingenommen, die sie selbst waren, manchmal auch Unbekannte, wie in *Pierrot le Fou,* den Sie gestern gesehen haben, die Frau, die sich Prinzessin Aicha Abadie nennt, das war eine absolut reale Figur. Ich erinnere mich, ich war in Cannes beim Festival, vierzehn Tage vor Drehbeginn, und sie ging, genauso angezogen, über die Straße und quatschte vor sich hin, wie sie das immer machte, und ich sagte zu meinem Assistenten: Geh hin und frag sie, ob sie in dem Film mitspielen will – wann? – wo? – na, ungefähr dann und dann – das war alles. Und dann habe ich sie irgendwo untergebracht und gefragt, ob sie das Zeug nochmal sagen könnte. Das machte ihr gar nichts. Übrigens finde ich, sie sah manche Dinge ganz richtig. Sie war schon zehn Jahre vorher aus dem Libanon rausgeworfen worden und behauptete, der ganze Libanon sei vermint und der Sozialismus sei im Kommen. Sie war nicht verrückt.

Mademoiselle 19 Jahre war wirklich das »Fräulein 19 Jahre« des Jahres, eine »Mademoiselle 19 ans« hätte ich nicht erfinden können. Es ist nicht für den Zuschauer, es ist für mich, ich brauche ein sogenanntes reales Objekt neben den sogenannten irrealen Objekten und Subjekten rundherum. Ich habe mich immer zwischen dem Dokumentarischen und der Fiktion hin- und herbewegt, zwischen denen ich keinen Unterschied mache und die ich benutze, um zu beschreiben, um das zu beschreiben... Immer hin- und hergehen zwischen zwei Dingen und, wie ich gestern gesagt habe, da das Kino etwas ist, das zwischen zwei Polen oszilliert, in den Film selbst auch die beiden Pole einbringen, auf sie verweisen und immer hin- und hergehen von einem Pol zum anderen, vom Dokumentarfilm zum Spielfilm, von Anna Karina zu Brice Parain in *Vivre sa Vie,* von Belmondo zur Prinzessin Dingsda in *Pierrot le Fou,* und dann wieder von einem realen Interview mit einem zu einem anderen, ebenfalls realen und versuchen, aus dieser wahren Realität das Irreale hervorgehen zu lassen. So verändert sich das Interview. Ich will damit nur sagen: Wenn ich einen Jungen reden lasse – heute sehe ich das klarer –, dann stehe ich ihm gegenüber, aber auch hinter ihm, weil ich selber einer bin. Wenn man an sich selbst denkt, denkt man sich von hinten, wenn Sie so wollen, aber der Umstand, daß die anderen einen sehen und man das selber ist, macht, daß man sich von vorn denkt. Man hat, wenn Sie so wollen, grob gesprochen, zwei Ansichten von sich selbst. Dagegen, einen anderen Jungen, den kann ich in diesen zwei Ansichten denken, weil er ein anderer ist, aber ein Wesen aus einer anderen Gattung, ein Tier zum Beispiel, ich weiß nicht, ein Tier sieht man eher *so* – ich glaube nicht, daß man Giraffe *so* sehen kann, aus einem sehr einfachen Grund... Während eine Frau, die sehe ich immer nur auf eine Art, entweder von hinten oder von vorn. Wenn es ein Junge ist und ich bin heterosexuell und er ein Homosexueller, der so einen anderen Gesichtspunkt einbringt, oder eine Frau, die einen anderen Gesichtspunkt einbringt, nicht, daß er meinem widerspräche, aber so oder er hat einen doppelten Gesichtspunkt und schon bei zweien macht das vier, wenn es zwei Doppelte sind.

Wenn die Leute sich im Filmunterricht klarzumachen versuchten, was sie gesehen haben und wie sie gesehen haben, bestünde darin die eigentliche Arbeit, das gäbe eine ganze Filmgeschichte. Eben bin ich etwas abgeschweift. Es gibt eine ganze Filmgeschichte, die einzige, die es gibt, das ist nicht die der Filme, die wird nie gemacht, das ist die Geschichte der gesehenen Filme, die Geschichte der Zuschauer, die die Filme gesehen haben, wenn mit denen ein richtiger Dialog geführt würde, wenn die wirklich mitmachen würden... Man kommt immer wieder auf die beiden Pole, plus die Nadel dazwischen; der Film wäre die Nadel. Eine wahre Filmgeschichte wäre also *erster* Pol: Griffith wurde dann und dann geboren und hat das und das gemacht; *zweiter* Pol: *The Birth of a Nation;* *dritter* Pol: ein Zuschauer aus der Zeit von *The Birth of a Nation.* Einen Pol gibt es erst. Da sieht man wieder, daß es von der Filmgeschichte erst den ersten Teil gibt, und wie der dann noch gemacht ist! Man kriegt gesagt: Griffith hat gemacht..., und dazu kriegt man ein Foto aus *The Birth of a Nation* hingeknallt. Und das muß man dann noch unbesehen glauben. Ich bin gar nicht so sicher, daß er es gemacht hat. Sadoul behauptet es zwar, aber ich weiß es nicht, ich war nicht dabei, ich habe es nicht gesehen. Glauben kann man das, was man gesehen hat. Ich glaube, auch das ist Sozialismus. So kommunizieren die Leute bestimmt nicht überall, sondern man glaubt, was gesagt wurde, man sollte besser auch ein wenig hinschauen. Aber da man immer nur auf das Gesagte hört, glaubt man nur, was einem gesagt wird, ohne zu sehen. Und so glaubt man schließlich, daß es 1917 eine Revolution gegeben hat, daß Descartes den *Discours de la méthode* geschrieben hat, daß Griffith *The Birth of a Nation* gedreht hat und daß man am Filmkunstkonservatorium Film lernen kann.

Sozialismus wäre, wenn es die Leute schaffen würden, sich aufgrund dessen zu verständigen, was sie gesehen haben. Somit gibt es Stücke von Sozialismus in den Beziehungen zwischen Tieren, zwischen Mutter und Kind eher als zwischen Eltern und Kindern. Eine sozialistische Gesellschaft, das wäre, wenn die Art zu sehen und zu fühlen eines Kindes hier, irgendwo, ein normales Leben mit einem chinesischen Kind oder irgendeinem anderen ermöglichen würde. Aber da die Beziehungen über das hergestellt werden, was gesagt wird, geschieht das nicht. Man kann nicht mal darüber sprechen, nur darauf anspielen. In der Liebe gibt es sicher Augenblicke von Sozialismus, dann, wenn die Arbeit des Körpers oder zweier Körper miteinander keine Sprache braucht, oder aber Sprache braucht im Hinblick auf die Bewegung in bestimmten Momenten. Aber das sind Dinge, die schwer zu machen sind. Ich muß das mit Film machen, weil ich nicht in der Lage bin, es zu leben. Wenn man es lebt, ist es gleich so gewalttätig, heute, wo die Kommunikation so schnell passiert, daß man Ideen von tausend verschiedenen Leuten bekommt. Anne-Marie Miéville, mit der ich zusammenarbeite und zu der ich auch persönliche Beziehungen zu haben versuche, was mir nicht besonders gut gelingt, sie und ich, wir nennen das den Schaukeleffekt. Ich erinnere mich, wir hatten einen Film von Bernard Blier gesehen, mit Depardieu und Miou-Miou, *Les Valseuses,* ein widerlicher Film, ein Nichts, ist auch egal – wir kamen raus und waren einer Meinung und fielen über den Film her, und dann, durch das bloße Schimpfen auf den Film, haben wir angefangen, uns zu streiten, und wir fragen uns heute noch, wie es dazu gekommen ist. In zehn Minuten war es soweit. Wir waren einer Meinung – es war widerlich, es war scheußlich, sowas konnte man nicht machen –, und innerhalb von zehn Minuten haben wir dann so aufeinander eingedroschen. Es war fürchterlich.

Manchmal sage ich: Das Kino, die Bilder oder die Zeichnung, eins fällt auf im westlichen Unterrichtssystem, mit dem Zeichnen wird es in der Schule immer weniger. Ich konnte gut zeichnen, und ich vermisse das heute, aber um weiter gut zu zeichnen, hätte ich eine Art Spezialist des Zeichnens werden müssen, Karikaturist oder sowas, dann hätte ich nur noch das gemacht. Heute könnte ich Zeichnen gut gebrauchen, viel mehr als Schreiben oder Notizenmachen. Nun zeichne ich mehr Abstraktes, Pfeile und sowas, die oft viel zu abstrakt sind. Ich möchte, wenn Anne-Marie mich fragt, was ich in Montreal gemacht habe, ihr gern ein paar Skizzen machen – ich auf der Straße oder wie ich mir was anschaue – und dann darüber sprechen. Aber wenn ich das alles erzählen muß, schaffe ich es nicht mehr. Und das meine ich, wenn ich sage: Wenn sich was ändert, kann das Kino dabei helfen, da ist es wirklich am einfachsten. Denn ein Bild ist nicht gefährlich, es wäre nicht gefährlich, aber man hat etwas Gefährliches daraus gemacht. Ein Bild ist kein menschlicher Körper. Wenn man Ihr Foto zerreißt, tut Ihnen das nicht weh. Ja, doch, wenn es Ihr Verlobter tut, dann ja. Aber nicht das Foto, physisch, das tut nicht weh. Es ist Ihr Verlobter, der das Foto zerreißt, nicht das zerrissene Foto.

Hier zu reden, das mache ich nicht ungern, weil ich dabei nur einen Mangel zum Ausdruck bringe, meinen Mangel an Möglichkeit, nicht zu reden.

Fünfte Reise

Les Vampires Louis Feuillade
Underworld Josef von Sternberg
The Postman Always Rings Twice Tay Garnett
Ein Film mit Clint Eastwood

Made in U.S.A. J.-L. Godard

Es ist immer wieder komisch für mich – ich habe Ihnen das schon verschiedentlich gesagt –, hier Stücken meiner Vergangenheit wiederzubegegnen. Als ich diesen Film heute wiedersah, bin ich ins Schwitzen gekommen, ich konnte mir nicht vorstellen, wie Sie darauf reagieren würden, ob Sie ihn so schon gesehen hätten. Wegen des Titels, *Made in U.S.A.*, wollte ich heute morgen ein paar Stücke aus Filmen, made in USA, zeigen, beziehungsweise allgemeiner aus Abenteuer- oder Kriminalfilmen. Sie haben, soweit ich weiß, ein Stück aus einem Film gesehen, der zwar von einem Franzosen stammt, aber zu den allerersten amerikanischen Filmen gehört, aus *Les Vampires* – Feuillade war einer der ersten Kriminalfilmautoren –, und danach dann einen Film, der am Anfang des Gangsterfilmgenres steht, eigentlich eher ein Vorläufer, Sternberg hat ihn gemacht, *Underworld*. Weiter habe ich einen Klassiker des amerikanischen Kriminalfilms ausgesucht, den Film nach dem Roman von James Cain. Und schließlich hatten wir einen Ausschnitt aus einem Film mit Clint Eastwood, der diese Tradition verändert fortsetzt.

Ich habe mich zu erinnern versucht, wie mein Film entstanden ist. Das erklärt vielleicht, warum er nicht gut ist, weil soviel Konfuses darinsteckt, daß ich mich überhaupt nicht erinnern kann, was ich überhaupt habe machen wollen. Aber das ist auch nicht weiter verwunderlich, es war mehr oder weniger ein Auftragsfilm. Ich erinnere mich, ich war in den Ferien, als Beauregard mich anrief und fragte: Jean-Luc, können Sie in drei Wochen mit einem Film anfangen? Wenn ich einen neuen Film anfange, kann ich darauf Geld leihen, und das brauche ich, um meinen monatlichen Verpflichtungen nachzukommen, das heißt, ich muß unbedingt so tun, als finge ich was Neues an, damit ich mir darauf Geld leihen kann, um das zu finanzieren, was ich gerade mache... Und da Beauregard ein Freund ist und ich immer Lust habe, Filme zu machen, habe ich gesagt: Ein bißchen müssen Sie schon warten; lassen Sie mir einen Tag Zeit oder auch nur zwei Stunden, damit ich mir wenigstens aus der Buchhandlung nebenan einen Krimi holen kann; den nehmen wir als Vorlage, und dann haben Sie Ihren Film... Ungefähr so hat es sich abgespielt.

Es war ein Roman von Richard Stark, einem amerikanischen Autor, der französische Titel ist *Rouge Blanc Bleu* – genau weiß ich es nicht mehr –, und den haben wir, ohne was zu verändern, nach Frankreich verlegt. Das heißt, wir haben viel verändert, aber meiner Meinung nach folgte er ziemlich genau der Grundlinie. Und Beauregard fand hinterher, es wäre so viel verändert worden, daß der Autor ihn bestimmt nicht wiedererkennen würde, und deshalb wollte er für die Rechte nicht zahlen. Darum ist der Film in Amerika nie herausgekommen, denn Beauregard hat dem Autor in Amerika nie was für die Rechte zahlen wollen. In anderen Ländern, in denen der Autor keine Rechtsansprüche geltend machen konnte, wie in Kanada und Frankreich, ist er gelaufen.

Ich hätte heute morgen auch *Deux ou trois choses* zeigen können, weil der zur gleichen Zeit wie dieser entstanden ist. Mich hatte es immer außerordentlich interessiert, daß zu einem bestimmten Zeitpunkt, zu Beginn des Tonfilms, viele Filme in zwei oder drei Fassungen gedreht wurden. Es kam mir ungeheuer schwierig vor, auch nur einen Film gleichzeitig in zwei Sprachen zu machen, das heißt doch, zwei Filme auf einmal zu machen. Und so bekam ich Lust... Ich wollte mir etwas beweisen, und diese beiden Filme sind wirklich gleichzeitig entstanden. Im ganzen hat es acht Wochen gedauert, vier Wochen für den einen und vier für den anderen. Und ein oder zwei Szenen, zum Beispiel die Einstellung mit den gefolterten Mädchen, waren sogar für *Deux ou trois choses* gedreht worden. Ich kann mich nicht mehr erinnern, warum, aber ich weiß, ich habe sie für *Deux ou trois choses* gedreht, und wir haben sie dann in diesen getan. Beide Filme sind zur selben Zeit gedreht worden, mit demselben Team, und sie wurden – in zwei Schneideräumen – nebeneinander geschnitten, was meines Erachtens erklärt, warum der eine interessanter ist als der andere. Schon wie dieser da konzipiert ist, finde ich ihn, rein kommerziell gesehen, nicht gut. Interessanter sind schon die Farben, die Farben haben etwas... Aber das macht noch keinen Film.

Ich kann mich erinnern – der Film ist von 1966, die Zeit der Ben-Barka-Affäre in Frankreich –, ich kann mich erinnern, daß ich mir vorgenommen hatte, einen ernsthaften, politischen Film zu machen. Er sollte... Im Ton sind Schnitte, Wörter sind rausgeschnitten worden... Die Zensur war damals noch alberner als ich. Ich hatte gedacht, man könnte einen ernsthaften Film...

Ich glaube, damals fing es für mich an. Das heißt, ich habe immer versucht, Geschichten zu erzählen, denn *Made in U.S.A.*... Heute wird mir klar, Europäer können keine Geschichten erzählen. Die Stärke der Amerikaner liegt darin, daß sie unentwegt Geschichten erzählen, aber überhaupt keinen Sinn für Geschichte haben, es geht immer in alle Richtungen. Daher kommt vielleicht ihre Macht. Man hat, das heißt, ich habe den Eindruck, hier, von Leuten, von einem Volk, einer Regierung, einer Gesellschaft, die ununterbrochen Geschichten erfinden und die sie darum der übrigen Welt einreden können, zugleich aber überhaupt keinen Sinn für das haben, was man Geschichte nennt. Sie haben keinen Sinn für Zeit, für Geschichte, für die Welt, für alles, den Sinn, den eben die Europäer haben. Und wenn ich einen Film mache, möchte ich immer von beidem etwas. Ich habe immer versucht, einen historischen Sinn zu vermitteln. Die großen Probleme, wie man so sagt... Nach und nach ist mir das klargeworden, und ich habe was anderes gesucht, wegzukommen vom sogenannten kommerziellen Film – weil ich keine Geschichten erzählen konnte –, um später vielleicht auf andere Art dahin zurückzukommen, wenn ich gelernt hätte, einfach eine Geschichte zu erzählen. Denn das ist es, was im Kino interessant ist. Damals ist mir aufgegangen, daß ich das nach sieben, acht Jahren Kino immer noch nicht könnte. Manchmal klappte es, wie mit *A Bout de Souffle* oder *Pierrot le Fou,* aber in diesem Fall wollte die Mayonnaise einfach nichts werden, finde ich...

Ich weiß nicht, wie Sie darüber denken, sagen Sie doch mal was dazu. Der Film fällt nach allen Seiten auseinander. Und er ist gemacht aus Musikstücken, Zufälligkeiten, mit Schauspielern, die ich gern mochte. Aber was machen die da eigentlich? fragt man sich.

Wenn man es bedenkt, ist es in den amerikanischen Filmen auch nicht anders, aber dennoch... Das muß die Kraft der Amerikaner ausmachen, daß sie es verstehen, der ganzen übrigen Welt ihre Geschichten einzureden. Das ist vielleicht die Zeit, in der wir leben, hin und wieder versucht die übrige Welt vielleicht, andere Geschichten zu leben und die Musik... Rußland zum Beispiel fängt schon manchmal an, so zu leben. Während vielleicht andere Völker, Länder, Gegenden... Ich glaube, das ist es. Die Musik zum Beispiel: Man sieht, wie Amerika... Wie sie es mit den Sklaven gemacht haben, wie sie es geschafft haben, die Indianer auszumerzen, so haben sie es fast auch mit den Schwarzen geschafft, mit der schwarzen Musik, die zutiefst originell und verschieden war. Die schwarze Musik ist zur amerikanischen Musik geworden. Sie heißt geradezu »amerikanische Musik«. Und das genau meine ich, wenn ich von Geschichte spreche.

Daß ich bei diesem Film völlig den Boden unter den Füßen verloren habe, erkläre ich mir so, daß ich gleichzeitig zwei Filme machte und in dem anderen nicht versuchte, eine Geschichte zu erzählen, sondern anhand von einer oder zwei Personen eine Region zu analysieren, das heißt, eine historische, biologische, geografische Situation, aber anhand einer Person – mit mehreren wäre es zu schwierig geworden. Möglicherweise kam da dann mehr von einer Geschichte heraus als da, wo ich versuchte, eine richtige Geschichte zu erzählen, die wie alle Geschichten, vor allem die mit Geheimnissen, auch wenn sie noch so einfach sind, kompliziert sind, die man nie richtig versteht. Wie übrigens die realen Geschichten auch, die Ben-Barka-Geschichte etwa. Oder wenn man bloß versucht, in einem ganz einfachen Fall die Wahrheit herauszubekommen – das ist sehr schwer.

Aber die Amerikaner schaffen es, ich weiß nicht, es kommt vor... Ich mag amerikanisches Kino. Man folgt einer Geschichte, steckt alles mögliche von sich hinein. Da weiß ich wirklich nicht, wie sie es fertigbringen. Aber irgendwas ist daran auch faul, meine ich, denn man hat den Eindruck, daß alles ganz klar ist, und gleichzeitig ist man, wenn man aus dem Kino kommt, kein bißchen weitergekommen. Ich möchte, daß das Kino ein notwendiger Moment des Lebens wäre, und zwar schon so konzipiert.

Da habe ich geglaubt, ich machte einen politischen Film. Morgen läuft *La Chinoise,* der ist mehr..., der ist zwar wahnsinnig ungeschickt, aber in seiner Ungeschicklichkeit doch auch richtig, und hat dokumentarischen Wert. Und im Zusammenhang mit *La Chinoise* will ich andere Filme zeigen, die sich auch als politische Filme verstanden, sowohl einen russischen Film als auch einen amerikanischen, von Capra, der damals soziale Filme machte, und auch einen Film wie *Z,* der als Klassiker dieses Genres gilt.

In Frankreich gibt es Bücher, die sogenannte Série Noire, und dies war mein letzter Versuch, etwas zu machen, was mich als Kind fasziniert hatte. Nennen wir es ruhig die Verführung durch den amerikanischen Film, die bei mir über die Kriminalfilme lief. Weshalb Krimis? Die Leute mögen doch die Polizei nicht besonders. Weshalb haben Filme mit Polizisten dennoch solchen Erfolg? Der Untersuchende, der Polizist, kann machen, was er will. Er entspricht der Vorstellung von Freiheit, die die Leute haben, auch wenn es nicht unbedingt die Freiheit ist. Er geht herum, die Hände in den Taschen, tut nichts, braucht nicht an einer Maschine zu stehen wie ein Arbeiter, hat auch keine besondere politische Verantwortung oder so, er steckt sich eine Zigarette an, geht in eine Kneipe, packt jemand am Kragen und fragt ihn aus. Er scheint in der westlichen Welt die Idealvorstellung von Freiheit zu verkörpern. Er ist der wahre Held, der Polizist, selbst wenn die Leute ihn nicht mögen, viel mehr als Robin Hood oder Tarzan. Er ist der Held, über den man schlecht reden darf, weil er Polizist ist, mit dem sich auch niemand zu identifizieren braucht, jedenfalls tut man so und identifiziert sich im Grunde doch. Er geht bloß herum und wird fürs Nichtstun bezahlt, kann machen, was er will, er kann Geschichten erleben. Eine Geschichte erleben und nicht ein historisches Ereignis wie Vietnam oder irgendeinen Streik oder Forderungen von Gruppen. Er erlebt eine individuelle Geschichte.

Das ist mißlungen, ich kann nicht erzählen. Vielleicht hätte ich hier auch einen Film wie *Il caso Mattei* von Francesco Rosi nehmen sollen, der, wie ich finde, ein interessanterer Fall ist.

Ich hätte besser eine Art Dokumentarfilm gemacht mit einem Journalisten als Hauptfigur, oder aber einen richtigen Journalisten genommen und dann einen Aspekt der Ben-Barka-Affäre aufgezeigt, denn so hatte es angefangen. Ich hatte mir keine Fragen mehr gestellt, und dann, glaube ich, war ich um 1966, zwei Jahre vor 68, so weit, jetzt ist mir das klar, ich war so weit, daß ich... Zum Glück drehte ich damals viel, so brachte ich in Erfahrung, was andere nicht sahen, die glaubten, die Dinge automatisch richtig machen zu können. Ich war überzeugt, den Film machen zu können, den ich machen wollte. Die meisten meinen, wenn sie etwas wollten, könnten sie es auch. So wie man sich doch vorstellen kann, daß eine Frau, die ein Kind haben will, es auch bekommen kann. Aber sicher ist das nicht. Jedenfalls ist es nicht sicher, daß sie es auch groß bekommt, daß sie sich als stark genug erweist, die Gesellschaft daran zu hindern, mit ihm zu machen, was sie will.

Das ist etwas wirklich Unerhörtes beim Kino: man macht nicht jeden Tag Filme. Ich versuche, mir die Situation zu schaffen, täglich filmen zu können, bloß um wie ein normaler Gehaltsempfänger zu sein, der seine acht Stunden macht oder auch drei Stunden, wenn es so viel sind, und der darin eine soziale Errungenschaft sieht – gegenüber denen, die acht oder zwölf Stunden arbeiten. Aber beim Film dreht man eben einmal im Jahr oder auch nur alle fünf Jahre, das gibt es auch – ausgenommen vielleicht damals, in der Blütezeit des amerikanischen Kinos... Und das erkläre ich mir so: Die Leute arbeiteten für die Studios, sie waren wie Arbeiter und Angestellte, dafür hatten sie ein normales Verhältnis zur Arbeit, sie sahen wenigstens einmal am Tag eine Kamera. Heute sieht ein Regisseur, was ich wirklich irrsinnig finde, und genauso auch ein Kameramann, wenn er nicht selbst eine Kamera besitzt, eine Kamera nicht öfter als Papa oder Mama, die zweimal im Jahr einen Amateurfilm drehen. Und trotzdem nennt man ihn einen Professionellen. Wenigstens gibt ein Vater oder eine Mutter, die im Sommer einen Ferienfilm machen oder im Winter, die einmal im Jahr eine Kamera in die Hand nehmen, wenigstens geben sie nicht vor – ganz abgesehen von der Bezahlung –, sie wüßten, wie man Filme macht. Sie glauben höchstens, mit einer Kamera umgehen zu können, daß sie ihr Kind aufnehmen können, wenn es aus dem Wasser kommt oder was Ähnliches. Aber ein Professioneller, der einmal im Jahr eine Kamera in die Hand nimmt, um Marlon Brando oder Elizabeth Taylor aufzunehmen, der das nur einmal im Jahr, ein oder zwei Monate lang, macht und dann wieder ein ganzes Jahr nichts tut, der muß sich doch ganz schön was einbilden, wenn er glaubt, er verstünde mit der Kamera umzugehen und er könnte es auch noch im Jahr danach, auch wenn er die ganze Zeit keine gesehen hat. Ich habe zwanzig Jahre gebraucht, um herauszufinden, daß man es einfach nicht kann. Man kann es nicht, aber man macht einfach so weiter, als könnte man es. Und das summiert sich. Bestimmt sind heute die Filme weniger gut, weil es die Leute nicht mehr gut können, weil sie wirklich nichts mehr davon verstehen.

Da sieht man es... Ich bin da an einem Punkt, zwölf Jahre ist das jetzt her, da war ich an einem Punkt angelangt, ich stand vor der Tatsache, nicht mal mehr in der Lage zu sein, ein Bild ordentlich ans andere zu setzen. Ich konnte es mir nicht mehr verheimlichen. Und es trat zutage durch ein für die Franzosen ganz entscheidendes gesellschaftliches Ereignis, den Mai 68 in Frankreich – unbewußt machte sich das in meiner Arbeit damals schon bemerkbar. Ich habe mich dann bald entschlossen, lieber Geschichte zu behandeln – und zwar anfangs ziemlich schlecht –, die historische Geschichte, um heute, zehn Jahre später, wieder anzufangen, Geschichten zu erzählen, wieder, mit *Numéro Deux,* anzufangen beim Anfang: Papa, Mama, die Kinder. Erst mal zu sehen, wie die ersten Anfänge der Geschichte der Leute verliefen, um dann nachher zu versuchen, Geschichten zu erfinden. Und nicht mehr gezwungen sein, wie ich damals, unter der Herrschaft...

Das sieht in der ganzen Welt fast gleich aus. Wenn man Geschichten erzählen will, gibt es nur die amerikanische Art, sie zu erzählen, jedenfalls im Kino. In der Literatur, die schon älter ist, gibt es mehrere. Die amerikanische Literatur hat sich nach und nach abgesetzt. Und sie hat letztlich das amerikanische Kino sehr stark beeinflußt, das seinerseits wieder die Literatur sehr stark beeinflußt hat. Heute gibt es keinen großen Hollywoodfilm, der nicht einen Roman als Vorlage hätte. Sobald ein Roman erscheint, oft sogar vorher schon, wird er gekauft. Es wird sehr viel weniger erfunden als früher.

Im Augenblick arbeiten wir in Mosambik, einem Land, das jetzt zwei oder drei Jahre seine Unabhängigkeit hat. Es gibt da ein kleines Filminstitut. Wir haben da ein paar Studien über das Fernsehen betrieben, ehe es eingerichtet wurde – das wird sogar noch sehr lange dauern. So wie wenn man sich vornähme, ein Kind im Leib einer Frau zu studieren, schon lange bevor sie den Mann trifft, mit dem sie das Kind macht. Und dabei sind wir darauf gekommen, daß sie ein großes Problem mit den Filmen haben. Sie möchten Filme machen, die sie politisch nennen, aufklärerisch, engagiert, was weiß ich – da macht sich der sowjetische oder chinesische Einfluß bemerkbar –, oder militant-revolutionär. Aber was sehen sich die Leute am liebsten an? Indische Filme und amerikanische Filme. Das indische Kino spielt in diesem Teil der Welt die Rolle des Hollywoodkinos, eine Art Hollywoodkino zweiten Grades, mit einer jährlichen Produktion von achthundert Filmen.

Und da sieht man es ganz deutlich: die Leute brauchen Geschichten, aber sie können keine erzählen, es macht ihnen wahnsinnige Mühe. Sie möchten gern eigene Geschichten erfinden, das heißt, eine eigene Art, eine Geschichte zu erzählen, egal ob die Geschichte eines Postboten oder was anderes, aber das ist sehr schwierig. Meistens nach Kriegen... Zum Beispiel die Italiener – aber lange haben sie auch nicht durchgehalten... Nach dem italienischen Zusammenbruch haben zwei Filmer es geschafft... Sie konnten erzählen... Das italienische Kino hatte eine ganz eigene Art des Erzählens zustande gebracht, in *Rom, offene Stadt* oder *Paisà* oder auch *Umberto D.,* ein- oder zweimal. Danach normalisierte sich die Lage. Aufgehört hat es mit den Filmen in dem Augenblick, als die Ökonomie ins Spiel kam, als mit dem Marshallplan gleichzeitig Nahrungsmittel und geistige Nahrung geliefert wurden. Kultur und Agrikultur, das geht ganz eng zusammen.

Man müßte eine eigene Geschichte der Verträge machen. Die Amerikaner haben mit der deutschen Filmindustrie Verträge gemacht, als sie, gegen Ende der Stummfilmzeit, am Boden lag und nicht auf die Beine kommen konnte. Sie hat es geschafft aufgrund der Verträge zwischen der Paramount und der Ufa, vor Beginn der Hitlerzeit. Und wie zufällig kam Hitler zu der Zeit an die Macht, als die Paramount zwischen Paris und Berlin Filme in drei Fassungen drehte. Das möchten wir in unserer Filmgeschichte eben genau zeigen, versuchen, diese Geschichte der Filmgeschichte zu zeigen. Deshalb wäre es wichtig, eben alle möglichen Arten von Geschichte zu machen, und *Made in U.S.A.* verdient Interesse seines Titels wegen, wenn Sie so wollen. Es ist nämlich wirklich ein Subprodukt, eine Art Konserve, die ich mit meinen Mitteln hergestellt habe. Damals hielt ich mich für freier als ich wirklich war. Heute sehe ich meinen Irrtum. Der Titel *Made in U.S.A.* zeigt, daß wir den Film in einer ganz bestimmten Absicht gemacht haben, er läßt trotz allem eine ganze Reihe von Folgerungen zu.

Deux ou trois choses, der genau im selben Moment entstand, handelte immerhin von einer kleinen Ecke der Pariser Region. Zugegeben, eine Geschichte wurde nicht daraus, keine Geschichte von jemandem... Das ist das Drama des ganzen Kinos, wenn es nicht das amerikanische ist, es ist das Drama der ganzen restlichen Welt. Die Währungen... Ich zum Beispiel lebe in der Schweiz, und ich wundere mich darüber: Die ganze Welt kauft Schweizer Franken, die sind teuer, aber es kommt nicht den Leuten in der Schweiz zugute, das Leben ist teuer für alle, es gibt Arbeitslosigkeit, ein Zimmer kostet genausoviel wie anderswo. Und doch, es ist doch etwas Seltsames, daß ein Teil des Westens... Daß sie nicht leben wollen wie Chinesen oder Hindus ist selbstverständlich, das ist normal, aber es ist doch seltsam, daß die Deutschen und die Italiener leben wollen wie die Amerikaner. Sie haben sogar die bessere Währung, aber sie wollen lieber... Was weiß ich, lieber als untereinander etwas zu machen, wollen sie es über Amerika machen. Der Dollar kann so schwach sein, wie er will, das stört sie zwar, aber trotzdem überlassen sie die Führung lieber den Amerikanern. Und im Kino ist das genauso. Ich habe ein Ende des europäischen Kinos miterlebt, als es nach dem Krieg Neuanfänge gab. Wenn Dinge zerstört sind, kann immer was Neues losgehen, aber sehr bald wurde deutlich, daß in industrieller Hinsicht wieder alles über Hollywood lief.

Deshalb frage ich mich, deshalb interessiert es mich, hierherzukommen und zu reden, denn Sie, Sie sind die Fabrikanten meiner Geschichte. Ich lebe als Europäer und Filmemacher viel mehr Ihre Geschichten als Sie unsere Geschichten leben.

Und sogar an den Universitäten gibt es sowas. Hier oder anderswo, überhaupt... Es gibt sehr viele Filmkurse, was wirklich der Beweis dafür ist, daß die Kultur hier sehr viel weiter entwickelt ist. Ich glaube, es gibt sogar Drehbuchkurse. Darüber würde ich hier gern mal sprechen. Ich würde gern mit einem Drehbuchprofessor reden, aber bisher ist mir keiner über den Weg gelaufen, um zu hören, aber Angst habe ich auch davor, um zu erfahren, wie so ein Drehbuchkurs aussieht. Ich sage mir: Da hätte man die Schlange wirklich beim Schlafittchen...

Drehbuchkurse in China oder in Rußland, das leuchtet mir ein, als Folge des politischen Systems. Wie kann es aber im »free enterprise« Drehbuchkurse geben? Natürlich bekommt man auch, wenn man sich eine kleine Super-8-Kamera kauft, seine Unterweisungen. Das ist meistens ganz vernünftig. Zuerst macht man das, dann macht man das... Es werden einem verschiedene Arten des Filmens gezeigt, wie man eine kleine Geschichte erzählt, man bekommt eine Anweisung, wie man durch Überblendungen Effekte erzielt... Das ist sehr gut.

Ja, es ist genau so etwas wie *Bande à Part*. Das war ein wirklich schlechter Film. Ich erinnere mich, wir hatten als Slogan einen Satz von Griffith aufgegriffen: Was ist das Kino? Es ist »a gun and a girl«... Und ich habe daran geglaubt. Für Amerikaner ist vom historischen Standpunkt was Wahres daran. In Europa schafft man das nicht. Die Amerikaner sind nämlich soviel stärker, weil sie ausschließlich auf das individuelle Bedürfnis setzen. Aber da jeder einzelne es hat, kommt dabei eine Masse heraus, und letztlich untersucht man das Problem der Masse nie anders als in dieser Form.

A Bout de Souffle war genau das gleiche, und *Bande à Part* war die Fortsetzung von *A Bout de Souffle*. Aber ich sehe, wie unschuldig ich bei *A Bout de Souffle* noch war, das war mein Einstand. *A Bout de Souffle* ist auch nicht besser, vielleicht sind ein paar Sachen besser, wodurch er etwas länger explosiver geblieben ist, aber aus meiner Sicht ist er nicht besser. Besser ist er da, wo eine Verbindung zum Publikum zustande kam, die war besser und richtiger. Aber für ein zweites Mal, als ich es nochmal machen wollte, hat es nicht gereicht. *Bande à Part*..., alle diese Filme waren totale und verdiente Mißerfolge. Ich habe nur vom Zitieren gelebt, ich habe nie irgendwas erfunden. Ich habe Teile, die ich sah, in Szene gesetzt, nach Notizen, die ich mir bei meiner Lektüre gemacht hatte, oder Sätze, die ich gehört hatte. Ich habe nichts erfunden. In *Numéro Deux* besteht der größte Teil aus Texten und Dialogen, denen persönliche Texte aus unserem Alltag miteinander zugrunde lagen, deren Verwendung Anne-Marie Miéville mir gestattet hat. Sonst nichts, ich bin unfähig... Was ich am Kino interessant finde, ist, daß man überhaupt nichts zu erfinden braucht. Insofern ist es der Malerei verwandt. In der Malerei erfindet man nichts, man korrigiert, man setzt etwas hin, man stellt zusammen, aber man erfindet nichts. Mit der Musik ist es schon anders, sie ist dem Roman näher. Was ich am Kino interessant finde, ist, daß es, wie man so sagt, jeder sagt das, ganz einfach von allem etwas sein muß. Es ist Malerei, die konstruiert sein kann wie Musik, und es ist mehr... Deshalb interessiert es mehr Leute zur selben Zeit, ob am Fernseher oder im Kino, weil dieser Aspekt von Malerei dabei ist. Daß man weiß, man schaut einfach hin, und dann stellt man zusammen.

Bringt es eigentlich was, daß man sich drei oder vier Ausschnitte anschaut und dann noch einen Ausschnitt aus einem anderen Film, aus einer anderen Zeit, aber mit Bezügen zu den Filmen, die man am Morgen gesehen hat? Man spürt trotz allem..., eine Geschichte, die Art und Weise, wie Leute sich Dinge projiziert haben, wie Leute, die Kino gemacht haben, stellvertretend für die, die keins machen, ihre Vorstellungen auf die Leinwand projiziert haben. Und dann ein wenig, wie das entstand, das heißt, Stücke von Geschichte, die man in der Filmgeschichte herausspürt. Ich wollte mal nach einem anderen Prinzip vorgehen – jedenfalls war das die Absicht –, als nur einen Film anzuschaun und nachher dann zu diskutieren. Es ist interessanter, mit Bezug auf einen anderen zu diskutieren, weil Unterschiede sonst nicht sichtbar werden können. Bei *La Chinoise* werden wir ausführlicher darüber diskutieren.

Ich habe immer gern gefilmt. Allerdings habe ich auch gemalt, als ich klein war. Heute vermisse ich es, daß ich nicht mehr zeichnen kann. Aber ich fange wieder an, für mich. Ich zeichne zum Beispiel meine Drehbücher, oder ich schneide Bilder aus Comics aus, die ich gut finde, und verwende sie in meinen Drehbüchern. Das ist übrigens komisch: Wenn ich einen Koproduzenten oder einen Bankier suche und dem ein Bild zeige, dann versteht er überhaupt nichts. Man muß ihm Texte zeigen, keine Bilder, oder aber den Film komplett gezeichnet. Aber das kann ich nicht, und außerdem, wenn er schon komplett gezeichnet ist, braucht man ihn nicht mehr zu machen. Entweder macht man einen Comic, oder man macht etwas anderes. Aber wenn man, statt zu schreiben: Er fährt durch eine Gegend, die Blätter waren so..., ihm ein Foto zeigt, dann sagt er: Was ist denn das? Was soll das hier? Dann sage ich: Ich weiß nicht, ich muß dabei an eine Landschaft denken. Das beunruhigt ihn ungeheuer, mehr als alles andere.

Dies mit dem Flächigen kommt bei mir wahrscheinlich daher, daß ich immer schon, auch in der Malerei, eine Neigung zum Flachen hatte, in der modernen Malerei – im Unterschied zur perspektivischen Malerei, die ihrerseits modern war im Verhältnis zur Malerei vor Giotto oder auch zur chinesischen Malerei. Was ich heute an Picasso mag, sind die Mischungen der Formen. Sie erzählen die Geschichte. Dazu müßte man jetzt eigentlich den Film von Clouzot über Picasso zeigen, da würde einem aufgehen: Warum eine Geschichte so erzählen? Ich hänge immer ein wenig zwischen beidem, und im Kino ist das schwierig. Wie ich schon letztesmal erklärte, bemühe ich mich heute, die Dinge besser auseinanderzuhalten und, wenn mehrere Dinge gleichzeitig gemacht werden müssen, sie getrennt zu machen, und so mache ich denn lieber Sendungen fürs Fernsehen. Zu so einem Film könnte man zum

Beispiel sagen: Man könnte das, was damals passiert ist, die Ben-Barka-Affäre, wie einen Dokumentarfilm behandeln und versuchen, das zu dramatisieren, in ein oder zwei Szenen mit Schauspielern und das Ganze dann noch in Farbe, aber als eine Sendung aus drei, vier Folgen. Aber welcher Sender würde da mitmachen? Und damit ist man wieder in der Klemme. In einem Film hat man zu wenig Zeit, um die Sachen gut zu machen, und auch wieder viel zuviel. Aber beim Fernsehen hat man weder den Raum noch den Ort, es zu machen, weil es da anders gemacht wird.

Bei *A Bout de Souffle,* haben Sie gesehen, war es genau dasselbe. Zu *A Bout de Souffle* habe ich einen Film gezeigt, der mich zu der Zeit beeinflußt hat. In diesem Film werden die Cinephilen unter Ihnen, wenn es welche gibt, gemerkt haben, daß alle Namen der Personen entweder Namen von wirklichen Schauspielern oder Filmnamen waren. Wenn sie durch den Turnsaal geht, ruft jemand Ruby Gentry – der Film mit Jennifer Jones. Der Name Daisy Canyon fällt – ein Film, ich weiß nicht mehr mit wem. Die Zeichner von Comics gehen oft so vor. Der Film ist eigentlich eher ein Comic. Aber über eins muß ich mich immer wieder wundern: daß letztlich doch eine relativ klare Geschichte dabei herauskommt. Überhaupt hält der Film sich sehr an die Realität. Es ist die Geschichte, wie in der Ben-Barka-Affäre ein Zeuge, der Figon hieß, verschwand. Er war ermordet worden – einer der wenigen Zeugen, die es noch gab. Die Polizei fand ihn fünfzehn Tage später. Und er hatte eine Tochter, die traf ich damals in Saint-Germain-des-Prés. Ich erinnere mich, das hat mich damals auf die Idee zu der Rolle des Mädchens gebracht, das losgeht und Nachforschungen anstellt. Es ist eine Geschichte, die in Hunderten, in Zehntausenden von amerikanischen Krimis vorkommt.

Aber da ist wieder etwas, das mich schon bei *A Bout de Souffle* interessiert hat – vor *A Bout de Souffle* habe ich Ihnen einen Film von Preminger, *Fallen Angel,* gezeigt, ich hätte Ihnen genausogut einen anderen zeigen können –, das Eigenartige ist, daß diese Filme die reine Spinnerei sind, absolut mysteriös, es geht vorn und hinten nicht zusammen, aber damals – und auch heute bei den entsprechenden Filmen – wird die Realität von etwas, das vollkommen ersponnen ist, nie in Frage gestellt. Wenn man so etwas nach zehn Jahren oder nach zwanzig wiedersieht..., die Leute, die hier *Fallen Angel* gesehen haben, fanden ihn total bescheuert, er gefiel ihnen überhaupt nicht. Ich mochte das Irreale daran ganz gern, und ich kann mir gut vorstellen, daß ein kleines Ladenmädchen in Minnesota, wenn sie sich ihn an einem Samstagabend angeschaut hat, fand, daß dieser Krimi mit Andrews, Linda Darnell und ich weiß nicht mehr wem Hand und Fuß hatte. Und heute sieht man, es ist das reine Märchen. Während, wenn ich ein Märchen mache wie *A Bout de Souffle* oder etwas Ähnliches, dann finden die Leute das nicht real. Dann sagen sie: Das ist das reine Märchen, das gibt es doch nicht in der Realität. Und die amerikanischen Filme? Der Film von Clint Eastwood, das ist doch ein Märchen, ein Märchen wie *Alice in Wonderland.* Übrigens braucht man sich nur seine Interviews anzusehen. Er versteht einfach nicht, warum man ihm vorwirft, er würde saumäßige Filme machen, während man die von Coppola oder Malle lobt. Er sagt: Sie machen dieselbe Arbeit wie ich, ich mache sie ordentlich, was habt ihr eigentlich? Genauso ist es mit Alain Delon in Frankreich. Was ich so gern herausbekommen möchte, ist: Mir sagt man, ich würde keine Geschichten erzählen, das wären keine Geschichten, alles andere, nur keine Geschichten, während es bei einem Film von Clint Eastwood heißt: ja, der hat eine Geschichte.

Niemand von Ihnen wird bei dem Ausschnitt aus dem Film von Sternberg, dem mit George Bancroft und Evelyn Brent..., Sie alle werden ihn als ziemlich irreal empfunden haben, aber so hat man damals die Gangster gesehen. Sie waren überhaupt nicht so. Aber wenn wir entsprechendes machen, bekommen wir zu hören: Das kann man doch nicht vergleichen... Ich glaube, Sie empfinden einen Unterschied. Ich glaube, Sie empfinden einen Unterschied zwischen *Made in U.S.A.* und dem Film von Clint Eastwood. Sie sind beide gleich schlecht, aber Sie finden den einen nicht genügend und den anderen überhaupt nicht realistisch. Mir kommen alle beide gleich unrealistisch vor.

Welche Unterschiede? Wie es kommt, daß du den Film von Clint Eastwood realistisch findest? Daß du ihn nicht magst, aber wie es kommt, daß du ihn realistisch findest? Was ist realistisch an einer Geschichte in der Zeitung? Das ist doch wirklich erstaunlich, wir sind so weit... Ich suche nach Realismus, ich bin wie Brecht, und ich suche einen besseren Realismus und einen anderen Realismus als das. Mein Ideal wäre, Filme wie Clint Eastwood zu machen, aber sie gut zu machen. Aber das genau ist es: Wie macht man einen Clint-Eastwood-Film gut?

Da gibt es zum Beispiel eine Gegend, die heißt Kalifornien, und wie zufällig hat sich da das Kino entwickelt... Eine Geschichte, das ist auch so etwas. In eben der Gegend hat sich auch die Elektronik entwickelt. Die Elektronik, das sind Stromkreise, Stromkreise, die miteinander verbunden sind. Und in Kalifornien hat man dieses Gefühl sehr stark, daß man in einer Gegend ohne jedes historische Gewicht ist, die aber randvoll mit Hunderten von kleinen Geschichten ist, und das macht ihre Stärke aus, die stärker ist als jedes Gewicht. Sie braucht gar kein historisches Gewicht. Sie macht letzten Endes Geschichte, weil sie Geschichten macht, darum braucht sie gar keine Geschichte zu haben. Es geht nur darum, Geschichten zu machen. Und man wird ein seltsames Gefühl nicht los, daß man es mit einer Art Ungeheuer zu tun hat, das alles Leben von vorn bis hinten fabriziert.

Aber dieses Problem, eine Geschichte zu erzählen, das ist für mich ein wirkliches Problem, weil..., und wäre es nur, um drehen zu können, das heißt, das Geld für einen Film zu finden, denn die erste Frage ist doch immer: Hat er auch eine Geschichte? Das ist die Frage, die man mir immer als erste stellt. Dann sage ich: Mehr habe ich nicht. Und dann sagt man mir: Aber das ist doch keine Geschichte... Ich finde alle Geschichten aufregend, Geschichten von Leuten oder auch die Geschichte, wie ein Hundert-Francs-Schein gestohlen wird, wie es dazu kommt, daß man ein höheres Gehalt bekommt, daß man seine Freundin betrogen hat und wie, egal welche Geschichten – alle nehmen sich Zeit. Aus ihnen bestehen immer wieder die vierundzwanzig Stunden, das Leben der Leute, wenigstens ist es das, was davon übrigbleibt, das verbindet sie dem gesellschaftlichen Leben, so erinnern sie sich an sich selbst.

Ich habe den *Amerikanischen Freund* von Wim Wenders gesehen, das ist der erste Film, den ich von ihm gesehen habe. Und kürzlich habe ich noch ein Stück von einem anderen Film gesehen, von *Die Angst des Tormanns beim Elfmeter*. Von Fassbinder kenne ich nur die ersten Filme. Ich habe gesehen, einer läuft jetzt gerade in Montreal, ich werde ihn mir anschauen, ich kenne ihn noch nicht. Ich glaube, mit ihnen war es so wie bei der Neuen Welle, sie haben miteinander geredet – das ist eine These, die ich schon oft vertreten habe –, daher kam es, daß sie ganz einfach etwas bessere Filme machten als die anderen. Und jetzt, wo sie sich nicht mehr sehen, lassen ihre Filme nach, es sei denn, sie ändern sich noch, sie schaffen es, das System zu ändern, aber danach sieht es nicht aus. Ich habe den Eindruck, nach dem, was ich von Wim Wenders gesehen habe, daß er Peter Handke sehr viel verdankt, dem Schriftsteller. Den Film von Handke nach seinem Roman *Die linkshändige Frau* habe ich nicht gesehen. *Der amerikanische Freund* ist, glaube ich, etwa so gegangen wie *Pierrot le Fou.* Wenders interessiert sich nicht für seine Geschichte, und das würde ich ihm vorwerfen. Ich habe mich immer dafür interessiert. Ich habe es nie gekonnt, aber das war immer mein Halt, ich wollte eine Geschichte erzählen. Ich habe sie auf meine Weise erzählt, schlecht, und ich bemühe mich noch. So versuche ich manchmal, daß ich sie auf anderem Wege zu packen bekomme.

Im Augenblick versuchen wir, in fünf Sendungen, mit dem Einverständnis der Regierung von Mosambik, zu erzählen – der Titel der Sendungen ist *Geburt des Bildes einer Nation,* weil die Nationen Bilder machen –, was sie dort bisher schon an Bildern gemacht haben, Briefmarken, Postkarten, Bilder von Leuten. Aber schon etwas allgemeiner, geschichtlicher gefaßt. Ist es genauso wie in Deutschland, Frankreich, Amerika? Oder erzählen sie, da sie doch meinen, eine andere Geschichte zu leben, diese Geschichte auch etwas anders?

Fassbinder, den respektiere ich immerhin ein bißchen, weil er es geschafft hat, eine gewisse Macht, eine gewisse Machtstellung sich zu verschaffen, was sicher nicht leicht ist. Immer, wenn ich Interviews mit ihm gelesen habe, fand ich ihn gar nicht schlecht, für sich überzeugend, erstaunlich unabhängig. Ich weiß nicht, inwiefern er sich darüber klar ist... Die Filmemacher reden nicht miteinander. Es ist schwierig...

Ich habe erklärt, wie es zu dem Film gekommen ist, was nicht unbedingt die anständigste Weise war, einen Film zu machen. Wenigstens hätten wir ihn erzählen müssen. Ein Film – trotz allem hat das doch etwas mit Moral zu tun. In diesem Fall, zugegeben, haben wir es uns leicht gemacht. Beauregard, um sein Geschäft zu drehen, daß er so abwickeln mußte, um an Geld zu kommen, daß er seine Schulden bezahlen konnte, und ich, indem ich im wahrsten Sinne des Wortes irgendwas gemacht habe. Aber man kann nicht einfach irgendwann irgendwas machen. Ja, das ist es. Einmal geht das »irgend« zu weit. Es war nicht irgendwie gemacht, vielleicht auch nicht irgendwas, aber es war irgendwann, es war zuviel

»irgend«, das ist es, wenn Sie so wollen. Es dürfte allenfalls ein »irgend« geben, da bin ich ganz Ihrer Meinung. Es ist nicht schlimm, irgendwas zu machen, aber dann muß es... »Irgendwer«: darin steckt ein Werturteil. Von jemandem zu sagen, er sei »irgendwer«, das ist sehr abschätzig, »irgendwer«, wenn man ihn kennt, das ist ein Werturteil. Alles ist interessant, aber man kann sich für »irgendwen« nicht »irgendwie« interessieren.

Das war es also. Der Ausgangspunkt hatte etwas Unmoralisches, das ist nun klar. Das ist es vielleicht, was ich, um zu kompensieren... Ich empfinde schon, daß man als Filmemacher eine moralische Verpflichtung hat – so sagt man doch: Ich habe nicht das Recht, das zu machen. Oder: Das kann ich nicht machen. Man kommt sich toll vor bei solchen Sachen. Ich habe damals gleichzeitig noch etwas anderes gemacht, und das hat mir den Blick verstellt.

Wie Clint Eastwood? Ja, aber dann ist er wieder ernsthafter bei der Sache als ich damals. Und so sehr er auch Clint Eastwood ist, er war sogar ehrlicher demgegenüber, was er machte, ehrlicher. Auch wenn es ziemlich unaufrichtig ist, hängt das Ganze mehr zusammen.

Oder auch die Tatsache, daß ich nochmal wieder mit Anna Karina gearbeitet habe, aus reiner Gewohnheit, einen anderen Grund hatte ich wirklich nicht mehr... Es war ihr gegenüber nicht anständig. Es wäre anders gewesen, wenn sie Geld gebraucht hätte, dann kann man jemandem ruhig einen Dienst erweisen, aber das war damals nicht der Fall. Und so ist es ein bißchen so wie in einigen Filmen von Sternberg mit Marlene Dietrich. Von einem bestimmten Zeitpunkt an war es auch unanständig Marlene gegenüber, und umgekehrt genauso, es war nur noch Gewohnheit, und den Filmen merkt man es an. Die Lust war beiden vergangen, auch die Lust, zusammenzuarbeiten und nur mit ihm oder ihr und keinem anderen. So blieb nur die Gewohnheit. Insofern war es ein rein kommerzieller Film, aber im negativen Sinn. Es ist nichts Schlimmes daran, Geschäfte machen zu wollen, aber es ist schlecht, wenn man nur ein Geschäft machen will. Dabei kann was herauskommen, wenn man ein bißchen geschickt ist und zu brillieren versteht, was täuscht. Es gab Einstellungen, die mir gefielen, die ich aber lieber in einem anderen Film sähe, zusammen mit allen möglichen anderen, jedenfalls anders. Und diese ganze Zeitschinderei! Ich hatte wirklich Mühe, meine eine Stunde zwanzig Minuten vollzubekommen. Der Film kam mir beim Sehen sehr lang vor, dabei dauert er nur eine Stunde zwanzig Minuten. Eine Stunde zwanzig Minuten ist wenig, während... Kürzlich habe ich Fernsehfilme gemacht, Serien, die nur eine halbe Stunde dauern. Vielleicht ist es im ganzen zuviel, aber da, finde ich, wird einem gar nicht bewußt, wie die Zeit vergeht.

Harry Cohn von der Columbia, der wußte, an welchen Stellen man Filme schneiden muß. Er stellte quietschende Sessel in den Vorführraum, und jedesmal, wenn ein Sessel ein Geräusch machte, sagte er: Hier schneiden! Heute nachmittag hat es hier viel gequietscht, vielleicht etwas zuviel, aber doch berechtigt. Und ich habe mich erinnert... Ich habe sehr genau gesehen, wo ich nur Zeit geschunden habe, wo ich eine Einstellung nur spaßeshalber habe länger dauern lassen – dabei war zum Spaß damals gar kein Anlaß. Und insofern kann ich sagen, daß es übel ist, in dem Sinne, in dem man sagt: eine üble Sache.

Panzerkreuzer Potemkin	S. M. EISENSTEIN
L'Age d'Or	BUÑUEL-DALI
Mr. Deeds Goes to Town	FRANK CAPRA
Z	COSTA-GAVRAS
La Chinoise	J.-L. GODARD

Was ich Ihnen heute morgen gezeigt habe, waren lauter Beispiele von Filmen, die von ihren Regisseuren zu ihrer Zeit als politische Filme verstanden wurden. *L'Age d'Or* wird heute, glaube ich, von der Filmkritik nicht mehr als politischer Film eingestuft. Dabei ist es wahrscheinlich der einzige Kinofilm, der mal Staub aufgewirbelt hat, der auch heute noch, muß man sagen, eine große Kraft besitzt. Man spürt eine Kraft der Veränderung, und das bereitet Unbehagen. Es wäre interessant, nur ihn nach dem *Potemkin* zu zeigen, das könnte allerdings etwas komisch wirken. Ich habe mir den *Potemkin* angeschaut, Stücke vom *Potemkin*. Heute morgen bin ich durch die Straßen von Montreal gegangen. Der Film ist von 1925, er erzählt Ereignisse von 1905, die zu denen von 1917 geführt haben, die schon einen großen sozialen Wandel bedeutet oder jedenfalls ein ziemliches Aufsehen erregt haben. Und wenn man dann heute sieht, was davon geblieben ist... Ich habe diese dreckigen Straßen gesehen, die Autos, dieses triste Wochenende. Was ist das, diese moderne Zivilisation? War es das, was sich die Leute vor vierzig Jahren vorgestellt haben? Und dann kommt einem die Erinnerung an Leute, die inzwischen tot sind. Es lohnt sich auch, das Kino einmal so zu sehen.

L'Age d'Or ist, glaube ich, interessant, weil er eine Veränderung darstellt. Er ist ein Film, der von den Formen redet. Ich glaube, die Formen sind am schwersten zu verändern, nicht der Inhalt. Das heißt, um dieses klassische Gegensatzpaar nochmal aufzugreifen oder um ein Einverständnis über Wörter herzustellen: die Form ist das, was am schwierigsten zu verändern ist. Einen Menschen zu verändern, die Form zu verändern, dazu braucht es Jahrtausende. Weshalb *L'Age d'Or* stellenweise so aufregend ist und weshalb ich ihn als politischen Film sehe, ist, daß es um Detailveränderungen geht, Veränderungen von Formen, an denen man sieht, daß sie am nachhaltigsten wirken, und zwar innerhalb der Gesellschaft, wie zum Beispiel korrektes Benehmen, wie man sich zu verhalten hat. Man sieht, welche Macht Diplome oder die Kleidung haben. Wenn man sich unpassend anzieht, wird man an bestimmten Orten nicht empfangen. Die Formen, die verschiedenen Arten, wie ein Staatschef am Flughafen empfangen wird, die Art, wie man ein Baby tauft oder wie man die Ehe schließt, die auch noch ihre Macht hat – bei alledem halten die Leute fest an einem bestimmten Maß an Form. Die wahren Veränderungen passieren, wenn die Formen sich verändern, und die wahren Unveränderungen bestehen darin, daß Wörter ausgewechselt werden, wenn man »sozialistisch« sagt statt »kapitalistisch«. Was hat sich wirklich verändert? Das ist interessant zu wissen.

Wir hatten, mit *La Chinoise,* vier Beispiele und danach dann noch ein fünftes, alles Filme, die vorgeben, die Veränderung von Leuten zu behandeln, die etwas verändern wollen. Das ist der Gegenstand, behandelt anhand von einer oder zwei Personen. Man sieht, wie er zu verschiedenen Zeiten verschieden behandelt wurde: von den Russen, von zwei spanischen Anarchisten, von denen der eine später zum Franco-Anhänger wurde und der andere sich nach Mexiko abgesetzt hat, dann von einer Art sizilianischem Idealisten, der mal einer der Könige von Hollywood war, dann Z, der Prototyp des »politischen Films«, von vielen hoch gelobt, und schließlich ein kleiner Film, *La Chinoise,* der etwa ein Jahr vor den Maiereignissen 68 in Frankreich gedreht wurde.

Ich finde, *L'Age d'Or* hat da unbedingt seinen Platz. Man muß *L'Age d'Or* in diesem Zusammenhang bringen, zwischen Z und dem *Potemkin.* Der Film würde immer noch Staub aufwirbeln, wenn man ihn der besseren Gesellschaft, was man so nennt, vorführte. Es ist ein schlecht angezogener Film. Die Figur von Gaston Modot hat eine ungeheure Kraft. Und dann ist es ein Film, in dem – im Unterschied zu den anderen – die Liebe fest dazugehört. In politischen Filmen spielt die Liebe sonst keine Rolle. Das ist ein Film, der die Liebe – was man üblicherweise Liebe nennt – als ein entscheidendes Element zeigt. Bestimmt würde man auch heute noch sofort an die Luft gesetzt, wenn man beim Ministerpräsidenten eingeladen wäre und sich dann mit dem Dienstmädchen am Boden wälzte. Auch das gehört zur Revolution. Was nicht heißt, daß es genügte. Ich will nur sagen, die kleinen Veränderungen sind entscheidend. Wenn ich sehe, wie es meiner Tochter in der Schule ergeht, da kann ich mich nur wundern. Wenn sie sich ein Band ins Haar tut wie Björn Borg, ist es nicht gestattet. Wenn sie sich dagegen die Haare mit einem Band zusammenbindet, das Band brav untendrum und nicht wie bei einem Hippie oder wie bei Björn Borg: das ist gestattet. Wirklich eine Lappalie, drei verschiedene Arten, sich die Haare zusammenzubinden, aber für den Direktor der Schule ist es von entscheidender Wichtigkeit. Eins ist erlaubt, das andere nicht. Und sowas gibt es in allen Schulen, in allen Universitäten. Auch die Art, wie Stewards und Hostessen in Flugzeugen angezogen sind oder die Krankenschwestern in den Kliniken sich anzuziehen haben. Die Kleidung hat ein außerordentliches Gewicht. Sowas meine ich mit »Veränderung der Formen«.

Ein komischer Film, *La Chinoise*. Damals fand man ihn lächerlich. Das hatte nichts mit Politik zu tun, diese Figuren, diese Studenten. Das sind Bourgeois, diese Studenten, und ihre Ausdrucksweise ist doch lächerlich, überhaupt das Ganze. Ich fand, ich machte sowas wie Ethnologie, einen Dokumentarfilm. Ich studierte eine Gruppe von Leuten in Paris, die ich nicht gut kannte, die sich Marxisten-Leninisten nannten. Ich wußte eigentlich gar nicht, was das war, aber sie... Sie zogen mich einfach an, mehr als die Gewerkschafter der Kommunistischen Partei oder sowas, und die hätten mich sowieso nicht filmen lassen. Während es mit diesen fast so war wie mit den ersten Christen – das weckte meine Neugier. So habe ich Jean-Pierre Gorin kennengelernt, der hat mich bei ihnen eingeschleust, er gehörte dazu, so habe ich ihn getroffen. Sie gaben eine Publikation heraus, die *Cahiers marxistes-léninistes,* sie waren so eine Art Denkerzirkel. Gorin hat übrigens damals von den anderen was draufgekriegt, weil er sich mit mir abgab. Sie fanden, er dürfte sich nicht mit einem bürgerlichen Filmer abgeben, der irgendwie pseudoanarchistisch war oder pseudo ich weiß nicht was.

Dann gab es noch einen anderen, der wirklich eine Figur für sich war, der die Rolle des Schwarzen spielt. Er hieß Omar Kiop, und ich hatte ihn über Anne Wiazemski kennengelernt. Er war auch Student in Nanterre. Ich fragte ihn, ob er in dem Film seine eigene Rolle spielen wollte, er sollte unbedingt an einer Stelle im Film den anderen eine Vorlesung halten, eben als Schwarzer. Omar Kiop ist vor einem Dreivierteljahr im Senegal in Senghors Gefängnissen umgekommen. Für mich zeigt das..., ich will sagen, der Film war gar nicht..., natürlich hatten ihre Bemühungen was Lächerliches, aber sie selbst waren nicht lächerlich. Lächerlich ist, daß alles so gekommen ist.

Das ist die Realität dieses Films, diese Leute waren lächerlich. Und dabei hatte ich noch genau aufgepaßt, wirklich nur das mir herauszusuchen, was mir durch meine eigene Herkunft bekannt war, liebe Jungen und Mädchen, die Marxismus-Leninismus spielen, wie Kinder in den Ferien versuchen, ein Indianerzelt zu bauen. Die da spielten Marxismus-Leninismus, spielten Chinesen. Zu der Zeit tauchten die kleinen roten Bücher auf. Wenn man heute sieht, was aus all diesen reinen und unnachgiebigen Aktivisten geworden ist... Im Grunde ist es wirklich ein Dokumentarfilm, und das haben sie akzeptiert. Ein Dokumentarfilm berührt einen und ist zugleich lächerlich, und das habe ich versucht, auf einleuchtende Weise zu zeigen. Im Grunde geht es um ein Mädchen, das sich in die große Wohnung ihrer Eltern einschließt und da zwei Monate lang Marxismus-Leninismus spielt, wie ihn andere auf der Straße gespielt haben oder anders. Daran war zugleich was Wahres und was Falsches.

Der Film gibt, finde ich, den Ton ziemlich richtig wieder. Wie zufällig passierten die Ereignisse von Nanterre ein Jahr später. Also muß doch was Wahres drangewesen sein. Aber ich habe es gefilmt, ehe es wirklich Form angenommen hatte. So interessiert es mich... Ich meine, das Kino kann dazu dienen, daß man die Entstehung der Formen sieht, Embryologie... Die Embryologie ist etwas außerordentlich Geheimnisvolles, etwas, das sich nicht unbedingt an die Gesetze hält. Es gibt bei ihr weniger Gesetze als in der Biologie. Warum hat ein Vogel diese oder jene Art von Federn? Warum haben die einen braune und die anderen schwarze Haare? Überhaupt, wie entstehen Formen? Und dann, wie entwickelt sich Leben in der Gesellschaft, wie bilden sich Gesellschaften, wie formen sich die Leute, wie informieren sie sich, deformieren sie sich, und wie verändert sich Leben, wenn eine Form angeschlagen hat? Man kann das eine Revolution nennen. Die halbe Wendung oder die Spirale – wenn man eine halbe Wendung macht, ergibt es einen circulus vitiosus, wenn man aber mehr macht, ergibt es, wie Mao Tse-tung erklärt hat, Spiralen, und auf die Weise ändern sich die Dinge.

Die Art, wie man die Geschichte erzählt – mit Film, mit Fernsehen oder mit Bildern –, scheint mir sehr wichtig, weil sie nicht lügt. Muß Sie auch gar nicht, denn man kann sie lügen lassen, aber ein Bild ist nur ein Faktum, nur ein Moment eines Faktums, es ist nicht alles. Die Lüge liegt in der Verwendung. Ich will nichts sagen. Meine einzige Absicht ist, die Möglichkeit herzustellen, daß man sich etwas sagt. Ich will nichts weiter, als auf eine bestimmte Weise filmen. Ich will nicht filmen, »um zu«... Damit sich was tut.

Das dient mir dazu, zu zeigen, verfechten zu können, daß da was Wahres dran ist, auch wenn es gleichzeitig etwas Lächerliches hat. Die Dinge, die sich ereignet haben, hatten was Interessantes und Wahres. Wenn man 67 in Frankreich gesagt hat: Das ist doch lächerlich, diese Kinder sind lächerlich..., mußte man widersprechen. Und wenn heute gesagt wird: Diese Kinder, 68, meinten was Richtiges, sie haben was Richtiges getan..., da kann ich heute nur sagen: Ja, sie waren aber auch etwas lächerlich.

Wer hat gesagt, eine Frage würde automatisch auch eine Antwort miteinschließen? Nicht mal im Wörterbuch steht unter »Frage«, sie würde nach Antwort verlangen. Das ist ein System, das sich so herausgebildet hat, mir ist eben das Bildersystem lieber, in dem es Wörter und Töne gibt und... Das Wörtersystem allein verhindert auf die Dauer den Wechsel der Formen. Man könnte nämlich sagen..., es gibt immer ein Wort wie »Sozialismus« oder etwas Ähnliches. Mit sowas schlagen sich die Leute, statt sich zu schlagen...

Sie sagen: Das Gefühl, daß wieder alles wie vorher ist und nichts sich geändert hat... Aber das wird diktiert von etwas Tückischem, was so nicht geplant war, was auf eine bestimmte Weise diktierte Töne sind, mit denen man kommunizieren kann, die aber nicht die ganze Kommunikation sind. Nur ist eben heute neun Zehntel aller Kommunikation das. Und es ist schon so weit gekommen, daß das Fernsehen Text macht, Zeitungen, die gesendet werden. Man liest... Erst einmal ist das wahnsinnig schlecht für die Augen. Auch das ist wichtig, daß es nicht gut für die Augen ist, denn wenn... So werden nämlich mehr Brillen verkauft... Und schließlich kann man gar nicht mehr sehen – was »sehen« heißt... Man kann nur noch lesen, Augen werden nur noch zum Lesen gebraucht, nicht zum Sehen. Lesen wird übrigens immer früher gelehrt, damit man sicher sein kann, daß die Kinder nicht eines Tages revoltieren und die Alten anfangen, was anderes zu sehen. Ganze Stämme und ihre

Medizinmänner, die eine besondere Art zu sehen hatten, können nichts mehr sehen. Natürlich macht man sich darüber lustig und sagt: Das soll wissenschaftlich sein? Aber nein... Aber Wissenschaft besteht eben nur im Sehen, und die Wissenschaftler bedienen sich ihrer Augen und bringen es fertig, etwas zu sehen. Wo es dann schiefläuft, das ist, wenn sie übersetzen, wenn sie zu sagen versuchen, was sie gesehen haben, statt Filme zu machen oder Bilder. Die Bilder helfen ihnen, die Welt zu sehen, aber statt dann lieber Kino zu machen, machen sie, nachdem sie ihre Kamera, die man Teleskop nennt, gebraucht haben, durch die sie etwas gesehen haben, oder die Kamera, die man Mikroskop nennt, in dem sie etwas gesehen haben, machen sie einen Riesentext, und das Bild ist nur noch dazu da, zu beweisen, daß man was gesehen hat. Von da an ist das Bild zu nichts mehr nütze, es kommt nur noch auf die Wörter an. Jedenfalls ist das meine Meinung, das habe ich hier schon mal gesagt. Einstein hat so lang gebraucht, um die Relativität zu entdecken, weil er sich der Wörter bediente. Das hätte viel früher entdeckt werden können, wie eine Menge anderer Dinge auch, aber die Wörter haben sich eingemischt, und damit ging das Diskutieren los. Früher hielt man mit dem Determinismus die Freiheit in Schach. Wenn man heute die Dinge sieht, wenn man hinschaut, wie ein russischer Arbeiter lebt, wie ein amerikanischer Arbeiter lebt, sieht man... Wenn man Filme drehen würde, wenn man hinschauen würde, statt zu reden, dann würde man ganz bestimmt etwas sehen. Dann würde man nämlich sehen, was man beibehalten könnte und was nicht. Aber dann würde sich alles so ändern... Das ist eine Riesenarbeit. Das wäre Arbeit. Man bedient sich der Augen eben lieber zum Vergnügen als zum Arbeiten.

Ja, ich glaube, alle Filme, die ich gemacht habe, sind (mehr oder weniger gelungene) kritische Filme. Deshalb ist es auch so schwer, zu sehen... – wenn erst mal die Zeit und falsche Vorstellungen, die ich mit in Umlauf gebracht habe... –, ist es auch so schwer, zu sehen, eben weil es ein kritischer Film ist, ob etwas überkommt. Ein kritischer Film, was ich darunter verstehe... Es ist wie die Justiz. Es ist eine Kritik. Es ist ein Film, der Elemente von etwas zeigt und dazu beiträgt, kritisch auf eine Sache zu schauen. »Kritisch« hat mehrere Bedeutungen: der kritische Punkt ist der Moment, wo es umschlägt, der Siedepunkt des Wassers oder auch ein bestimmter Moment in einer dramatischen Situation. Der Wort »kritisch«

besagt das: eine kritische Situation, man fällt vom Fahrrad, oder der Krieg bricht aus, oder man wird von seiner Frau verlassen...

Ich habe mich immer bemüht, möglichst kritische Momente zu filmen. In dem Sinn verstehe ich sie als kritische Filme. Und die Filme, die ich für mißlungen halte, wie zum Beispiel *Bande à Part* oder gestern *Made in U.S.A.*, das sind eben Filme, wo ich glaubte, zu einem gewissen Zeitpunkt einen kritischen Moment zu filmen, aber tatsächlich war das überhaupt nicht der Fall. Ich habe es nicht geschafft. Ich war weit vom kritischen Punkt entfernt.

Da, mit *La Chinoise*, war ich nah dran an einem bestimmten kritischen Punkt. Es gab eine Menge anderer, man hätte andere Filme und Dinge machen können. Aber der da ist interessant, denn wenn es auch so aussieht, als wären wir weit davon entfernt und es ein wenig lächerlich wirkt, mit diesen Kindern der Bourgeoisie über Politik zu reden, war da trotzdem etwas. Heute haben alle ehemaligen Maoisten ihre Selbstkritik geübt, die einen sind Gurus in Indien geworden oder machen Musik, und andere sind ziemlich allein. Aber die Filme, mit denen es hätte weitergehen müssen, sind nicht gemacht worden. Wenn man sagt: Man darf sich nicht vom Volk entfernen... Ich mache weiter, ich versuche immer wieder...

La Chinoise kann ein wenig als Dokument dienen, wie ein Teil der Studenten von Nanterre war, von dem zu einem bestimmten Zeitpunkt Leute..., eine gewisse Bewegung ist von dort ausgegangen, das heißt, über Nanterre gelaufen, es war einer der Orte der Gesellschaft, wo sich etwas ereignet hat. Ausgegangen ist es... Ich erinnere mich, ich war rausgefahren, um mir das mal anzusehen – es waren zwei verschiedene Welten. Es wurden damals schon Dinge gesagt, die später nie mehr laut wurden. Heute, zehn Jahre danach, kann man da wieder anknüpfen.

Aber was heißt das denn eigentlich? Wann macht man den Unterschied? Ein Dokument – was ist das? Muß ein Dokument zum Beispiel dreckig sein? Ist es nicht unbedingt sauber? Einfach alles ist Dokument. Das heißt, von dem Augenblick an, wo sich ein Blick darauf richtet, wird es Dokument. Das heißt, es wird gespeichert, es wird im Gedächtnis gespeichert. Dieses Gedächtnis kann auf verschiedene Weise zustande kommen. Es kann entweder ein Gedächtnis aus reinen Dokumenten bleiben... Die Dokumente sind nicht alles.

Deshalb, um die konventionellen Bezeichnungen Fiktion und Dokumentarfilm zu gebrauchen – sie sind zwei Aspekte ein und derselben Sache. Ich habe immer versucht, dem Fiktiven – um die gängigen Begriffe zu verwenden – etwas zu geben, was man dokumentarisch nennt, erfundene Figuren real spielen zu lassen und, wenn man das sagen kann, reale Leute zu erfinden. Wie zum Beispiel in diesem Film – und ich habe es in anderen auch so gemacht – Francis Jeanson, den ich gebeten hatte, seinen realen Text in eine leicht imaginäre Situation einzubringen, die er nicht ausgesucht hatte, die er aber akzeptierte.

Ich habe das, was er sagt, nicht erfunden. Ich versuche, darüber zu reden, aber mit einem Gegenstand in der Hand. Sonst würde nämlich keine Form entstehen, denn die Wörter sind da. Und übrigens, das Gesetz ist aus Wörtern gemacht und nicht aus Bildern. Das Bild ist nur dazu da, in bestimmten Momenten das Gesetz anzuwenden, in dem Augenblick, in dem man einen Beweis herzeigt, wo der Richter einen Beweis zeigt oder aber der Unschuldige mittels eines Bildes den Beweis seiner Unschuld erbringt, was auch ein Text sein kann, aber in dem Moment wird er wie ein Bild betrachtet, weil man sieht, plötzlich sieht man. In der Mathematik gebraucht man den Ausdruck: »Man sieht, daß...« Im allgemeinen dienen die Wörter dazu, etwas zu verfestigen, zum Gesetz werden zu lassen, gleichgültig, ob als gesellschaftliche Konvention oder Gedankenkonvention. Eine gesellschaftliche Konvention: Man muß sich die Hände waschen, ehe man sich zu Tisch setzt. Um eine solche Konvention zu ändern, muß man sich irgendwann sagen: Ich brauche Seife, Seife ist teuer...

Ich versuche, das Dokumentarische und das Fiktive nicht als Gegensätze zu gebrauchen. Meine Feinde sind nämlich die, die sich nicht der Bilder bedienen oder die sich der Bilder mehr zum Verbergen als zum Zeigen bedienen. So wird es im Kino hauptsächlich gemacht. Man versucht zu verbergen, was mit den Leuten los ist. Deshalb lieben sie die Bilder, weil die ihnen etwas Verborgenes zeigen und sie gleichzeitig vor sich selbst verbergen.

In welchem Rahmen bewegen wir uns? Bei sich zu Hause haben Sie doch zumindest ein Fenster, also einen Rahmen. Auch eine Tür. Der Tisch ist viereckig, das Bett ist viereckig. Selbst die Art, in der man die Embryologie angeht, die Geburt oder den genetischen Code, alles das sind Rahmen in einer bestimmten Form. Manchmal ist es gut, wenn er starr ist, dann aber wieder nicht.

Bis auf Omar Kiop, der war es so sehr, daß er dann schließlich umgebracht wurde von Leopold Senghor. Francis Jeanson war, lange vor dem Film, einer der wenigen französischen Intellektuellen, die aktiv in einer Organisation arbeiteten, die übrigens »le réseau Jeanson«, die Jeanson-Organisation hieß, die damals die algerische FLN aktiv unterstützte. Er wurde von der Polizei gesucht und setzte sein Leben aufs Spiel wie die Leute, die während der Okkupation gegen die Deutschen arbeiteten oder auch wie hier während des Vietnam-Krieges. Francis Jeanson hat mehr für Algerien gekämpft als etwa Jane Fonda in Amerika für Vietnam, er hat Risiken auf sich genommen wie sie. Ist der Film deshalb dokumentarisch? Manchmal sehe ich überhaupt keinen Sinn darin, die Dinge zu benennen. Man benennt, um sich zurechtzufinden. Man nennt »Hauptbahnhof« den Ort, von dem man weiß, daß da die Züge abfahren. Er könnte auch ganz anders heißen... Etwas »dokumentarisch« nennen oder »Fiktion«, oder etwas »Sozialismus« nennen oder »Kapitalismus«, nur um zu sagen: Nein, was du machst, das ist keiner...

Wie wir den Film gemacht haben? Ich sage Ihnen doch, für mich ist es ein Dokumentarfilm, denn ich war damals in Anne Wiazemsky verliebt. Anne Wiazemsky arbeitete in Nanterre, und so habe ich dann Nanterre studiert. Ich habe sie gefragt, ob sie vielleicht Freunde hätte. Ich hatte vage Vorstellungen von links und rechts oder was weiß ich, die man mir in den Kopf gesetzt hatte, oder die ich mir selbst in den Kopf gesetzt hatte... Jedenfalls bedeutete es, an einen Ort zu gehen, den ich schon kannte, jedenfalls hatte ich Lust, ihn kennenzulernen. Und das bedeutete, einen Film über Leute, die ich kannte. Wenn Anne Wiazemsky damals nicht Studentin in Nanterre gewesen wäre, und wenn Francis Jeanson nicht einer ihrer Philosophie-Professoren gewesen wäre, würde es den Film nicht geben.

Man kann nicht einfach fragen... Die Leute haben Arbeit. Die, die gern spielen – es gibt Kinder, die sich gern verkleiden, andere lieben das weniger. Insofern ist es das, was man die »Tradition des Dokumentarfilms« nennt. Da geht man zu den Leuten und bittet sie, ihre eigenen Gesten noch einmal zu machen. Aber ich bitte sie, auch eine Geschichte zu erfinden, das heißt, selbst Theater zu machen – Theater, das mit dem, das sie im Leben machen, in einem Zusammenhang steht.

Und überhaupt, was veranlaßte sie, noch in die Schule zu gehen? Sie war zwanzig, sie hatte Geld. Mußte sie überhaupt noch zur Schule gehen? Das ist dann der Moment, sie zu fragen: Kannst du dir nicht eine andere Schule vorstellen? Und dann werden wir miteinander Theaterszenen spielen oder eine andere Schule. Und dann filmt man das und zeigt es Leuten, und wenn es sie interessiert, dann werden sie darüber diskutieren, oder sie wollen nicht diskutieren, oder sie werden uns beschimpfen, was verschiedene dann getan haben, und andere sagen später: Was der damals schon gesehen hat... Aber das sagen sie erst zwei Jahre später.

Was ich versuche, nicht mehr zu tun, das ist das: Glauben Sie an die Revolution, wenn Sie einen solchen Film machen? Ich glaube nicht... Genausogut könnte ich an die Polizei glauben, wenn ich *Made in U.S.A.* mache, oder an die Autos, wenn ich einen Film wie *Weekend* mache.

Ich glaube an Möglichkeiten von Veränderung. Das ist das Wertvollste, die Möglichkeiten von Veränderung. Und das Bild ist deshalb so wertvoll, weil es Momente der Veränderung festhalten kann, egal ob in Form von Kino oder von Fotos. Und so kann man verifizieren und mit anderen vergleichen, ob die Möglichkeiten von Veränderung, die es gibt, interessant sind, nützlich, angenehm, wie es gerade kommt. Und wenn es Meinungsverschiedenheiten gibt, daß man sie bespricht. Und das Bild ist dazu da, sich der Veränderungsmöglichkeiten zu erinnern. Denn man nimmt es auf. Und manchmal ist das, was man in sich aufnimmt, im Gedächtnis, so wie unser Gedächtnis funktioniert, wie wir miteinander leben, ist es oft viel zu schwierig, um es zu erklären. Deshalb kostet es die Leute soviel Zeit. Wenn man sich in der UNO etwas mehr der Bilder und der Wörter bedienen würde, würde die UNO viel mehr erreichen. Aber die UNO will nichts erreichen. Manchmal will man etwas erreichen, wie damals gegen Hitler, der ging zu weit. Zu Hause im eigenen Land machten die Leute genau das gleiche, Churchill machte das gleiche in den englischen Kolonien und die Franzosen in den ihren übrigens auch. Sobald Hitler erledigt war, hatten sie nur eins im Sinn, anderswo wieder anzufangen. Hitler war wenigstens noch ehrlicher. Er machte es bei sich zu Hause, wenn Sie so wollen, aber er war wirklich gefährlich, er mußte ausgeschaltet werden, so verrückt, wie er war... Man hat ihn wirklich wie einen Verrückten ausgeschaltet. Aber das war er, weil er ein noch verrückterer Böser war als die anderen und auf niemanden hörte.

Da hat man sich dann auch des Bildes bedient. Man hat ein wenig die Bilder von den Konzentrationslagern gezeigt. Darauf haben die Engländer, die sich von Churchill haben ausbeuten lassen, gesagt: Fürchterlich, dieser Hitler... Aber heute werden die Bilder von den Konzentrationslagern nicht mehr gezeigt. Niemand weiß mehr, was da passiert ist. Stanley Kramer, der auf seine Art Filme gemacht hat – ich denke erst jetzt daran, daß wir einen davon hätten zeigen können –, der auf seine Art politische Filme gemacht hat, er machte Filme über Darwin, die aussahen wie *Z,* was ihn aber in Verruf brachte, das war *Das Urteil von Nürnberg,* ein Film, der allen gegen den Strich ging. Er als Amerikaner hatte Lust gehabt, ungefähr zehn Jahre danach zu versuchen... Er hat einen einfachen Fall genommen: Ein kleiner Richter – das war, glaube ich, Spencer Tracy –, der sein Urteil zu fällen hatte und der dann... Aber im Grunde hatte niemand mehr Lust, sich das anzuschauen. Zu einer bestimmten Zeit will man das Bild nicht sehen. Ein Bild ist schwierig.

Zweimal gibt es Ausschnitte mit Dokumentarmaterial, das ergibt einen Bruch. Es hat immer Leute gegeben, die Brüche wollten. Die Surrealisten in Frankreich, auf ihre Art... Irgendein übler, unerzogener Flegel, der bei einer Zeremonie auf die französische Flagge pinkelt... Gerade kürzlich erst hat sich so ein armer Spinner auf dem Grabmal des Unbekannten Soldaten ein Spiegelei gebraten, dafür bekommt man immerhin fünfzehn Tage Gefängnis. An sowas sieht man, was verboten und was erlaubt ist. Und dann Eisenstein... Gut, das war der Anfang von dem, was man die russische Revolution genannt hat, das waren allerdings unheimliche Veränderungen. Und das waren Filme, die einen enormen Einfluß gehabt haben. *L'Age d'Or* ist wenig gezeigt worden, die Zensur hatte ihn beschlagnahmt. Der *Potemkin* wurde auch selten gezeigt. Er ist zum Filmklassiker geworden, aber erst in der Erinnerung. Und erst sehr viel später hat man angefangen, ihn vorzuführen – nachdem die russische Revolution, das Neue, Gefährliche, das es für andere Herrschaftssysteme bedeutete, geschwunden war, als die Bilder von ihrem Gewicht verloren hatten. Bis dahin war er in allen Ländern verboten.

Nur, um sich ein Bild davon zu machen, wie blöd die Deutschen waren... Als Goebbels den Film gesehen hatte, hat er sich an Eisenstein gewandt und ihn gebeten zu kommen, er hat ihn gefragt,

ob er solche Filme nicht für die Deutschen machen könnte. Er hat gesagt: »Wir brauchen einen deutschen *Panzerkreuzer Potemkin*.« Man muß doch schon sagen: Was die Deutschen machten, war nicht dasselbe wie das, was die Russen gemacht hatten. Sie haben es nicht fertiggebracht, sich ihre eigenen Filme zu machen. Das besagt auch etwas. Denn wenn das nicht so gewesen wäre, wenn sie in der Lage gewesen wären, Bilder mit Gewicht zu machen... Die einzigen Bilder, die Gewicht gehabt haben, waren die aus den Konzentrationslagern, und die waren ihr Ruin.

In zwei der Filme erkennt man einen Bruch. Und mit diesen wollte ich eben andere zeigen, die man für politisch, für sozial gehalten hat. Wenn man nämlich die Memoiren von Capra liest... Capra redet von sich selbst wie von einem – er gebraucht das Wort »Revolutionär« nicht, aber er gibt sich so. Er glaubt, er hätte einen Film gemacht, mit dem er Amerika aus den Angeln gehoben hätte. Er spricht über sich, wie Eisenstein vielleicht über sich hätte reden können. Heute kommt einem der Film wie eine kleine Komödie vor.

Man hat mir nie gesagt: Sie machen linke Filme oder rechte Filme... oder ähnliches. Der einzige Vorwurf, den Filmleute mir gemacht haben, war: Was Sie machen, das ist kein Film. Und als ich Fernsehen gemacht hatte: Das ist kein Fernsehen. Meine Schwierigkeiten rühren daher, daß ich genau unter den Punkt treffe, wo etwas denunziert wird, und deshalb findet man, ich bin nicht ordentlich angezogen.

Wir wollen nur zeigen, wir wollen hier nur unterrichten, daß an den Universitäten nicht wirklich Kino unterrichtet wird. Man bedient sich des Kinos, um irgendwas anderes zu unterrichten, aber man versucht nicht, herauszubekommen... Das ist nur der Beweis... Jedenfalls das versuchen wir hier zu machen. Jetzt gerade fällt mir ein Film ein, den wir hier hätten zeigen können, der im Zusammenhang mit *La Chinoise* interessant gewesen wäre, nämlich *Ice* von Kramer. Den haben die Leute damals, die sich für politisch hielten, meinem entgegengehalten. Der war richtig, und *La Chinoise* war falsch. Heute hätte es mich interessiert, ihn zu sehen. Denn dann sähe man – nach dem, was inzwischen in Amerika passiert ist und was man jetzt weiß – inwiefern die Figuren von Kramer, die dokumentarfilmartig aufgenommen waren – mit leichter Kamera, Reportagekamera und so weiter –, auch nicht weniger lächerlich oder rührend waren und total neben dem amerikanischen Kontext lagen, wie die Franzosen neben dem französischen. Aber eben ihre Art, außerhalb des französischen Kontexts zu sein oder außerhalb des amerikanischen, die machte gerade, daß sie auch ganz dazugehörten. Dieses »Außerhalb« hatte nämlich trotz allem einen festen, seinen Ort, nicht überall, aber an seinem Ort... Denn zum Mai 68 gab es in diesem Film überhaupt keinen Bezug. Was auf den Pariser Straßen geschah oder bestimmte Fabrikbesetzungen und dergleichen. Das wenige, was ich davon gesehen habe, und alles das, was ich nicht gesehen und mitbekommen habe, hatte damit wenig zu tun, aber dieses Wenige an Beziehung war trotzdem eine reale Beziehung zu dem, was vor sich ging. Damals hat man *Ice* und andere Filme von Kramer diesem entgegengehalten. Heute würde man sehen können, wie ähnlich sie sind. Wenn man damals Gruppen wie die Weathermen in den Vereinigten Staaten wirklich gefilmt hätte... Ich kann mich erinnern, sie hatten eine ganze Villa in New York, und das war das Ende, die ist in die Luft geflogen, weil sie nicht richtig mit Sprengstoff umgehen konnten... Wenn man die damals gefilmt hätte, hätten die Polizisten sicher ihren Spaß gehabt und sich gesagt: Und vor sowas haben wir Angst? Auf ihre Weise wären die auch etwas lächerlich gewesen und unendlich rührend. Wenn man die Leute von der Baader-Meinhof-Gruppe hätte filmen können, wäre das sicher ein völlig phantastischer Film geworden, phantastisch, ja, aber auch ähnlich den Filmen von Clint Eastwood, mit ungeheuer gewalttätigen, vulgären Sachen. Aber dafür müßten die Leute erst einmal Bilder akzeptieren, statt Sätze.

Mit Adjektiven ist eine Situation nicht zu beurteilen. Wir leben heute in einer Zeit, in der man zum Definieren Adjektive verwendet. Zum Definieren, auch in einem Satz, da braucht man ein Verb. Ein Objekt oder Adjektive sind zu etwas anderem da, aber nicht zum Definieren. Heute definiert man einen Film mit einem Adjektiv. Deshalb habe ich wieder Lust – und wenn wir Zeit haben, werden wir es vielleicht machen, und wenn ich wenigstens zwei oder drei Leute finde, die auch Lust dazu haben wie ich –, ich habe wieder Lust, ich hoffe, das ist eine Spirale und kein circulus vitiosus, wieder Kritik zu machen und übers Kino zu reden oder Kino in Form einer Zeitschrift zu machen. Mal nicht filmen, sondern schreiben und publizieren, eine Mischung aus Fotos und Texten, besonders Filmkritik, wie sie heute, meiner Meinung nach, vielleicht anders gemacht werden könnte, dahin zu kommen, daß man einen Film kritisiert, wie man ein Essen kritisiert oder einen Automotor, der falsch montiert ist. Daß man nicht sagt: das ist schön, das ist großartig, das ist wie von Sternberg, das ist schöner als Sternberg... Man braucht sich doch bloß mal die Sätze anzuschauen, die die Verleiher und die Kritiker verwenden. Da heißt es immer: marvellous, fantastic, genious. Ab und zu heißt es sogar noch: The best films I've ever seen... Ab und zu nur noch, nicht sehr oft, denn immerhin..., aber es kommt noch vor. Wie kann man denn etwas definieren? Man kann nicht sagen: »schön«..., wenn Sie von Ihrer Freundin sagen: »Sie ist schön«, dann ist sie dadurch nicht definiert. Sie fügen dann zu dem, was sie wirklich ist, Musik, Malerei hinzu. Aber wenn das, was eine Zutat ist, zum Mittelpunkt einer Definition wird, dann stimmt es nicht mehr. Sogar die Wörter »richtig« oder »falsch« verlieren da jede Bedeutung.

Wer mehr beigetragen hat zu *L'Age d'Or,* Buñuel oder Dali? Man müßte ihn sich daraufhin nochmal anschauen. Wer von beiden was gemacht hat – ich weiß da nicht gut genug Bescheid. Ich könnte mir vorstellen, daß beide gleich viel dazu beigetragen haben und daß es mehr ein Film von Salvador Dali ist als man gemeinhin annimmt. Das Schwächste daran ist die Attacke auf die Religion, die kindischer als der Rest ist. Statt Geistliche zu zeigen, über die man bloß lacht... – da hätte es anderes gegeben, das mehr Angst gemacht hätte, und sogar... Ich erinnere mich, wie ich den Film vor vier oder fünf Jahren auf dem Festival in New York gesehen habe, wo *L'Age d'Or* vorher nie gelaufen war. Es herrschte eine eigenartige Stille im Saal. Sogar diese blasierten New Yorker... Ich glaube, man spürte die Kraft der Transgression. Es ist ein Film, der etwas übertritt. Gut, es ging um Vergangenheit, da wurden Tabus einer Gesellschaft übertreten, die es so nicht mehr gibt, aber irgendwie spürten die Leute, daß ihr eigenes Leben voller Verbote ist, die sie nicht zu übertreten wagen, und das da waren Bilder von Übertretungen. Insofern, glaube ich, ist es ein politischer Film. Es wäre interessant, einmal zu untersuchen, wie das genau gemacht ist. Ich habe dazu nur meine subjektive Ansicht. Ich glaube, daß es Buñuels – wenn er ihn gemacht hat – aggressivster Film ist. Die anderen sind viel weniger aggressiv und überhaupt etwas anderes.

Ich habe Ihnen neulich schon gesagt, daß es eine Menge Dinge gibt, auf die ich keine Antwort weiß, mit denen ich nichts anfangen kann, wo ich nicht weiß, wie ich mich verhalten soll. Im Kino bin ich nach und nach etwas sicherer geworden, aber nicht im Leben. Aber ich habe immer geglaubt, daß das Kino mir helfen könnte. Sonst wüßte ich nicht, in welcher Richtung ich gehen sollte. Heute fühle ich mich dem Publikum näher. Das heißt, ich gehöre zu ihm, aber das Publikum akzeptiert mich nicht, weil ich auch Filme mache, und es selbst keine Filme macht. Es spürt, daß meine Filme wenig Erfolg beim großen Publikum haben, nur bei einem Publikum aus Leuten, die selbst schöpferisch tätig sind, Schriftstellern und Studenten. Aber das normale Publikum akzeptiert mich nicht, weil es sofort und sehr genau spürt, daß ich zu ihm gehöre, während Travolta nicht zu ihm gehört. Und genau das verlangt es auch von Travolta, und bei mir akzeptiert es nicht, daß das bei mir zu sehen ist. Ich will sagen, daß ich mich dem Publikum nah fühle, eben weil auch ich den Film für mich brauche. Sonst würde ich keine machen. Wenn ich es nötig hätte, zur See zu fahren, wäre ich auf einem Schiff, und wenn mir die Medizin wichtiger wäre, wäre ich Arzt geworden. Übrigens habe ich lange gebraucht, herauszufinden, daß es der Film ist. Irgendwann bin ich da hineingeraten und habe gesehen... Ich brauche den Film auch, um zu sagen, wer ich bin, und um das Recht zu haben, den anderen zu fragen, wer er ist. Manchmal finde ich, ein Bild ist wirklich etwas Wunderbares, weil man damit alles sagen kann. Seine eigenen Fehler zum Beispiel, ohne sich zu schämen, als etwas neben einem selbst, so daß, wenn diese Fehler kritisiert werden, einen das nicht so hart trifft, weil man sie gezeigt hat als etwas neben einem. Wenn man gesagt bekommt: Was du gemacht hast, ist blöd..., statt daß einem direkt gesagt wird: Du bist blöd. Das empfinde ich wie jeder andere auch, das stört mich, und dann sage ich: Du auch, es stimmt nicht. Es kommt einfach eine Schimpferei dabei heraus. Aber wenn man auf einem Bild ist und man es dann wirklich sehen kann... Wenn mir jemand sagt: Du bist dick..., und ich sehe mein Bild, oder: Das steht dir nicht..., das kann ich dann sehen. Genauso geht es mit anderen Dingen – Du bist blöd, daß du dem das bezahlt hast..., oder: Wie blöd, daß du die da so verführt hast... – und ich es dann zeigen kann. Sowas will ich. Deshalb glaube ich, daß das Bild so viel wert ist, und weil es unbezahlbar ist, glaube ich, daß es die Leute wirklich brauchen. Aber die Machthabenden oder die, die sie unterstützen, und zu denen gehören die meisten, sonst gäbe es sie doch nicht, wollen das nicht sehen. Und deshalb muß man sich des Bildes bedienen, weil man da drinnen weiß, welche Gewalt es hat. Man muß es nötig haben, seis auch nur als Bild von einem selbst. Aber man muß zugleich auch versuchen, seine wahre Gewalt zu verstecken, es zur Diskussion gebrauchen und nicht, um jemanden damit zu erschlagen. Immer wird versucht, jemanden mit einem definitiven Beweis zu erschlagen – »unschuldig oder schuldig« –, nie heißt es: ein bißchen unschuldig und viel schuldig, oder viel schuldig und ein bißchen unschuldig. Und insofern finde ich, daß das Bild wirklich gestattet zu reden. Ohne Bild kann man nicht reden.

Deshalb sind die Filmkurse, die sich weit weg von den Bildern abspielen... Deshalb habe ich hier mit Serge versucht, im Rahmen des möglichen, die Filme herzuholen, um nicht nur über einen Film zu reden, sondern wenigstens über drei oder vier, und zwar möglichst gleichzeitig. Gut, ich habe sie ausgewählt, weil ich sie für meine Filmgeschichte brauche. Jedenfalls mußte ich wenigstens meinen eigenen filmhistorischen Weg mit meinen Filmen wiedersehen. Es ist wahnsinnig, dieses winzige Gefühl, sich für eine Sekunde zu sagen: Ich habe einen Film gemacht, und gleich davor werde ich den *Potemkin* wiedersehen, und bei meinem kann ich an ihn denken. Das ist etwas Unbezahlbares. Natürlich ist es unverhältnismäßig, daß ich sowas für mich machen kann und Sie nicht für sich.

Auf dem Festival waren wir, ja, aber wir haben uns wirklich sehr unwohl dabei gefühlt. Wir wollten nämlich nicht auf das andere Festival gehen, deshalb fühlten wir uns verpflichtet, auf dieses zu gehen, und haben uns einfach nicht getraut, ihnen zu sagen, sie wären genauso blöd und wir auch, weil wir gekommen wären. Und dann wollten wir unseren Film ja auch gern zeigen. Das ist alles wirklich sehr verzwickt. Das ist, wie wenn man zu einer Veranstaltung geht und sich dann hinterher sagt: Was ist das hier nur für ein beschissener Verein, ich halte das nicht mehr aus... Aber man kann sich das erst sagen, wenn man erst mal da ist. Die Filmfestivals sind wie ein Gesetz. Auch in Montreal gibt es ein paar. Jedenfalls sind Festivals die einzigen Orte, wo nicht über Filme gesprochen wird.

Aber es stimmt schon, wenn die Filmleute nicht über Filme reden. Man muß doch ein bißchen über das reden, was man macht, und so versammeln sie sich eben in dieser Form. Das gibt es eigentlich überall. Es gibt Zahnarztkongresse, es gibt Kongresse... Die Filmemacher sind eine Industrie wie jede andere auch. Die

Zahnärzte würden sich natürlich nicht trauen, zu sagen: das Festival des Zahns.

Ja, das... Das kommt daher, daß Geschichte einfach schlecht gemacht wird. Ich habe immer viele Filme gedreht, jetzt gerade drehe ich auch wieder einen. Als man damals behauptet hat – ich weiß nicht, wer das aufgebracht hat –, wir würden nicht mehr drehen, das war genau die Zeit, in der wir noch mehr drehten als üblich. Es ist kaum gezeigt worden, manches absichtlich, manches unabsichtlich. Es waren auch mehr Untersuchungen, Studien. Es hat Zeiten gegeben, wo ein Film für uns seinen Zweck erreicht hatte, wenn nur zwei oder drei Leute ihn gesehen hatten. Eine Frau, die einen Film über die Beziehungen von Mutter und Kind machen und über den Film nur mit ihrer Mutter und ihrem Kind reden würde – das wäre doch schon etwas. Sie könnte sagen: Die wenigstens haben den Film gesehen. Um sowas geht es. Ich bin heute der Meinung, daß Filme nicht immer zu denselben Zwecken gemacht werden. Deshalb muß man sie auch nicht immer in derselben Form machen. Heute, wo es Video gibt, Amateurfilme und was weiß ich noch, kann man doch was machen. Es stimmt nicht, Film ist nicht teuer. Es gibt teure Filme, aber andere auch. Und es gibt auch Filmmomente, aus denen nicht unbedingt Filme werden müssen. Genauso wie Sie aus Sätzen, die Sie den Tag über äußern, nicht unbedingt einen Roman machen. Sie gehören zum Roman Ihres Lebens. Sie wollen doch nicht, daß aus dem Satz, den Sie gesprochen haben, als Sie ein Kilo Fleisch gekauft haben, und dann, als sie in ein Taxi gestiegen sind, und dann..., daß daraus ein harmonisches Ganzes wird und Sie am Abend sagen können: Was habe ich heute für ein schönes Werk geschaffen... Mit den Filmen ist es genauso, auch sie sind zu etwas nütze.

Und so glaube ich, daß bestimmte Filme dazu gemacht sind, von nur wenigen gesehen zu werden. Es gibt bestimmte Filme, die sollten nur gemacht werden, um hier von Studenten gesehen zu werden, wenn sie da sind, oder wissenschaftliche Filme, die nur von bestimmten Wissenschaftlern gesehen werden sollten und dann... Und wenn ein allgemeines Interesse entstünde... So sollte es auch mit den Spielfilmen sein.

Aber es gibt eine völlig totalitäre Vorstellung vom Kino, die aus Hollywood stammt – vorher hat es das nicht gegeben. Und alle haben sich dem gebeugt, aus Gründen, über die wir gestern sprachen, Gründen, die sich in einer bestimmten Form darstellen, die mir vorkommen wie Wolken, die ich »die Geschichten und die Geschichte« nenne, woher es kommt, daß die ganze Welt auf die eigene Fähigkeit, Geschichten zu erzählen, verzichtet hat und es Hollywood überläßt, und das hat auch was mit Geschichte zu tun.

Eine totalitäre Idee kann kapitalistisch oder sozialistisch sein, russisch oder chinesisch... Nur ist man in Hollywood den Russen überlegen, weil überall auf der ganzen Welt amerikanische Filme angeschaut werden. Wenn heute am Sunset Boulevard oder in der Fifth Avenue ein russischer Film herauskommt, steht niemand Schlange. Wenn dagegen in Moskau ein amerikanischer Film herausgebracht wird, dann stehen alle an.

Es ist eine sehr totalitäre Idee, daß ein Film von allen gesehen werden müßte. Sehr viele Filmer sagen sich immer noch: Ich möchte, daß mein Film von vielen gesehen wird.

Dieser Totalitätsanspruch hat auch sein Wahres, nur dürfte er sich nicht so ausdehnen, daß daraus ein Totalitarismus wird. Das ist dann etwas wie die reine Rasse. Danach gäbe es dann die guten arischen Filme und die armen jüdischen oder die armen arabischen. Ich habe mich zu einem bestimmten Zeitpunkt auch für die Araber und die Juden und andere Minderheiten interessiert, weil ich mich an meinem Platz auch als Minderheit fühlte. Denn mir sagte man: Ihre Filme sind kein Musterbeispiel für das, was alle sehen sollten. Worauf ich sagte: Zum Glück... Ja, zum Glück, aber dann hat man auch keinen Anspruch auf einen Verdienst, wenn man zu dieser Minderheit gehört, denn das Anrecht zu verdienen haben im Kino nur die, deren Filme überall gezeigt werden. Das Fernsehen tritt genau an die Stelle. So kommt es, daß, wenn ich einen Fernsehkameramann in Weste und Krawatte bei der Arbeit sehe, wie er auf seine Anweisungen wartet, also wenn man so weit ist, dann fragt man sich: Warum wird er eigentlich fürs Nichtstun bezahlt, während wir arbeiten müssen?

Aber gerade in dieser Totalität, meine ich, steckt etwas Wahres und etwas total Wahnsinniges und Falsches zugleich. Interessant sind immer die Grenzen, denn erst durch die Grenzen artikulieren sich unsere Wünsche nach den Nichtgrenzen, und zwar in beiden Richtungen, und übrigens auch die Realität. Der Rahmen, der Kader ist etwas ganz wesentliches. Natürlich hat alles einen Rahmen, alles ist wahr. Aber ob etwas rund oder viereckig kadriert ist, kommt daher, daß das Bild ein Bild des Lebens ist und die

Darstellung ein Rahmen, genauso wie man einen gewissen physischen Rahmen hat, seinen Körper. Dann gibt es den sozialen Rahmen. Das Problem der Umrandung und auch das Problem des Blickwinkels sind sehr wichtig. Daran sieht man, ich weiß nicht... In der Filmgeschichte, die wir erzählen wollen, wird das amerikanische Kino das Kino sein, das die Großaufnahme und den Star erfunden hat, und das russische Kino das der Perspektive. Alle beide waren auf der Suche nach dem, was man Montage nennen kann, das heißt, eine Vereinigung. Die einen suchten sie über die Großaufnahme und glaubten, da etwas gefunden zu haben, und Eisenstein glaubte, die Montage gefunden zu haben. Dabei hatte er die Perspektive gefunden, er wußte, wo er seine Kamera hinzustellen hatte. Er ist draufgekommen, und Dutzende von seiner Sorte hat es in Rußland auch nicht gegeben. Aber es geschah, weil man in Rußland die Dinge aus einem anderen Blickwinkel sah, und das hat sich zu dem Zeitpunkt dann einem Individuum eingeprägt, das seinerseits einen anderen Blickwinkel gefunden hat, der einzigartig war. Denn die Deutschen arbeiteten damals nicht so, die Franzosen auch nicht und auch nicht die Amerikaner. Eisenstein hat... Soldaten erschießen Leute, die eine Treppe herunterlaufen. Er hatte eine Art gefunden, anders zu filmen, die einmalig war und die seitdem nie wieder jemand geschafft hat. Niemand hat sich so hingestellt..., nur Eisenstein, der zuerst seine Kamera so hinstellte und dann dementsprechend seinen Film konstruierte. Man braucht sich nur seine Vorlesungen über Inszenierung mit all den Zeichnungen, die er gemacht hat, anzuschauen. Da sieht man, was es bedeutet, zu einem Zeitpunkt, in dem gesellschaftliche Veränderungen passieren, ein Bild zu machen. Und dann war er auch nicht allein. Danach ist er dem Lauf seiner Geschichte gefolgt.

Sechste Reise

Dracula TOD BROWNING
Deutschland im Jahre null ROBERTO ROSSELLINI
Die Vögel ALFRED HITCHCOCK

Weekend J.-L. GODARD

Heute morgen ist uns, was die historische Montage betrifft, ein Fehler unterlaufen. Mir wäre es lieber gewesen, wenn *Deutschland im Jahre null* nach *Dracula* gelaufen wäre. Und dann haben wir einen anderen Film auftreiben können, aus dem ich gern einen Ausschnitt gehabt hätte – und ein anderer ist mir dazu nicht eingefallen –, das wäre ein Ausschnitt aus dem *Untergang des römischen Reiches* gewesen. Überhaupt hätte ich lieber einen Film gehabt..., ich wollte eigentlich *Freaks* zeigen. *Freaks*, von Tod Browning, haben wir nicht bekommen können, aber *Dracula* ging auch sehr gut. Danach hätte man den *Untergang des römischen Reiches* zeigen müssen, dann *Deutschland im Jahre null*, dann *Die Vögel* und dann *Weekend*.

Ich hatte mir nämlich vorgestellt, *Freaks* wäre gut gewesen, weil wir dann die Freaks, die Ungeheuer der verschiedenen historischen Epochen gehabt hätten. Deshalb hätten wir die Ungeheuer auch unterm historischen Gesichtspunkt gebraucht, selbst aus der Sicht Hollywoods, wie im *Untergang des römischen Reiches*. Das sind lauter Filme mit einer Art Untergang und Verdammnis. *Dracula* hätte vielleicht der letzte sein können, aber dann der letzte einer neuen Serie – der war der erste im Kino. Als ich heute morgen in die Vorführung kam, hatte ich erst den Eindruck, er paßte nicht so richtig daher. Aber dann bei Bela Lugosis erstem Satz, daß man um zu leben Blut verzehren müsse, das Blut fürs Leben wichtig wäre und man sich Blut nehmen müsse, um leben zu können, da fand ich, das ging genau zusammen mit dem, was die Römer zu ihrer Zeit mit den anderen machten, und daß der Untergang des römischen Reiches dem ein Ende setzte. Das paßte genau zu dem, was Hitler mit den anderen gemacht hat. Und Rossellini fing seinen Film an, als es mit einer Art Dracula zu Ende ging, der nur mehr Mittel gehabt hatte als der andere. Und in *Weekend* haben wir wieder angefangen..., denn sie leben nicht ewig, bei den Ungeheuern gibt es nur einen ewigen Neubeginn.

Ich finde, daß heute, wenn man diese vier Filme so einfach zusammen sieht, die für die meisten nichts miteinander zu tun haben, dann sieht man entweder den Film für sich, oder aber, wenn man den Film als Teil dessen sieht, woraus er eigentlich gemacht ist, als Teil eines Produkts einer bestimmten Epoche, in das man eintauchen kann, dann kann man sagen: Das ist vorher, daneben oder danach, ganz besonders, was wohl als Film vorher gewesen sein kann. Ich finde, heute morgen war das ganz deutlich zu sehen. Worauf ich dann gespannt war, nachdem ich das Vorher und Nachher gesehen hatte, war, zu sehen, was daraus geworden ist.

In *Deutschland im Jahre null*, der ein absolut phantastischer Film im eigentlichen Sinne des Wortes ist, sieht man das Ende der Ungeheuer, und wie auch das, was geboren wurde, wie eins, ein Kind noch, das kein Ungeheuer sein will, schließlich mit verschwindet – denn man sieht, auch wenn Hitler längst tot ist, die Eltern, die Erwachsenen... –, daß es wirklich stirbt. Man braucht gar nicht den ganzen Film zu sehen, dieser kurze Ausschnitt genügt, um zu verstehen, daß es stirbt, weil man ihm in den Kopf setzt, in seinen Körper, der größer ist als es selbst, daß es... Es wird ein Ungeheuer, und dabei wehrt es sich dagegen, einfach weil es redet wie ein Erwachsener, wie wir heute.

In einer Filmgeschichte könnte man zum Beispiel Einstellungen vom heutigen Berlin zeigen und sich dann fragen, wie es geschehen ist, daß daher das Ungeheuer kam und nicht aus anderen Städten.

In der Hinsicht schien mir, daß die vier Filme heute als »historische Montage« oder »Elemente der Filmgeschichte«, auch wenn es auf den ersten Blick nicht so schien, als Auswahl gut gelungen waren.

Manchmal ist es besser, in einen Film einzutauchen, und manchmal ebensogut, ihn von außen zu betrachten. Bei den *Vögeln* spürte man gut..., nach einer Weile und auch, als wir dann abbrachen und zu *Deutschland im Jahre null* übergingen, da spürte man eine kleine Enttäuschung. Man hätte doch noch ein bißchen mehr sehen mögen, weil Hitchcock das einfach so phantastisch gemacht hat. Man sagt sich: Gleich passiert etwas Schreckliches, und – bums! – geht es über zu was anderem. Das Schreckliche ist, daß es Vögel gegeben hat, Raubvögel einer anderen Art, die über ein Land hergefallen sind. Sowas kann man auch sehen, und das ist auch ein Film oder eine Geschichte. Daß das auf französisch erzählt war, ist im Endeffekt doch egal. Ob Quebec französisch ist oder englisch, oder ob ein Film synchronisiert ist oder nicht. Manchmal stört mich das überhaupt nicht. Überhaupt wäre es noch besser auf deutsch gewesen, aber...

Ich meine, in Japan sollte er auf japanisch laufen. Aber manchmal wünsche ich mir wirklich, es wäre besser gemacht. Am liebsten wäre mir weder Synchronisation noch Untertitel, sondern eine Art Kommentar in der Landessprache, von mehreren Sprechern oder einem gesprochen, daß man in der Lage wäre, der Handlung zu folgen, einem gleichzeitig aber klar wäre, daß es ein ausländisches Produkt ist, daß man aber, wenn man die Sprache nicht verstünde, trotzdem in der Lage wäre, der Handlung zu folgen. Mich stört einfach die Vorstellung, die ganze Welt spräche dieselbe Sprache. Das läuft wirklich auf eine Ungeheuerlichkeit hinaus, und der Eindruck, den du kritisierst, kommt nur daher. Das ist so, wie wenn man Kinder wie Erwachsene sprechen läßt oder ähnliches, die Filme sprechen zu lassen, wie sie eben nicht sprechen. Ein brasilianischer Film mit Untertiteln, das ist genauso fürchterlich. Aber da wir nun mal ein sehr kultiviertes Volk sind und einer sehr literarischen Zivilisation angehören, hat man es lieber, ein paar schlechte Zeilen zu lesen als einen schlechten Ton zu hören.

Aber das habe ich schon mal gesagt: Ich habe jetzt wieder Lust, Filme zu machen, synchronisierte Filme, das heißt, den Ton nicht gleichzeitig aufzunehmen und zu versuchen, etwas anderes zu machen. Denn schlecht ist nicht die Synchronisation an sich, sondern, daß sie und vor allem, daß der Text der Synchronisation so schlecht gemacht ist, genauso schlecht wie der Text der Untertitel. Übrigens finde ich, daß die Musik des Bruders Rossellini bei dem Film noch unerträglicher ist als die Synchronisation.

Man sollte nicht synchronisieren, sondern es den Leuten erlauben, einer Sache zu folgen, der sie gern folgen möchten. Ich glaube, manchmal hindern einen die Untertitel, auch wenn sie so tun, als könnte man folgen, daran, den Film normal zu sehen. Die Entscheidung müßte für jeden Film neu getroffen werden. Aber da alle Filme gleich sind, werden sie von den Menschen alle der gleichen Ausbeutung unterworfen. Es gibt Filme, wo es weniger ins

Gewicht fällt. Ich finde, daß es heute morgen angesichts der Sache, um die es ging, nicht so gravierend war, darauf kam es nicht so an.

Ein synchronisierter Film ist eigentlich ein nachsynchronisierter Film, nachträglich synchron gemacht und unterlegt mit einer fremden Sprache, beziehungsweise, wenn es ein ausländischer Film ist, mit der eigenen. Man versucht, andere Wörter mit etwa den gleichen Mundbewegungen in Übereinstimmung zu bringen. Im Grunde ist das eher wie bei Comics.

Nein, es wird mit Spezialmaschinen gemacht, am Schneidetisch. Ein Papierstreifen läuft, ähnlich wie ein Elektrokardiogramm, gleichzeitig mit dem Bild durch, und auf den schreibt man mit der Hand die Wörter. Jedenfalls wird es in Frankreich so gemacht. In Frankreich und Italien wird synchronisiert. In vielen anderen Ländern wird nicht synchronisiert. In Südamerika laufen die Filme mit Untertiteln. In Amerika sieht man weder untertitelte noch synchronisierte Filme, weil nur amerikanische gezeigt werden – die haben ihr eigenes Verfahren!

Also man schreibt – ich erinnere mich, wie es bei *A Bout de Souffle* war, der nachsynchronisiert wurde, und noch ein paar anderen Filmen –, wenn der Schauspieler den Mund aufmacht, schreibt man den Text, weil das Papier gleichzeitig mit dem Bildstreifen durchläuft, in entsprechender Länge hin, wobei man versucht, bei den Labialen und Konsonanten Entsprechungen zu finden, bei den Ps und Ms und so weiter. Was manchmal total blödsinnig ist. Es wäre viel besser, einfach einen Text darüberzulegen, den richtigen Text auf quebecsch oder amerikanisch oder italienisch, der ruhig mal länger dauern könnte, aber den Ton vollständig wiedergäbe, was meiner Meinung nach die einzig richtige Art wäre, das zu machen.

Sobald ein Schauspieler in der Originalfassung den Mund aufmacht, auch nur um zu atmen, oder ein Wort sagt und ihn dann wieder zumacht, meinen die Leute, sie müßten ein Geräusch daraufleigen, und so bekommt der Film einen vollkommen blödsinnigen Ton verpaßt. Filme von Bergman oder auch anderen werden so..., ein Film wie *Schreie und Flüstern* zum Beispiel, wenn der synchronisiert wird, dann reden in der Synchronfassung die Leute dreimal soviel wie im Original. Und außerdem werden oft noch Wörter verwendet, die gar keinen Sinn ergeben. Nur weil in einem Wort ein P oder ein M vorkommt, wird es gebraucht. Das sieht dann so aus, als wäre es richtig, entspricht aber überhaupt nicht dem Text des Films, alles wird total verändert. Darum sollte man sich wirklich kümmern und es ändern. Meiner Meinung nach braucht man sich, um gut zu synchronisieren, zunächst mal gar nicht um Synchronität zu kümmern. Hinterher kann man sich etwas danach richten, aber nicht von Anfang an.

Wenn man in Filmkursen wirklich lernte, Kino zu machen und vor allem, das Kino zu verstehen, wie es gemacht wird, dann ginge das schon. Aber dafür müßte die Art von Arbeitern, die die Studenten sind, Forderungen stellen, aber die lassen die Chefs einfach machen.

Oft kommt es mir vor, wenn das jetzt noch auf quebecsch, oder wie man es nennt, synchronisiert wäre, dann käme es Ihnen noch unmöglicher vor als auf französisch. Serge hat das neulich erwähnt: Früher hat man in Frankreich auch Musicals vollständig synchronisiert. Es ist ganz unglaublich, Marilyn irgendwelche Lieder mit Marseiller Akzent singen zu hören oder was weiß ich... Es wäre schon möglich, eine Sängerin zu finden – oder ein anderes Lied – und sie Lieder singen zu lassen, die nicht allzusehr vom Original abwichen, wenn man unbedingt eine andere Fassung machen wollte. Aber dann würde sich auch zeigen, daß das bei solchen Filmen nichts bringt. Bei anderen würde es vielleicht nicht stören, aber ein Lied zu synchronisieren, es ist klar, daß das wirklich nichts bringt. Wen stört es, wenn er bei einem Song die Bedeutung nicht versteht? Meistens ist sowieso so viel Musik zu hören oder so viel..., so wie da dann die Sprache zu verstehen ist, oder auch in Opern... Der Rock setzt da die Tradition der Oper fort, man versteht kein Wort von dem, was gesagt wird. Und doch versteht man etwas, und manchmal könnte man einen Film auch verstehen, wenn man kein einziges Wort versteht, wenn man nur die Geschichte irgendwie mitbekommt.

Ich habe nichts erfunden. Ich habe immer alles sehr sorgfältig vorbereitet, und wenn man mich gefragt hat: Sie arbeiten ganz ohne Drehbuch?, habe ich geantwortet: Ich werde wohl was anderes haben, meinetwegen nennen Sie es Drehbuch. Aber was man im besonderen ein Drehbuch nennt, ein eigens geschriebenes Buch... Wenn man mir ein Drehbuch geben würde, was man so nennt, ein shooting script, ich wäre absolut unfähig, auch wenn ich mir größte Mühe gäbe, damit etwas anzufangen.

Ich glaube, es hat einen ganz anderen Zweck. Drehbücher sind für Großproduktionen gut – und es ist nur zum Nachteil kleiner Produktionen, wenn sie die großen nachzuahmen versuchen –, daß sie sich während der Dreharbeiten zurechtfinden können. Wenn da zum Beispiel steht: Tucson, außen, Tag, Postkutsche..., dann weiß man, daß man an einem bestimmten Tag, das ganze Team, dort sein muß, dabei geht es dann um zwei- oder dreihundert Leute. Der Produzent braucht sowas, etwa wie bei der Armee. Bei der Armee gibt es eine ganze Logistik. Man muß eben wissen, wann die Benzinkanister für die Panzer wohin gebracht werden müssen und wie das dann abläuft, oder die Feldküche und dergleichen. Auf einen Infanteristen kommen fünf oder sechs Leute, die damit beschäftigt sind, ihn mit Waffen, Munition und Kleidung auszustatten, und dann gibt es noch fünfzehn in den Büros, die das gleiche machen. Im kleinen ist es beim Film genauso. Für eine Barbra Streisand oder für einen Belmondo gibt es bei der Fox fünfzig Leute. Also, wenn Sie so wollen, ist das shooting script für alle diese Leute da, aber nicht für den eigentlichen Film. Vielleicht gibt es irgendwen, der es rausholt, wenn er vergessen hat, was er machen wollte, aber auch da, nein... Man kann einfach nicht alles festlegen. Ich habe immer mit einem Drehbuch nach meiner Art gearbeitet, das aus einer Reihe von Notizen, von Stichpunkten besteht, weil die Leute, wenn man abends auseinandergeht, einen fragen: Wo sehen wir uns morgen wieder? Und da kommt es dann drauf an. Wenn man sagen würde: Morgen in Tokio... Da braucht man schließlich zwei oder drei Tage für die Flugreise, man muß ein Hotel suchen und so weiter. Da geht es dann nicht mehr. Ob man arm oder reich ist, da ist es dann aus mit dem Improvisieren. Wenn man dagegen in Montreal dreht und wird gefragt: Wo treffen wir uns morgen früh?, dann kann man sagen: Hör zu, das steht noch nicht fest, jedenfalls gegen Mittag, und um zehn herum ruft dich jemand an und sagt dir, wo du hinkommen sollst. So geht es dann immer wieder. Es kommt auch vor, daß man genau weiß, wie es weitergehen soll, daß der Dialog festliegt, dann gebe ich ihn raus. Wenn er noch nicht festliegt, sage ich: Mach dir keine Sorgen, du bekommst ihn morgen früh. Oder aber die Arbeit besteht darin, daß man bei der Arbeit gemeinsam entwickelt. Vielleicht wird das aufgezeichnet oder aber... Ich weiß nicht.

Ich glaube, es stimmt einfach nicht. Wenn es heißt, man braucht ein Drehbuch, wenn man so darauf besteht, dann soll man glauben, das wäre eine Art Eisenbahnfahrplan, man soll glauben, das Kino wäre was ungeheuer Undurchschaubares und Kompliziertes, wo man ohne Drehbuch nicht auskäme. Das ist, wie wenn man einem Reisenden sagte, er müßte, wenn er den Zug nimmt, unbedingt einen Fahrplan in der Tasche haben, oder daß man immer ein Telefonbuch dabeihaben müßte für den Fall, daß man mal telefonieren wollte. Meiner Meinung nach läuft das aufs selbe raus. Es ist nützlich, aber nicht immer. Man braucht doch nicht immer mit einem dicken Buch rumzulaufen, wenn man mal telefonieren will.

Es wäre interessant, wenn es Kurse für Skript- oder Drehbuchschreiben gäbe, in einem Buch die verschiedensten Arten zu untersuchen, wie man Drehbücher schreibt. Zur Stummfilmzeit zum Beispiel, als es keine Dialoge gab. Ich erinnere mich, einmal ein Drehbuch von Fritz Lang gesehen zu haben, ich glaube *Metropolis*. Das bestand aus fünf Spalten nebeneinander. Das war ein großes Buch, so groß..., wie ein Malheft, und es gab fünf Spalten. Heute gibt es nur noch eine oder zwei.

Ich habe kürzlich das Skript eines Films gelesen – oder vielmehr, ich habe es überflogen –, den Roman Polanski gerade dreht. Nach diesen Angaben zu drehen, wäre mir ganz unmöglich. Nach drei Zeilen Dialog steht da: Sie geht von da nach da. Das sind Anhaltspunkte, Anhaltspunkte vor allem für die Produktion, damit jeder was hat, wonach er sich richten kann und weiß, daß das gedreht wird und nicht was anderes. Das muß auch sein. Sonst gäbe es zwischen den Leuten, wenn sie miteinander drehen, überhaupt keine Verbindung. Sie müssen wissen, sie drehen mit Roman Polanski einen Film nach einem Roman von Thomas Hardy und nicht einen Film mit Humphrey Bogart oder sonstwem. Das heißt, es gibt zwischen den Leuten überhaupt keine Verbindung außer der, die sich momentan aus der Produktion ergibt, aus der Art, wie Filme gemacht werden. Wenn man dagegen mit einer kleinen Gruppe dreht, kennt man sich besser, selbst wenn man sich erst kürzlich kennengelernt hat. Das ist wie bei Musikern. Die haben auch kein Skript. Sie haben Notenhefte, manchmal schauen sie rein, und dann wieder nicht. Aber nie würde man zu Bob Dylan sagen, wenn er von seiner Plattenfirma Geld wollte: Gut, aber bringen Sie mir erst mal... Do you have a script? Statt dessen darf er ihnen vielleicht etwas vorspielen.

Für mich sehe ich da wirklich eine große Gefahr. Es legt einen fest, denn hinterher, wenn mehr Geld gebraucht wird, wird man im Namen des Skripts gezwungen, sein Wort zu halten, das Wort, das gedruckt dasteht. Sie sind wie das Gesetz, es sind Gesetzestafeln. Wenn so ein Gesetz erst mal schriftlich niedergelegt ist... Da heißt es dann: So, Sie haben Ihre Meinung geändert! Und dann: So, Sie sind ein Lügner, Sie sind unehrlich. »Lügner« – darauf kann man noch sagen: Ich habe meine Meinung geändert. Aber »unehrlich« – wer würde wagen, darauf zu antworten: Ja, warum nicht?

Die meisten Filmemacher, die meisten jungen Filmemacher, versuchen, ganz vorschriftsmäßig ins Filmgeschäft zu kommen. Einer von tausend schafft es – es ist nicht so einfach, denn eigentlich werden sie kaum gebraucht –, und bei dem einen kann man dann sicher sein, daß er sich an die Vorschriften hält.

Auf diese Weise hämmert man den Leuten nämlich ein, daß das die einzig richtige Arbeitsweise ist. Man hätte doch..., mir schien es normaler, eher Bilder von ihnen zu verlangen und hinterher dann Texte oder etwas Ähnliches.

In Hollywoods Blütezeit machten die Screenwriter, die Drehbuchschreiber, ihre Wochenstunden ab wie im Büro, sie fingen im Büro von Fox-Universal morgens um neun oder um halb zehn an, machten mittags Pause und gingen in die Kantine, und um halb fünf hörten sie auf. Je nach Produzent oder Produktionsfirma mußten sie pro Tag ihre zwanzig, dreißig, vierzig Seiten schaffen. Es war eine richtige Arbeit, im Sinne von Lohnarbeit, für eine Firma, wie bei anderen auch. Wenn die Putzfrau nach Feierabend aufgesammelt hätte, nicht, was sie dem Produzenten ablieferten, sondern was sie in die Papierkörbe geworfen hatten, wenn man das heute sehen könnte, dann hätte man heute sicher viel genialere und tollere Skripts und Filmideen als in dem, was tatsächlich gemacht worden ist. Ich für meinen Teil würde »Skript« lieber das nennen, was in den Papierkörben gelandet ist. Daraus könnte man einen Film machen, wenn man anders arbeiten würde, aber es landete im Papierkorb, weil es nicht das war... Jedenfalls mußte etwas abgeliefert werden, was vor Auge und Ohr des Produzenten bestehen konnte.

Etwas zu Papier bringen, Notizen machen – das macht jeder, das ist nützlich. Notizen, Hefte – ich habe immer ein Heft bei mir, ich mache Notizen. Aber nicht so, wie es üblich ist. Ich glaube, da liegt das Problem des Drehbuchs. Ich sehe immer wieder, wie ungeheuer wichtig es die Leute finden. Der Mythos des Drehbuchs und des Kinos als etwas ungeheuer Kompliziertem, der kommt daher. Immer wieder wird danach gefragt. Es scheint, die Leute möchten immer ganz genau wissen, ob man mit Drehbuch arbeitet oder ohne. Ich frage mich, wer ihnen diese Vorstellung vom Drehbuch in den Kopf gesetzt hat.

Ich bewundere jemanden wie Hitchcock sehr, der für mich zu einem anderen Land, zu einer anderen Gesellschaft mit anderen Problemen gehört, aber er ist für mich einer von den beiden... Jemand, der macht, was ich auch kann, es aber von Mal zu Mal immer besser macht, perfekt. Dem beim Übergang vom Stummfilm zum Tonfilm nichts verlorengegangen ist. Die Szene – ich war sehr zufrieden, daß man sie heute morgen gezeigt hat –, die sieben oder acht Einstellungen, in denen Tippi nichts macht und die Raben sich sammeln, in sieben, acht Einstellungen sind diese Szenen ebenso... – ich weiß nicht, wie ich es sagen soll, ich möchte keine Adjektive gebrauchen –, aber das ist das Kino auch, jemand, der zum Erzählen keinen Text braucht, der, wenn nötig, Text verwendet und sonst Bilder und Ton benutzt. Das ist eine runde Sache, wie eine Sängerin, wie Barbra Streisand: sie singt..., ihre Stimme gehört zu den vollkommensten in der Welt des Gesangs, nicht die Texte, aber ihre Stimme. Das ist wie bei einem Athleten, der sieben bis acht Disziplinen beherrscht – gegenüber anderen mit gerade einer halben.

Dabei haben Leute wie Hitchcock und Eisenstein zu ihrer Zeit keinen Anklang gefunden. Beim einen Stalin, beim anderen Roosevelt, dann Kennedy und später noch andere, die haben ihnen Schwierigkeiten gemacht. Dennoch haben sie es geschafft, das zu machen, was sie wollten, die Treppe von Odessa oder diese Einstellung mit Tippi – wie die Kritiker so schön sagen: Das sind die großen Augenblicke des Kinos. Aber es sind einfach Dinge, an denen man sieht (und davon könnte sich das Fernsehen bei seinen Nachrichtensendungen und Reportagen eine Scheibe abschneiden), welche Kraft wirklich im Kino steckt. Heute morgen waren etwa fünfzehn Leute in der Vorführung, und sie hatten *Die Vögel* bestimmt schon mal gesehen. Und es gab Momente, da packt es einen wie Musik, und dann sitzt man da und kriegt den Mund nicht wieder zu. Da steckt eine ganz ungeheure Kraft dahinter, und worum es geht, ist, sie zu gebrauchen. Niemand wüßte sich wirklich dieser Kraft zu bedienen, jedenfalls keine Regierung.

Der Film, den ich jetzt für Mosambik vorbereite, heißt *Geburt des Bildes einer Nation,* nicht *Geburt einer Nation,* sondern *Geburt des Bildes einer Nation,* das heißt, die Geburt einer Nation vermittels des Bildes, das sie sich von sich macht oder das sie sich machen möchte oder das sie von sich macht, weil sie es anderen vermitteln will. Man kann dabei feststellen, daß alle Regierungen – Lenin hat es gesagt – wissen, daß das Kino von vornherein sehr wichtig ist. Für Lenin ging es um Sozialismus und Sowjets plus Elektrizität, das Kino gehörte dazu mehr als alles andere. Er hat sofort russisches Gold dafür gegeben, mitten im Krieg, daß einer nach New York fahren und Filmmaterial kaufen konnte. Mit dem hatte er kein Glück: der Typ hat das Gold behalten und ein Restaurant aufgemacht. Da hat Lenin einen anderen geschickt.

Übrigens gibt es zwei Arten von Industrie, und das Bild gehört zur zweiten Art. Es gibt die Tagesindustrie – ich nenne das Tagesindustrie –, die nämlich, bei der die Körper sich bewegen. Die Gesten der Arbeiter, die die Gegenstände machen, wenn sie ein Bett zusammenbauen oder ein Auto, wobei der Körper in Betrieb ist und in gewisser Weise ausgenutzt wird. Eben das, was man üblicherweise Industrie nennt – ich nenne es lieber Tagesindustrie. Manchmal arbeitet sie zwar auch nachts – man macht dreimal acht Stunden, um auf vierundzwanzig Stunden zu kommen –, aber auch das gehört zur Tagesindustrie.

Und dann gibt es die Nachtindustrie. Die Industrie, bei der das Innere des Körpers in Betrieb ist, dazu gehören die Lüste, die Psychologie, die Nerven, die Empfindungen, die Sexualität. Industrien wie Spiele, Prostitution, Drogen, Tourismus, Sport und sowas, wo der Umstand ausgebeutet wird, daß man aus sich selbst heraus möchte – die Ausbeutung, die nach der durch die Tagesindustrie kommt –, und dann, was man heute, grob gesagt, die Mafia nennt, die zu dieser Industrie gehört, und dann die Schauspielindustrie, das Showbusineß, das Filmindustrie, Fernsehen und Musik umfaßt – sie alle gehören zu dieser Industrie.

Städte wie Las Vegas sind extreme Beispiele für das, was sich daraus entwickelt hat. Übrigens ist es in Las Vegas verboten zu fotografieren. Das ist doch komisch, wo ... Es ginge wirklich nicht, wenn jeder x-beliebige Amateurfilmer ... Dann würde ein Mann oder eine Frau Gefahr laufen, gesehen zu werden, wie sie mal am Arm eines anderen ... Es ist der einzige Ort, wo das verboten ist. Und da sollte es doch eigentlich eher erlaubt sein als sonstwo.

Finanziell steht das Kino übrigens ganz beträchtlich im Dienst der Mafia. Die verdient... Da verbindet sich die Nachtindustrie mit der Tagesindustrie. Zum Beispiel, eine Figur in den Vereinigten Staaten, ein Verbindungsmann war Howard Hughes. Daß der Typ was mit Film zu tun hatte, war kein Zufall, und daß er gleichzeitig fürs Pentagon und die Mafia arbeitete und gleichzeitig der Nachfolger der Gründer von Las Vegas war. Er hatte sich nämlich bereitgefunden, dem schlechten Geld, dem sogenannten schmutzigen Geld – das ist einfach die Industrie, die im verborgenen arbeitet – den Stempel der Ehrbarkeit aufzudrücken, so daß man es legal in der Industrie verwenden konnte, ohne die guten Sitten zu verletzen – aber wer kontrolliert die eigentlich?

Beim Kino ist, wie bei Hotels und Spielbanken, manches möglich. Wie etwa das Geld für einen Film ausgegeben wird... Es gibt da viel Unkontrollierbares, oder vielmehr, man verzichtet auf die Kontrolle, so wie das Geld, wie man sagt, weißgewaschen wird. Geld, das mit Prostitution verdient und nicht versteuert wird, kann man in Filme stecken. Ich glaube, an Universitäten wird sowas wie die Wirtschaftsgeschichte des Films noch nicht gelehrt. Wenn sich jemand daranmachte, würde er sehr bald an die Luft gesetzt, weil er solche Dinge sagen müßte. Mein Problem ist es nicht, wenn Seven Arts mit dem Geld, das aus der Prostitution kommt, die Warners aufkauft und noch andere. Ich finde es nur sehr interessant, das zu sagen, zu zeigen, davon zu reden.

Dracula ist jemand aus einer anderen Welt in der heutigen. Man sagt: Dracula, den gibt es nicht. Und dennoch, drei Viertel von Dracula... Man braucht sich doch nur anzuschauen, wie die Leute in dem Film angezogen sind. Noch heute sind in allen Verwaltungsräten und in der ganzen besseren Gesellschaft die Leute so angezogen. Also: Wo sind die Ungeheuer? Wer sind die Ungeheuer? Draculas Wohnsitz, Lugosis Wohnsitz, das ist genau der Wohnsitz der Duponts von Nemours – so sehen diese Häuser aus. Wie sollten sie auch woanders gedreht haben, die Vorstellung von anderen Dekors gehabt haben? Man bezieht seine Vorstellungen aus der Welt, aus der man kommt. Und da bin ich ganz sicher: auf solche Ideen kommt man nur, wenn man die Dinge gesehen hat.

Wenn ich *Dracula* nur für sich gesehen hätte, wäre ich nicht auf die Idee gekommen. Aber da ich sehe und weiß, daß ich gleich vorher oder nachher *Deutschland im Jahre null* sehe... – und ich fand, heute morgen kam die Sache von einem kosmischen Standpunkt aus gut heraus, es gab eine kosmische Verbindung zwischen diesen Filmen –, wirklich: Berlin, das ist Draculas Grabmal. Das ist in gewisser Weise Hitlers Genie. Er ist der einzige... Wenn man Dracula einen kleinen Schnäuzer gemacht hätte, das hätte hingehauen. Hitler war wirklich ein phantastischer Typ, er war der einzige... Sie können nehmen, wen Sie wollen, sogar eine alte Dame oder ein Baby, sie kleben ihm einen kleinen Schnurrbart dahin und machen ihm eine Strähne daher, und gleich sagt jeder: das ist er! Mit keinem anderen wäre das zu machen, weder mit Napoleon noch mit Stalin, mit keinem, nur mit Hitler geht das. Und der Schluß daraus ist: Es muß da trotz allem irgendwas geben, offensichtlich gehören wir alle ein bißchen zu diesem Typ, ein klein wenig, wenn es so leicht ist, ihm zu gleichen. Selbst Jesus schafft das nicht. Versuchen Sie es doch mal mit einer Dornenkrone!

Und doch, es war wirklich der helle Wahnsinn, und dieser Film, *Deutschland im Jahre null*, wenn man den heute sieht – ich hatte ihn damals schon sehr gemocht, aber mehr aus Bewunderung für Roberto –, wenn man das wiedersieht... Es hat mich unheimlich getroffen. Ich hatte nicht gesehen, ich hatte nicht verstanden, erst heute, nachdem ich selbst ein oder zwei Filme mit Kindern gemacht habe – nicht, weil ich welche habe, sondern im Gegenteil, weil ich keine habe –, da wurde es mir klar, daß man diesem Kleinen etwas in den Kopf gesteckt hat, überallhin, in den Körper, der plötzlich einfach zu groß für ihn wird. Und als er es dann merkte, ging es einfach nicht mehr. Er verkaufte Zigaretten, er machte nur lauter Dinge, die die Erwachsenen machen, die Eltern, und auch wenn die Stadt total zerstört war, das war ein Ungeheuer, das keins sein wollte.

Das war recht schön, und selbst die Musik vom Bruder Rossellini, den Roberto immer nahm, weil er seiner Familie halt immer zu arbeiten gab, da fand ich sie schließlich in ihrer Scheußlichkeit akzeptabel. Ich habe den Eindruck, sie macht mit dem Film, was Hitler mit Deutschland gemacht hat. Und da fand ich es dann nicht schlecht.

Ich war neulich in Hollywood, nur so, zu einem Essen bei einem Schauspieler. Ich bin also hingegangen, aber ich mußte mir eine

Krawatte leihen, denn sonst hätte es unnötig Probleme gegeben. Sowas gibt es. Es ist doch komisch, daß man in solchen Punkten nachgibt. Es ist doch absolut verrückt, so ein winziges Detail, die außerordentliche Macht dahinter... Überhaupt der Anzug, die Formen... Wenn man in den großen Städten in die teuren Viertel geht, die Stadtteile, wo Grund und Boden am teuersten sind, was man da am meisten sieht, sind Banken und Modegeschäfte. Viel mehr als im Mittelalter und noch vor zwanzig, dreißig Jahren.

Ich würde eigentlich sagen, daß die richtigen Monsterfilme die sind, die einem keine Angst machen, die einen aber hinterher selbst monströs machen. Während die anderen, die einem etwas Angst machen, die befreien einen auch ein wenig. Die wirklichen Monsterfilme sind *Grease* und *Saturday Night Fever*. Das sind die echten Monsterfilme, weil sie einem überhaupt keine Angst machen. Angst werden wir haben, wenn sich die Folgen zeigen, wenn uns etwas zustößt in drei Jahren. Denn das kommt aus der Vorstellung, und was produziert die Industrie? Sie produziert Autos, Flugzeuge, Cafeterias, Rasierer, aber diese Objekte sind zuerst Vorstellungen, die sind ja nicht einfach plötzlich da. Vorstellen bedeutet produzieren, produzieren heißt vorstellen, das hängt zusammen. Ich finde es besser, eine Schallplatte zu machen, ein Chanson zu erfinden. Das bedeutet: Vorstellung zu produzieren, genauso wie man Plätzchen fabriziert.

Eigentlich hat es wenige Filme in der Art von *Dracula, Nosferatu, Frankenstein* gegeben. Nosferatu oder Dracula waren keine reinen Erfindungen wie Frankenstein, der Angst macht, aber gleichzeitig weit weg ist von aller Realität. Es hat auch Jekyll und Hyde gegeben, der wieder mehr individuellen, psychischen Gegebenheiten der Bourgeoisie entsprach. Bei Filmen über streikende Arbeiter hat man nie Dracula bemüht oder ähnliches – was ganz nützlich wäre – oder bei Filmen über die Mafia oder was weiß ich. Ich meine: Blut saugen und Geld scheffeln, da ist kein großer Unterschied.

Es ergibt sich bei dem, was wir zu machen versuchen, wirklich etwas Interessantes. Denn wenn man die Filme in Beziehung setzt zueinander, dann ergeben sich andere Vorstellungen und Gesichtspunkte dazu, wie die Dinge entstanden sind. Das kann interessant sein und wirklich etwas dabei herauskommen.

Weekend war allerdings sehr viel..., das war eine sehr viel konfusere und komplexere Welt. Ich habe dazu die ersten Texte von Engels über die Irokesen hergenommen. Ich habe versucht, einen großen Salat zu machen, ein dickes Clubsandwich, wo Ungeheuer und Nichtungeheuer... Ich bin näher am Schrei, am Gesang. Jedenfalls habe ich versucht – aber es ist nicht recht gelungen, es wird notgedrungen konfuser –, klar zu bleiben und zugleich alles zu vermengen. Etwas Vermischtes klar zu zeigen, das ist ziemlich schwierig, und das ist das Kino, das ich immer zu machen versucht habe und das den Leuten etwas konfus vorkommt. Ich versuche, in der ganzen Konfusion etwas klarer zu sein, indem ich Momente der Vermischung zeige, mich dafür interessiere.

Natürlich hat Rossellini nicht... Aber man könnte sich *Deutschland im Jahre null* sehr gut anders gemacht vorstellen. Es würde überhaupt nicht stören, wenn da in einer Einstellung plötzlich Bela Lugosi auftauchte.
Die Musik kommt mir absolut monströs vor. Wie heißt er noch? Renzo Rossellini... Ich glaube, ich erinnere mich nicht mehr genau, er hat mir mal gesagt: »Ich lasse ihn immer noch lieber in meinen Filmen spielen als bei mir zu Hause, meinen Bruder.« Ein Geschäft auf Gegenseitigkeit – sowas war es wohl...
Eigentlich gibt es wenige Filme, die gleichzeitig versuchen... Daß, wenn man *Frankenstein* dreht, man ihn in eine sozial monströse Situation stellt, zum Beispiel die Wirtschaftskrise der Jahre nach 29 oder etwas Ähnliches, wie es das gegeben hat. Aber das behandelt das Kino nicht. Es hält beides getrennt. Ich versuche immer mehr – ich bin da anders als selbst Rossellini –, ich versuche, beides zusammenzubringen. Das ist natürlich zu schwierig, wenn man über eine Person in einer solchen Situation etwas Entscheidendes aussagen will. Ich kann aber nur so vorgehen. Nur die Situation zu behandeln, das könnte ich nicht. Oder mehrere Personen zu behandeln, wie im Hollywoodfilm, das könnte ich ebensowenig.

Weekend hat, als er herauskam, nicht viel Erfolg gehabt. Aber sechs Monate später – das war ein wenig wie bei *La Chinoise* –, sieben oder acht Monate danach sind dann Sachen passiert – sie machten den Film nicht besser, aber wir hatten uns von Vorgängen anregen lassen, die noch nicht ganz sichtbar zutage getreten waren. Das heißt nicht, daß es sie noch nicht gab, sondern nur, daß ich sie zeigte, bevor sie für jedermann sichtbar passiert waren. Eine Krankheit – oder auch die Gesundheit. Zum Beispiel den Krebs, wenn man den in dem Moment zu fassen bekäme... Ich glaube überhaupt, man heilt Krebs deshalb nicht, weil man es einfach nicht will. Man brauchte ihn nur früher zu packen – was man schon möchte –, aber mit anderen Mitteln als den üblichen, mit anderen Denk- und Sehmitteln. Sonst wäre man nämlich irgendwie weitergekommen, vielleicht nicht bis ans Ziel, aber etwas weiter schon.

Ich stelle fest, ich habe mich immer für etwas interessiert, bevor es passierte. Von Reisen zu reden, bevor man abfährt oder nachdem man angekommen ist oder... Die Geschichte, die wir mit Mosambik machen, das ist dasselbe. Über das Bild einer Nation sprechen, ehe sie auf eigenen Beinen steht, denn jetzt zeigen wir, daß das Bild da ist, daß es tatsächlich Tausende von Bildern gibt, aber wie werden sie montiert? Allein schon die Geschichte mit den Fahnen ist immer interessant. Eine Fahne ist eine Art Bild, auf das man ein paar Formen tut und eine Farbe. Diese Einstellung wird übrigens fehlen, man wird sagen: das fehlt doch..., aber wir hätten bei den Diskussionen dabeisein müssen, die voraufgingen. Wir werden einfach eine andere filmen und dazu sagen: Denken Sie in dem Zusammenhang bitte auch an die Diskussion um die Fahne, da sieht man nämlich... Ich habe noch keine geeignete gefunden, denn immer, wenn ich mir vornehme... Ich wollte zum Beispiel die Diskussion aufnehmen, wie man die Uniformen für die Stewardessen auswählte. Wird man sie jetzt schon auswählen? Es gibt schon ein internationales Flugzeug – das Problem wird sich also stellen. Was glauben Sie? Die Entscheidung war schon gefallen. Man wird Autos auswählen – bekommen die Ministerautos Standarten? Es war schon entschieden. Und immer, wenn wir uns sagten: das wäre doch was, da könnte man an einem einfachen Gegenstand sehen, wie eine Form entsteht – da sahen wir dann, daß eine Menge von Stellen die Entscheidung schon getroffen hatte, Hollywood, Paris, Moskau, Christian Dior, was weiß ich.

Und an anderen Stellen sieht man wieder... Zum Beispiel die Art, wie sie Häuser bauen. An einer bestimmten Stelle, im Wohnungsbauministerium, versucht man wieder, heimische Materialien und Formen zu verwenden. Man versucht, eben nicht das schwedische oder deutsche Zeug zu verwenden, um einen Stuhl zu machen, sondern es mit Material aus der Gegend zu machen und vor allem mit Ideen aus der Gegend. Hat man das Material, na gut, wenn nicht, läßt man es kommen, aber man wählt das Material mit Bezug auf die Ideen, die man hatte. Es ist übrigens hochinteressant, den Bau eines Bildes zu vergleichen oder den Bau eines Hauses, aber des Bildes, daß die Leute sich von einem Haus machen. Und das ist bei ihnen in Mosambik etwas gänzlich anderes. Mit der Fahne war es schon gelaufen, mit den Uniformen der Stewardessen auch, es sind dieselben wie sonst überall. Aber mit den Häusern war es anders.

Ich interessiere mich für den Augenblick, wo das Bild oder der Rahmen, das heißt, die Form uns einschließt oder uns auch hilft, uns zu befreien, oder uns »in Form hält« in dem Sinne, in dem ein Sportler sagt, er sei »in Form«. Da wird es nämlich interessant.

Morgen werden wir *Deux ou trois choses que je sais d'elle* sehen. Wir hätten *Deux ou trois choses* vielleicht zusammen mit *Made in U.S.A.* zeigen sollen, weil sie gleichzeitig entstanden sind, und dann heute zum Vergleich zu beiden *La Chinoise*. Aber das ist auch nicht so wichtig, man kann es ja ein andermal machen. Wenn Sie das hier eines Tages wiederholen, können Sie ja die Montagefehler korrigieren. Ich hatte Angst, wenn man *Made in U.S.A.* zusammen mit *Deux ou trois choses* gezeigt hätte und hinterher dann *Weekend*, daß dann die ganze Diskussion nur darum gegangen wäre, wie diese Filme zeitlich zusammenhängen, daß das was bedeutete, daß da ein Sinn wäre. Gut, wenn einem etwas daran liegt, daß der Dienstag näher am Mittwoch liegt als am Samstag, meinetwegen, aber... Das wäre so wie: Was haben wir Dienstag gemacht? Was haben wir Mittwoch gemacht?

Ich fand es in diesem Fall interessanter zu vergleichen... Früher hätte ich nicht dieselben Filme genommen. Als ich *La Chinoise* ausgesucht habe, habe ich mir gesagt: und dazu jetzt einen politischen Film im konventionellen Sinne. Wenn ich gleichzeitig *Weekend* genommen hätte... Und dann sind auch wieder alle Filme politisch. Man kann sagen, daß *Weekend* oder die Marx Brothers politischer sind als alle *President's Men* oder *Salz der Erde* oder genauso politisch, jedenfalls auf andere Art und Weise. Aber bei *Weekend* ist es wichtiger, »die Ungeheuer« zu sagen und nicht »politisch«. Ich finde es richtiger, das Wort »politisch« für *La Chinoise* aufzuheben und dazu dann Filme auszusuchen, denen man üblicherweise das Adjektiv »politisch« zubilligt, also Filme wie *Z* und auch andere...

Und selbst morgen... Ich hatte gesagt... *Deux ou trois choses que je sais d'elle:* »elle«, »sie«, wer ist das? Das ist die Pariser Region. Also habe ich versucht, Filme zu bekommen, die von einer Gegend handeln, die anhand von Leuten ein Land zum Gegenstand nehmen. Ich wollte *Erde* von Dowshenko. Den werden wir nicht haben, aber statt dessen *Arsenal*. Der ist meiner Meinung nach für uns nicht so geeignet, aber ich wollte einfach einen russischen Film. Und außerdem, nachdem ich nie einen Film von Dowshenko gesehen habe, war es immerhin eine Gelegenheit. Und dann wollte ich *Nicht versöhnt* von Straub – aber da hat man die Kopie nicht finden können –, Straubs ersten Film. Und dazu habe ich dann Klassiker genommen, *La Règle du Jeu* und *Europa 51*. Ich wollte einfach zwei Filme von Rossellini dabeihaben, um über ihn sprechen zu können.

Arsenal ALEKSANDR DOWSHENKO
La Règle du Jeu JEAN RENOIR
Viaggio in Italia ROBERTO ROSSELLINI

Deux ou trois choses que je sais d'elle J.-L. GODARD

Wir haben gestern schon davon gesprochen, ich hätte statt *Arsenal* lieber *Erde* gehabt und statt *Viaggio in Italia* lieber *Europa 51*. Aber es ist schwierig, im entscheidenden Augenblick die Kopien zu finden. Bei Büchern ist es leichter. Im richtigen Augenblick an die Kopien zu kommen, das ist so gut wie unmöglich. Das gilt auch für unsere Arbeit hier. Also ich hatte an *Erde* gedacht. *Arsenal* paßt aber auch, weil es darin um Krieg geht und Kriege geführt werden, um was zu bekommen? Also... Ich war zwar nie im Krieg, ich habe auch nie Militärdienst geleistet, aber ich reise sehr gern, allerdings nicht gezwungenermaßen, während man in den Krieg zieht, wenn man Lust zum Reisen hat, aber nicht das Geld dafür. Da bezahlt dann das War Department die Reise. Immerhin riskiert man dabei ein bißchen mehr als bei Privatreisen. Aber auch wenn es nur darum geht, Land und Leute zu sehen: Land und Leute sehen, das heißt doch auch, auf fremder Erde zu gehen und zu marschieren...

Zwischen diesen drei Filmen wäre ein Zusammenhang gewesen. Allein schon wegen seines Titels hätte *Erde* gut gepaßt, denn *Deux ou trois choses* handelt auch davon, wie zu einem bestimmten Zeitpunkt die Erde umgestaltet wird. Das war das Thema: die Umgestaltung der Pariser Region, die zu einem bestimmten Zeitpunkt beschlossen wurde, als man die ganze Infrastruktur der Autobahnen konstruierte, der Pariser Ausfallstraßen, wie das etwa vor fünfzehn, zwanzig Jahren für Los Angeles gemacht wurde. Um das Problem ging es, im Grunde das Problem der Kommunikation, der Wurzeln, wie die Erde umgewälzt wird, und dann des Kapitalismus. Es geht darum, wem die Erde gehört, um die ganze Geschichte des Eigentums an Grund und Boden. Das ist in großen Zügen der Zusammenhang. Im Grunde hatte ich vor, zu beschreiben..., zwei oder drei Dinge nebeneinanderzusetzen, Filme wie *Deux ou trois choses*, die sich als Thema ein Abenteuer vorgenommen hatten, kein persönliches, sondern ein kollektives, und es entweder auf eine kollektive Weise filmten, wie die Russen, oder aber anhand einer Einzelperson, wie ich oder Roberto Rossellini, als er *Europa 51* machte. Ich glaube, *Europa 51* wäre ein besseres Beispiel gewesen als *Viaggio in Italia*, denn Rossellini war da schon etwas weiter, in einer anderen Zeit. Er filmte immer sehr eingehend das Milieu einer Figur, aber da ist eigentlich mehr die Geschichte eines Paares ausschlaggebend oder seines Verhältnisses zur Umwelt als die Geschichte der Welt, in der es ist und als deren Partikel, deren Teil die Figuren, die Charaktere erscheinen.

Arsenal ist dann eigentlich doch interessant, weil es um den Krieg geht in einem Zeitpunkt, in dem der Boden besetzt wird, wo die Männer zurückkommen und sich das Problem stellt: wem soll die Erde gehören? Das Gebiet einer Fabrik: wem wird es gehören? Der Boden der Bauern: wem wird er gehören? Und die Kriege – mir ist das immer seltsam vorgekommen: in ein Land eindringen zu wollen. Ich verstehe, daß man eindringen will – Gewalt ist unvermeidlich –, aber einzudringen, um einzudringen, um die Grenzen zu verschieben, das ist doch was Seltsames. Ich glaube, es wäre interessant, einmal die Tiere daraufhin zu studieren. Man studiert die Tiere nie so, als ob sie eine den menschlichen Wesen vergleichbare Gattung wären. Ich meine, es ist typisch menschlich, sich zu schlagen, nur um seinen Namen an die Stelle eines anderen setzen zu können oder sein Land an die Stelle des anderen und zu einem Deutschen zu sagen: du bist von jetzt an Russe, oder zu einem Kanadier: von jetzt an bist du Amerikaner. Aus eben diesem Grund habe ich diese Filme zusammengestellt. Die Geografie sollte das Thema mindestens ebensosehr sein wie die Psychologie, auch der menschliche Körper – da: die Prostitution – als Boden, den man verkauft oder wo man sich verkauft, die Frau, die sich prostituiert, als ein Stück Boden, das sie dem Fremden verkauft, dessen zeitweiliger Besetzung sie aus dem oder jenem Grund zustimmt – jedenfalls, das mal unter diesem Gesichtspunkt zu sehen.

Es war die Geburt von etwas anderem. Die Regierung, die die Franzosen sich gegeben hatten, beschloß, Paris müßte anders werden, um mehr Paris zu sein denn je. Die modernen Städte sind ewige Baustellen. Ich glaube, früher, im Mittelalter, da baute man dreißig, fünfzig Jahre lang, aber dann blieb es erst mal so, und erst später änderte sich was, während man heute in den Städten nur noch Baustellen sieht. Im Mittelalter, glaube ich, wirkte alles moderner als heute, wo alles zugleich ultramodern und im Zerfall begriffen ist. Wie Montreal: die Innenstadt von Montreal wirkt gleichzeitig ultramodern und total vergammelt, verkommen. Mir fällt immer auf, wie schlecht in Amerika der Zustand der Straßen ist. Das macht das Klima hier, aber das ist noch keine Erklärung. Wenn man in ein Taxi steigt, fällt alles auseinander, die Türgriffe sitzen locker – und das in dem entwickeltsten Land der Welt. Es entsteht da etwas, und gleichzeitig spürt man den Tod näher, beides hängt zusammen. Das ist ein Gefühl, das von Amerika ausgeht: ständiger Tod und Geburt in einem.

Ja, man müßte das auch mit kleinen Filmen studieren. Zum Beispiel die öffentlichen Verkehrsmittel... Wenn die Transportmittel einem einzelnen gehören, funktionieren sie besser. Man wartet sein eigenes Motorrad besser als eine Regierung das Trambahnnetz oder den Flugverkehr. Wenn die Verkehrsmittel Teil des öffentlichen Dienstes sind, dann funktionierts nicht mehr. Was ist das denn für eine Gemeinschaft, die solche Verkehrsmittel hat oder eine solche Verkehrs- oder Kommunikationsweise? Man hat wirklich das Fernsehen, die U-Bahn, die Taxis und die Eisenbahnen, die man verdient.

Je mehr physische Kommunikation es gibt – jedenfalls fällt das in den europäischen und amerikanischen Ballungszentren auf –, je mehr physische Kommunikation es gibt, um so weniger wird kommuniziert. Was Amerika war, das wußte meiner Meinung nach ein Europäer vor Christoph Columbus besser. Er wußte gar nicht, daß es Amerika gab, aber heute weiß er das, was er darüber weiß, von Fotos, von Anhäufungen von Fotos, von Namen, aber in Wahrheit weiß er nichts darüber, tatsächlich ist es total unbekannt, er weiß nichts.

Man kommuniziert immer mehr, in drei Stunden fliegt man nach China, aber wenn man seinem Nachbarn etwas Substanzielles sagen sollte... Man kennt den Nachbarn im nächsten Stock nicht mal. Also brauchte es ziemlich viel Zeit, um Beziehungen zu ihm anzuknüpfen. Wahrscheinlich schaffte man es überhaupt nicht. Also sucht man Beziehungen zu Menschen, die Milliarden Kilometer entfernt leben, und es gibt eine Art Austausch...

Illich – man macht vielleicht etwas zuviel von ihm her, aber er hat interessante Studien gemacht. Er hat gezeigt, daß das Tempo in Frankreich – in anderen Ländern ist es anders –, er hat die Durchschnittsgeschwindigkeit errechnet, sie lag bei sechs Stundenkilometer, wenn man die Geschwindigkeit aller Menschen einbezog: wieviel Zeit man für den Weg zur Fabrik braucht, wie schnell Franzosen im Flugzeug reisen, wie schnell die Autos auf dem Land fahren und wie schnell in der Stadt. Und so kam er auf eine Durchschnittsgeschwindigkeit von sechs Stundenkilometer, in Deutschland waren es acht, in Amerika weniger. Das klingt komisch, aber er sagt: Frankreich bewegt sich tatsächlich, wenn man den Durchschnitt nimmt von allem, was sich bewegt, mit sechs Stundenkilometer. Und das stimmt. Man braucht nur zu beobachten, mit welcher Geschwindigkeit man sich bewegt. Die Autobusse in Frankreich fahren durchschnittlich neun Kilometer in der Stunde, während die Straßenbahnen 1910 mit 11,5 Stundenkilometer fuhren. Also wir bewegen uns schneller, kommen aber weniger weit oder andererseits... Das muß man sich mal klarmachen. Und es ist interessant, zu sehen, wie dadurch die Erde umgewälzt wird. *Deux ou trois choses* war ein Film, der sich dem ein bißchen zu nähern versuchte.

Ja, die Kopie ist schlecht, und es fehlt eine ganze Rolle. Man kann nach dem Verantwortlichen suchen. Aber verantwortlich ist ein ganzes Bündel von Dingen. Bei sowas kommt alles mögliche zusammen. Ich bin genauso frustriert, ich wollte den Film auch gern wiedersehen. Es ist so lange her, daß ich ihn gesehen habe, da hätte ich ihn gern mal wiedergesehen. Aber was hätte ich machen können? Einmal hätte ich mich vergewissern müssen, oder ich hätte Serge bitten müssen, sich zu vergewissern. Das hätte bedeutet..., das ist Arbeit, und man ist nicht immerzu und für alles verantwortlich. Es wäre vielleicht auch nötig gewesen, daß die, die fürchteten, frustriert zu werden, weil man ja weiß, wie sowas läuft... Kopien sind teuer. Eine Kopie kostet heute eine Million Francs, so um zweitausend Dollar. Und die kleinen Verleiher sind auch nur Verleiher, ich meine, sie sind nicht besser als die großen. Bevor sie eine neue Kopie ziehen lassen, setzen sie die alte ein, solange es nur eben geht. Ich habe mir die Kopie selbst angeschaut. Der Anfang der ersten Rolle war in Fetzen. Ich habe ihn geschnitten und gesagt, man soll mit dem anfangen, was dann da ist. Was kann man machen, daß die Kopien weniger kosten? Ich meine damit, alle sind mitschuldig und schuldlos zugleich. Man hätte sich die Kopie anschauen müssen. Ich hätte sie mir angeschaut, wenn einer von euch, dem es genauso geht, mir vorher gesagt hätte: Ich will nicht frustriert werden, ich traue denen nicht, möglicherweise fehlt eine Rolle – kannst du dich nicht darum kümmern, ich habe darauf keinen Einfluß. In dem Fall hätte ich es gemacht. Serge hat nicht die Zeit dazu. Es ist auch nicht seine Aufgabe. Dafür müßten andere Leute da sein, aber wer soll die bezahlen? Man muß auch bereit sein... Ich übernehme die Verantwortung. Aber wenn ich zu achtzig Prozent verantwortlich bin, dann seid ihr es in gewisser Weise auch zu zwanzig oder zu zehn Prozent. Und das beides zusammen, mit den hundert Prozent könnte man was anfangen.

Beim Film ist es leicht, die anderen zu beschuldigen, die... Man muß die Mittel haben, wenn man jemanden beschuldigt, die Mittel zu beschuldigen und die Mittel, es wieder in Ordnung zu bringen. Das ist nicht einfach. Wenn ihr also hingegangen wäret, um nachzusehen, ob auch alles in Ordnung wäre, und Serge hätte gesagt: Nein, ich lasse euch nicht nachschauen..., dann hätte man ihm sagen können: So geht es nicht. Sauer werden könnten die Verleiher. Wenn man eine Kopie von der Metro will und sie vorher durchsehen möchte, würden die einem ganz was anderes sagen. Bei einem kleinen Verleiher ginge es vielleicht noch.

Aber um nachzuprüfen, muß man es auch können. Man braucht die Werkzeuge dazu. Und da merkt man, daß eine Universität organisiert ist wie alles andere auch, ganz komplex. Losique ist genauso wenig verantwortlich wie ich. Wir versuchen, mit dem auszukommen, was wir haben, und es so zu machen, wie wir es eben möchten, und Stücke von Filmen vorzuführen. Wenn es mit dem nicht geht, dann eben mit was anderem. Wenn wir nächstes Jahr was anderes machen, dann versuchen wir, es besser zu machen. Natürlich ist es schade, daß die Rolle fehlte.

Auch deshalb ist es besser, Filme in Stücken zu machen, ein Stück ist immer noch gut, auch wenn es nicht das ganze Steak ist. Ich bin immer auf der Hut gewesen und habe mir gesagt: Wenn man mal Stücke von meinen Filmen vorführen will... So habe ich sie von vornherein zerstückelt gedreht. In kommerzieller Hinsicht hat mir das dann geschadet. Da können die Leute nicht so eintauchen. Oft meine ich, man könnte da einen interessanten Versuch machen... Wenn Sie mal einen Regisseur hierherbrächten – mir kam der

Gedanke, als da die Rolle fehlte –, wenn Sie mal einen Regisseur hier in Ihre Vorlesung brächten und ihm einen Film vorführten, und da würde eine Rolle fehlen – die hätten Sie absichtlich weggelassen –, und dann sollte er versuchen, mit den Studenten die fehlende Rolle zu rekonstruieren, sagen, was da gewesen war. Das könnte wirklich interessant sein. Ich hätte herauszubekommen versucht, was fehlt, ausgehend von dem, was ich gesehen hätte. Nur so funktionieren für mich meine Erinnerungen. Wir sind da, um etwas zu lernen, eine Art Methodologie, keine definierte, sondern Methoden und Mittel, sich dem Kino zu nähern, der Art und Weise, wie es gemacht wird, daß man vielleicht was davon hat, daß man sich nicht einfach nur beklagt. Man hat da einen Strauß, in dem fehlen drei Blumen. Mit einer Blume kann man schon was anfangen. Es gibt immer Stücke... Und außerdem geht man nicht in eine Vorlesung, um eine komplette Show zu erleben.

Seit meinen Anfängen, als ich Kritiker war, hat mich jemand beeinflußt, oder ich habe ihn gemocht und mich bemüht, ihn in Kritiken zu verteidigen, ich meine den Filmer Jean Rouch, der von der Ethnologie herkommt. Ich habe auch ein bißchen, nicht sehr lange, Ethnologie studiert. Ich glaube, unbewußt hat mich das ein bißchen ausgerichtet. Ich habe mich immer bemüht, den sogenannten Dokumentarfilm und die sogenannte Fiktion als zwei Aspekte ein und derselben Bewegung zu behandeln. Aus ihrer Verbindung kommt die eigentliche Bewegung. Es sind zwei verschiedene Aspekte einer Sache, von denen der eine den anderen verändert. Ich habe immer versucht, die Dinge ein bißchen zu vermischen. Wenn ich den Film heute wiedersehe, fällt mir auf – in meiner Erinnerung mochte ich den Film gern, er kam mir ziemlich gelungen vor –, daß er so gut nun wieder auch nicht ist. Es gab gute Ausgangspunkte, aber der fertige Film dann...

Ich habe in letzter Zeit öfter die Vorstellung, daß das Vermischen von Dokumentarfilm und Fiktion, das ich heute versuche, eher eine Vermischung von Fernsehen und Film ist, daß ich mich des Dokumentarischen, des Unmittelbaren, des Lebens – des »live«, wie es beim Fernsehen heißt – bediene als eines unmittelbaren Zugangs zur Fiktion, damit dadurch, daß etwas unmittelbar gefilmt wird, etwas anderes daraus wird und ich mich danach dieses anderen bedienen kann, um wirklich Kino zu machen, dem Kino einen realen Ton wiederzugeben. Ein Film, das sind zwei oder drei

Stunden, Fernsehen ist der ganze Tag. Fernsehen auf interessante Weise zu machen... Der Produzent macht das Fernsehen, er hat die Macht, weil er programmiert. Sein Film ist nicht ein Spiel, eine Krimiserie, ein Dokumentarfilm, sondern der Sport, die Krimiserie – das ist sein Fernsehfilm. Und auch für die Fernsehzuschauer ist das – und dazu die Nachrichten und dazu die Werbung – der Film. Dagegen ist ein Kinofilm, wie ein Musikstück, etwas anderes, ein Block für sich. Und deshalb ist auch die Arbeit eine andere. Meiner Meinung nach gibt es zwei Arten zu arbeiten, die man nicht als unversöhnliche Gegensätze hinstellen dürfte. Wenn man es trotzdem tut, dann deshalb, weil, wenn sie sich zusammentäten, eine ungeheure Kraft dabei herauskommen würde. Für mich wäre das Ideal, um wirklich was Gutes zu machen, wenn ich es beim Fernsehen machen könnte, ohne Zwang, in anderthalb Stunden fertig zu sein, mit einem Anfang und einem Schluß. Zum Beispiel dieser Frau nachgehen zu können oder dieser Gegend, irgendwie. Und wenn man das fünf- oder sechsmal gemacht hätte, könnte es als Studienunterlage dienen. Und dazu dann die Reaktion des Publikums, wie es aufgenommen würde. Was dabei herauskäme – da hätten Publikumsumfragen einmal einen Sinn –, gäbe einem eine Idee, um hinterher daraus einen Film zu machen, der dann wieder anders wäre, aber von der Erfahrung profitieren würde.

Ich finde zum Beispiel, dieser Film ist ein gutes Drehbuch – wir haben doch gestern über Drehbücher gesprochen. Ich glaube, das Fernsehen könnte dazu dienen... diesen Drehbuchaspekt, das, was vor dem Film kommt, das könnte man im Fernsehen zeigen. Danach wäre dann noch der Film zu machen. Filme sind teuer. Ich habe immer billige Filme gemacht, denn wenn ich teure Filme machen würde, würden sie dreihundertmal soviel kosten wie der teuerste amerikanische Film, denn da würde Arbeit drinstecken, und Arbeit ist teuer.

Vielleicht greife ich heute manchmal zu schnell auf Wörter, auf die Sprache zurück, früher gelang es mir nicht, ich habe fünfzehn, zwanzig Jahre Kino gebraucht, um zu versuchen..., um mir klar darüber zu werden, daß es das war, worauf ich aus war: mich freizumachen von der Literatur, vom gesprochenen Satz, vom Sinn – wie man ihn üblicherweise versteht –, um alles auszudrücken. Jemand, der denkt – den zu zeigen, dann eine Stimme dazuzugeben, die sagt: Ich denke das... – davon versuche ich etwas wegzukommen, nach und nach, es aufzulösen, daß sie selbst es wirklich sagt.

Die Einstellung finde ich übrigens recht gelungen, auch wenn es am Anfang nicht so richtig hinkommt, wenn es heißt: Sie, das ist Marina Vlady – und danach: Sie, das ist – ich weiß ihren Vornamen nicht mehr – ... Jeanson. Der Text bezieht sich auf beide, es sind zwei verschiedene Personen und doch nur eine, aber im Film sind es zwei. Da hat man dann einen realen Aspekt der gefilmten Sache und des realen Filmens. Aber ich habe es nicht geschafft..., ich habe es nicht ganz sagen können.

Dann finde ich auch die Kaffeetasse recht gelungen, auch wenn der Text etwas zu literarisch ist. Aber gleichzeitig ist er auch sehr kinematografisch. Ich kann mich noch erinnern, wie wir das gedreht haben. Ich hatte so eine vage Idee. Jeder hat das schon mal gesehen, wenn man im Kaffee rührt. Man läßt die Tasse stehen und sieht zu, wie sich die Formen drehen. Das ist wie eine Galaxis, da stellt man sich alles mögliche vor. Ich hatte mir gesagt: Da legen wir einen Text drüber, der das deutlich macht. Ich habe dann einen Text genommen – ich weiß nicht mehr, ob ich ihn selbst geschrieben habe oder ob er von jemand anderem ist, spielt auch keine Rolle –, aber das Bild war keine wirkliche Hilfe, der Text ist nicht richtig aus dem Bild hervorgegangen, und es ist zu früh – niemand hätte es geschafft.

Ich habe zwanzig Jahre gebraucht, um eine kleine Ahnung davon zu bekommen, was Tonfilm ist, um zum Stummfilm zurückzufinden. Deshalb zeige ich hier auch immer zuerst einen Stummfilm, um zu sehen, wie man im Stummfilm gesprochen hat, wie die einzelnen Filmer die Sprache benutzten. Dowshenko zum Beispiel stört es nicht, wenn er Musik zeigen möchte, daß der Film stumm ist, wenn er ein Akkordeon zeigen möchte. Der Zuschauer denkt sich die Musik dazu. Ich finde es in diesem Film weniger eindrucksvoll als in Eisensteins Filmen, er macht da einfach zuviel.

Wenn ich mir meinen eigenen Weg anschaue, habe ich den Eindruck, daß ich versuche, über den Stummfilm zu meinem eigenen Tonfilm zu kommen. Zu einer bestimmten Zeit habe ich nur noch sogenannte Dokumentarfilme gemacht – nach 68, in Palästina und über andere Sachen. Die hatten oft viel zuviel Ton. Das war wie eine Art Fieber oder Wahnsinn. Es mußte einfach zu viel Ton sein. Einer der Filme hieß *Ici et Ailleurs*, Hier und anderswo. Da habe ich zu zeigen versucht, daß die Leute verrückt waren, die von einem Ort sprachen, an dem sie nicht waren, und es gab andere Verrückte, die Palästinenser, die unbedingt an einem bestimmten Ort sein wollten, aber niemand war damit einverstanden, so wurden sie schließlich auch verrückt. Und schließlich gab es noch eine Rede – ich urteile nicht über sie, sondern ich versuche, mich selbst zu beurteilen –, es gab eine militante Rede: Es lebe die Revolution! Es lebe die Arbeiterklasse!... und dergleichen. Völlig krank, aber »krank«, das ist nicht abschätzig gemeint. Es ist eher traurig.

Oft bin ich... In *Numéro Deux* bin ich ausgegangen von der Familie, von ganz einfachen Sachen, von Unterhaltungen, um auf etwas zu stoßen... Ich habe es dann nicht geschafft. Und dann noch, was Dokumentarfilme und Spielfilme betrifft, da müßte man es schaffen, das Innere vom Äußeren zu zeigen. Und dann dürfte auch nicht alles nur auf der Leinwand passieren. Es müßte auch zusammengehen mit dem, was im Augenblick der Projektion sonst noch da ist. Das haben wir, glaube ich, wirklich noch nicht geschafft. Man müßte dahin kommen, daß, wenn man überzeugt ist, daß es der richtige Film ist, er auch im richtigen Augenblick vorgeführt wird. Und sowas ist wohl beim Fernsehen möglich, aber beim Kino ist es schwieriger. Und deshalb sind die Filme so, wie sie sind, um diesem Punkt auszuweichen.

Natürlich hat man Momente, wo man sowas braucht. Ich bin da nicht anders. Es tut mir gut, einen Film von Alain Delon zu sehen und nicht einen von Alain Resnais. Dahinter steckt was ganz Richtiges. Es ist doch was Richtiges an dem Umstand, daß man sich überall Hollywoodfilme anschaut. Es ist doch richtig, daß sie überall angeschaut werden, folglich muß doch auch was Richtiges dransein. Nicht richtig daran ist, daß sie überall, von allen zur selben Zeit gesehen werden. Sie müßten einfach anders gemacht sein, egal ob sie amerikanische wären oder sonstwas, amerikanisches Kino meinetwegen, aber anders gemacht, von Mosambikanern, Schweizern, Kanadiern. Das Elend ist, daß die Kanadier, wenn sie Filme machen, sie machen, als ob sie Amerikaner wären. Man dürfte nicht »so tun als ob«, der Film könnte amerikanisch sein, aber gemacht von einem Kanadier.

All das läßt sich schwer mit Worten sagen. Deshalb kommt es so oft zu so viel Text, um etwas zu zeigen, aber es ist immer etwas..., zu viel Gerede, oft an der Sache vorbei, man will den Text und die Sache zusammenzwingen. Es wird eher deutlich, daß das Ganze einen Sinn haben sollte, als daß es wirklich einen hätte. Bestimmt ist nicht jede Einstellung Absinth, manche sind nur kalter Kaffee, Zeit, die vergeht oder sonstwas. Immer eher zu viel Worte, weil, wenn man nur die Zeit vergehen ließe, die Leute sich langweilen würden. Etwas Drama muß sein, wie bei Hitchcock in den *Vögeln*.

Was ich damals mochte an diesem Dokumentarfilm, der wieder in Fiktion übergeht, an dieser Tasse Kaffee... Ich erinnere mich noch genau, wie wir das gedreht haben. Ich habe mich vor die Tasse gesetzt und sie umgerührt, aber Coutard hat gesagt: Ich sehe nichts, ich sehe nichts, da passiert gar nichts. Dabei war alles in Bewegung, ganze zehn Minuten hat es gedauert, und dann war es vorbei. Was ich daran mag, ist, daß man, ausgehend von einer Tasse Kaffee, sieht, wie die Welt sich auflöst und sich dann aufs neue bildet, plötzlich, ohne jede Bewegung. Da passiert was, und deshalb ist alles interessant. Man kann einen Film mit nichts machen, in nichts kann man alles zeigen.

Hollywood versteht es besser als die anderen, Filme zu machen, einfach nur so. Manchmal versteht es besser, Filme zu machen, und die anderen überlassen es ihm, weil es schwierig ist, weil es Arbeit bedeutet. Aber da stellt sich ein neues Problem: Hollywood möchte gar keine Filme machen, es versucht eher, gerade keine zu machen. Wie ein Milliardär. Ein Milliardär versucht, ohne zu arbeiten, möglichst viel Geld zu machen. Hollywood ist Zuschauermilliardär. Es versucht, möglichst wenige Filme zu machen und damit Milliarden zu verdienen, dank der Milliarden Zuschauer, die es hat. Es hat ein Rezept, das bisher niemand ergründet hat, das Rezept Amerikas. Der Dollar kann so schwach sein, wie er will, alle Länder stürzen sich darauf, um ihn zu kaufen, sogar die Konkurrenz. Da muß doch was dahinterstecken. Die Europäer haben Amerika gegründet, nachdem sie die Amerikaner, nämlich die Indianer, ausgerottet hatten. Also sind alle Amerikaner Europäer, aber Europäer von anderswoher. Ihre Kraft liegt darin, daß sie Europäer sind, die aber anderswo herkommen, das macht sie doppelt stark.

Natürlich steckt was dahinter, daß alle sie sehen wollen, aber das, was dahintersteckt, kann sich auch gegen sie wenden. Es kann schon interessant sein, mal Drogen zu nehmen, aber, meine ich, nicht auf die Dauer. Heute ist Hollywood, glaube ich, wieder mal voll im Aufstieg begriffen, und eigenartigerweise deshalb, weil es weniger Filme macht denn je. Das Ganze klappt immer besser. Sie machen viel weniger Filme als 1910, sehr viel weniger. Sie machen etwa hundert. So viel machen Deutschland, Italien, Frankreich, Spanien auch, aber für die ist es viel zuviel. Amerika dagegen... Es stimmt natürlich, man sollte nicht zu viele Filme drehen, eher Filme, die konzentriert das sind, was die Leute sehen wollen. Die Amerikaner haben ihre Formel. Zum Beispiel, wie sie Coca-Cola vertreiben. Coca-Cola, das sind keine Fabriken, das ist eine Formel. Man verkauft die Formel, aber es gibt keine Fabriken, es ist eine Vertriebsgesellschaft. Es gibt keine Coca-Cola-Fabriken, nur einen Vertrieb. Das ist der Gipfel der Industrie. Man braucht gar keine Produkte mehr, nur noch Konsumenten.

Wenn sie Karamel herstellen und wir es dann bekommen, weshalb mögen wir das dann? Wir mögen es in Wirklichkeit vielleicht gar nicht, aber wie kommt es, daß wir so tun, als ob wir es mögen? Jedenfalls essen wir es. Woher kommt es, daß wir etwas tun, was wir nicht mögen? Das ist eine Frage, die man unterm ökonomischen Gesichtspunkt betrachten muß.

Diese Geschichte ist noch gar nicht geschrieben worden. Gut, sie haben die Kinos gekauft. Alle Kinos gehören ihnen. Aber erst haben sie sie kaufen müssen, sie haben die Grundstücke kaufen müssen. Und dieser Grund... Kriege waren nötig, um den Grund zu besetzen, oder wenn nicht, dann hat man Leute hinschicken müssen. Das französische Kino zum Beispiel ist ruiniert worden durch die Blum-Byrnes-Verträge. Als Deutschland in Trümmern lag, hat es wieder andere Pläne gegeben. Und auch vor Hitler, um 1930/31, zur Zeit der großen Wirtschaftskrise in Deutschland, die auf die Wirtschaftskrise in Amerika folgte, ist die Paramount, ist Zukor gekommen und hat Verträge mit der Ufa gemacht und drei Viertel der Studios aufgekauft. Als der Tonfilm aufkam, die Absprachen zwischen der Western Electric und der anderen, ich erinnere mich nicht mehr an den Namen... – was waren das für Kämpfe! Es gab den Morgenthauplan für Deutschland, nach dem Zweiten Weltkrieg, und den Marshallplan. Und mit dem Marshallplan kam gleich, wie immer, auch das Kino. Das Kino ist auf kulturellem Gebiet das weiße Pfötchen der kapitalistischen Industrie. Immer, wenn es zu Verträgen kommt, zum Beispiel mit China, die ersten betreffen immer die Kultur, Tischtennis, Filme, Bilder und dergleichen. Getreide und Elektronik kommen hinterher. Mit den Russen ist es genauso. Wodurch die Byrnes-Blum-Verträge das französische Kino ruiniert haben, das waren die Quota-Bestimmungen. Die Schweiz ist eins der wenigen Länder, wo es für Filme immer noch eine Quote gibt, nur nicht für amerikanische. Warum? Die Amerikaner haben es durchgesetzt, und die Schweiz hat es hingenommen, weil Filme für sie nicht so wichtig sind, dafür haben sie das Recht, ihren Käse in Amerika frei zu verkaufen. Käse ist für die Schweizer wichtiger als Filme.

Die Schweiz ist ein Land, das sehr... Es ist geradezu das Gegenteil von Amerika. Es ist ein komisches Land, in dem die ganze Welt ihr Geld deponiert. Allein dafür, um das Geld der ganzen Welt zu schützen, haben sie ihre Armee. Die Schweizer machen ihren Militärdienst, damit, wenn jemand käme, um das Geld der Fremden aus den Banken zu holen, sie es verteidigen können. Das ist ihr Problem. Aber es ist ein Land, das völlig krank ist, denn das Geld, das in der Schweiz ist..., es ist, wie wenn man sich in seiner Wohnung kaum bewegen könnte, weil das Haus mit Geldscheinen vollgestopft ist, die die Sicherheit gewährleisten sollen. Die Schweiz ist ein bißchen so ein Land. Natürlich kommen die Banknoten nicht dem Schweizer Volk zugute. Das Leben ist dort deshalb auch nicht leichter. Ein Zimmer ist da genauso teuer wie hier oder in Paris. Es gibt Arbeitslosigkeit, so ist es auch nicht, aber dafür gibt es Vertrauen. So wie die Deutschen und Japaner – deshalb mußte Hitler beseitigt werden, weil er es geschafft hatte, die Deutschen und die Japaner zu verbünden – sich leichter verbünden könnten, aber auf eine andere Weise, um Amerika auf gleicher Ebene und unabhängig gegenüberzutreten.

Mit dieser Art amerikanischem Modell müssen wir aber auch etwas zu tun haben, denn immerhin haben wir es auch gern so. Wir hätten Angst, uns ein anderes Modell zu bauen. Dazu wären wirklich total neue Länder nötig, die vorher nichts gehabt hätten, die sich von den Kolonisatoren gelöst hätten und jetzt aufbrächen. Der Fläche und der Bevölkerungszahl nach dürften sie weder zu klein noch zu groß sein, damit die Möglichkeiten und Bedingungen gegeben wären, daß sie ihr eigenes Land als eine Welt für sich denken könnten. Für die anderen ist das nicht möglich, in Europa kann man nicht an sich allein denken, auch in Amerika nicht – wobei es bei den Amerikanern eigentlich genau umgekehrt ist: sie denken nur an sich. Sie tun es tatsächlich. Und deshalb ist es auch nicht richtig.

Ich versuche nicht, eine neue Sprache zu schaffen, ich versuche zu sprechen, mich verständlich zu machen und meine Sprache zu verändern oder meine Lebensweise. Wenn jemand, den ich verstehen möchte, der mir hilft, mit dem ich über längere Zeit zusammen bin, mir wirklich sagen würde: Du mußt dich auch ein bißchen ändern, denn, wenn du auch sagst, du willst mich verstehen, verstehe ich dich nicht immer..., dann würde ich mir sagen: Es muß also in mir was geben... – so ähnlich, wie wir von der Kopie geredet haben. Wenn man eine Kopie in gutem Zustand haben möchte, dann muß man zu dritt sein: der, der sie holt, der, der sie sehen möchte, und der, in dessen Händen sie ist, bei dem man sie holen muß.

Zur Zeit der Generalstände... Ich weiß es nicht. Das spielte sich im Kinomilieu ab, ich habe nicht sehr dazugehört. Ich habe mich dadurch mehr selbst in Frage gestellt gefühlt. Das hat mir gutgetan, ich habe mich ein bißchen mir selbst gegenübergestellt gefühlt. Es hat mir auch ein bißchen Angst gemacht. Ich habe mir gesagt: Vielleicht ist das das Ende. Aber diese zehn Jahre Kino, die ich nötig gehabt hatte, um, wie man so sagt, mich durchzusetzen, mir einen Platz zu erobern, durch die habe ich gewonnen, glaube ich, aber auch viel verloren, was gut war. Und ich habe mich auch verändert, ohne es zu wollen.

Klar bin ich attackiert worden, 68, 69 und 70... Aber das »Niedermit...«, »Schluß mit den Stars...« oder »Godard, du...«, das hat mir eher gutgetan. Denn zu einem gewissen Zeitpunkt, vor allem als Regisseur... Was ist das, ein Regisseur? Die Leute wollen das und sind deshalb nicht bereit, darauf zu verzichten. Sogar die Schauspieler. Auch wenn sie oft darunter leiden, nur Schauspieler zu sein, wollen sie hin- und hergeschoben werden, und der Regisseur hat die Macht.

Ein bißchen geholfen hat mir, daß ich, abgesehen von meinem ersten Film, der ein großer Erfolg war, sofort danach ungeheure Mißerfolge gehabt habe. Ich glaube, heute bedaure ich es nicht, so wie ich den Autounfall nicht bedaure, den ich 1971 hatte, durch den ich für zwei Jahre ins Krankenhaus gekommen bin. Ich bin zufrieden, daß ich es überstanden habe, aber was ich sagen will... Ich finde es nicht schlimm, daß ich zwei Jahre im Krankenhaus gewesen bin. Das war mein Krieg, eine Art Privatkrieg, auch eine

Art Privatgefängnis. Die Aktivisten sagen, sie haben im Knast gesessen – das habe ich auch. Das will ich damit sagen. Ich habe damit nicht so viel zu tun gehabt. Aber weil ich mich in Frage gestellt fühlte und nicht wußte... Ich habe vor allem zugehört. Und auf jeden Fall habe ich in der Zeit... Ich habe zu filmen versucht, dann aber aufgehört. Ich habe Dutzende von Filmen angefangen und nicht fertiggemacht, bloß Einstellungen... Und ich glaube, ich bin heute am Ende dieser Periode, und vielleicht könnte ich über die zwei oder drei Jahre einen Film machen... Aber man muß selbst die finanziellen Möglichkeiten dazu haben.

Es gibt Zeiten, da sagt man sich... Aber das Leben ist so eingerichtet, daß man Tag für Tag in die Fabrik gehen muß. Wer in Hollywood arbeitet, muß jeden Tag dahin, und wenn er auf eine Party gehen muß, um mit jemandem zu reden, der ihm einen Vertrag geben soll. Diese Parties gibt es jeden Tag. Das ist wie eine Fabrik. Man braucht sich nur anzusehen, in welchem Zustand sie sind. Jedenfalls ist jemand, der jeden Abend in Hollywood auf eine Party muß, in schlechterer Verfassung als einer, der jeden Tag zu General Motors muß. Das beweist, daß zwischen dem Traum von der Fabrik und der Traumfabrik... Es ist durchaus nicht lustiger.

Ich glaube, Frauen haben die Macht in der Form, in der die Männer sie ausüben, nie gewollt. Man müßte das untersuchen. Ich habe den Eindruck, daß in den sogenannten matriarchalischen Gesellschaften die absolute Gewalt, die es in einer Gesellschaft dieses Typs gab, daß es dabei um eine andere Art von Absolutem ging als in den Gesellschaften, in denen die Männer die Macht haben, und das sind heute praktisch alle. Macht ist, andere etwas tun zu lassen und selbst nichts zu tun, gleichzeitig aber durch die anderen, die man für sich eingespannt hat, etwas zu tun. Wenn das Kino eine solche Macht hat, dann, glaube ich, weil es manchmal ein Produkt dieser Macht ist, der absoluten Macht einer Person über die anderen, die zukünftigen Zuschauer, die kommen und sich ihren Fraß abholen und dafür auch noch zahlen und das ausgeben, was man ihnen gezwungenermaßen für den Tag gezahlt hat. Nur die Deutschen haben mal versucht, ein für allemal damit fertigzuwerden, und das hat dann auch nicht so geklappt. Sie wollten niemanden mehr bezahlen und niemanden ernähren. Da stellte sich das Problem: Wohin mit den Leichen? Das war das große Problem der Konzentrationslager. Man mußte dann doch ein ganz klein bißchen für die Ernährung aufkommen, damit sie sich am Leben halten konnten, und sogar ein bißchen zahlen, damit in den Konzentrationslagern der Anschein von etwas sozialer Organisation aufrechterhalten wurde, die übrigens auch gleich wieder funktioniert hat. Wenn man die Lager untersucht... Deshalb werden die richtigen Filme über die Konzentrationslager auch nie gemacht. Dann würde man nämlich unsere eigene Welt sehen, ganz klar, in der reinsten Form. Ein bißchen von diesem Gefühl hatte man gestern in dem Film von Rossellini. Ganz oben nämlich standen in den Konzentrationslagern die Bosse von der SS. Aber manchmal überließen die ein Lager bis zu einem gewissen Grade der Selbstverwaltung, dann übernahm das »Milieu«, die Mafia die Leitung. Oder in anderen Lagern, den sogenannten politischen Lagern, war die Leitung in der Hand der kommunistischen Partei.

Man kann nicht sagen, daß die russische Revolution, was man heute so nennt, so nachdrücklich gewirkt hat wie die französische Revolution in Europa. Es war eine bürgerliche Revolution, die französische Revolution. Aber alle Fürsten in Deutschland und überhaupt haben ihre Wucht gespürt und gesagt: Die Bürger werden uns verdrängen, o weh, das geht schlecht aus! Das war was Gewaltiges. Und dann war es was Gewaltiges, als das Bürgertum auf den Platz der Fürsten gerückt war und sich selbst von den Sowjets bedroht sah. Jedenfalls gab es gesellschaftliche Erschütterungen, die die Erde umwälzten und Häuser... Und das Kino ist zu der Zeit durch ein oder zwei einzelne, die empfindlicher reagierten als die anderen, zu einem bestimmten Ausdruck gelangt. Das russische Kino war da wirklich anders als die anderen. In unserer Filmgeschichte werden wir untersuchen, wie die Geschichte der Aufnahmeperspektive bei den Russen mit dem, was aus dem Sozialismus in Rußland geworden ist – ohne das zu werten –, wieder zum Drehbuch geführt hat, wie... Noch heute ist sogar Amerika den Russen überlegen, ist es dynamischer, weil man sich in Amerika nicht einfach mit dem Drehbuch zufriedengibt. Es hat die Kontrolle zurückerlangt. Je mehr ihm die Dinge zunächst entgleiten, um so mehr bekommt es oft hinterher wieder die Kontrolle

Aber die Geschichte der Macht ist etwas... Die Leute brauchen sie. Alle brauchen sie, die Mama braucht sie – aber die Macht der Mama ist sehr verschieden von der des Papas. Denn manchmal liegt die physische Macht, etwas zu machen, bei der Mama. Wenn der Mann keine Macht hat, verfertigt er Gegenstände. Für die Frau

wäre es schwieriger, Gegenstände zu machen. Ich glaube nicht, daß eine Frau einen Fernsehapparat oder ein Auto erfinden könnte. Sie könnte ein Fortbewegungsmittel erfinden oder ein Mittel zur Übertragung von Bildern, aber die wären dann anders. Und der Mann braucht immer ein Mittel, um sich ihr überlegen zu fühlen, die so viel mehr Dinge machen kann. Jedenfalls empfinde ich es so. Er möchte ihr ebenbürtig sein, und darum fabriziert er die wahnsinnigsten Sachen, wie zum Beispiel diesen Raum hier, in dem über Kino geredet wird.

Die Frau hat kein Vorstellungsvermögen, aber sie hat die Macht – ihr Vorstellungsvermögen steckt da drin –, während der Mann Vorstellungsvermögen hat und daraus eine Macht zu machen versucht. Und da hat er unrecht, denn es ist eigentlich gut so, es ist gut verteilt, und es muß sich auch zusammenfügen. Das Kind ist ein Ergebnis davon und auch die Gesellschaft.

Die Geschichte der Inszenierung ist deshalb so interessant, weil da einer wirklich die ganze Macht hat. Das hat gleichzeitig was Gutes, wenn es gut verteilt ist, und was weniger Gutes... Daß jemand sagen kann: Zieh dich aus, geh nach rechts, geh nach links, lächle, hau ab... Allein, wie man Leute engagiert, das war immer etwas sehr Unangenehmes, Schauspieler zu engagieren, oder, wenn man ein kleiner Regisseur ist, selbst engagiert zu werden. Heute nacht habe ich nicht geschlafen, weil ich auf einen Anruf gewartet habe, um zu erfahren, ob ich am Montag Robert De Niro treffen werde oder nicht. Es hat mich ganz krank gemacht, von sowas abhängig zu sein und meine Sache vertreten zu müssen. Natürlich ist es das wert. Aber ich finde, man müßte das Gefühl haben, wenigstens zu zweit zu sein oder zu dritt, dann würde man sich nämlich nicht mehr so geschändet fühlen. Ich würde mir sagen: Na wenn schon, dann mache ich eben was anderes, ich muß das nicht machen. Und ich, wenn ich jemanden engagieren will und er nicht anruft und nichts von sich hören läßt, dann rege ich mich auf. Aber wenn jemand bei mir anruft und sagt: Ich möchte Sie gern treffen..., den lasse ich doch genauso abfahren und denke mir: Die lästige Fliege soll mich doch in Ruhe lassen.

Beim Kino gibt es diese physische Macht, jemanden wegzuschicken. Da sagt man sogar noch »phantastisch!«, wenn... Wenn Ingmar Bergman Liv Ullmann mit einem Tritt in den Hintern an die Luft setzt, dann heißt es: Was für ein Künstler! Phantastisch!

Während man in einer Fabrik immerhin sagen würde: Der geht zu weit!

Hier ist es umgekehrt: De Niro ist der, der die Macht hat über mich. Und dann ist da noch was anderes. Ich versuche, bei ihm anzukommen, daß er sich mit mir zusammentut, weil ich ihn nach einigen Filmen, die er gemacht hat, für sympathischer halte als andere. Und ich brauche diese Macht, denn sonst würde ich meinen Film nicht auf die Reihe bekommen, oder wenn, dann halt so, mit meinen eigenen Mitteln. Nicht, daß er dann keinen Erfolg haben könnte oder nicht gut wäre. Ich bin überzeugt, es gibt Filme, die von drei oder vier Leuten gemacht werden können. Aber auch, wenn man Filme für drei oder vier Leute macht, kommt es vor, daß man nicht mal diese drei oder vier erreicht. Wenn die Sendungen, die ich mache, im Fernsehen laufen, schaut meine Tochter sie sich nicht an. Sie schaut sich die Muppet Show an oder sonstwas. Und ich auch, also kann ich es ihr nicht mal übelnehmen. Aber manchmal... Zu sehr isoliert zu sein... Das heißt, manchmal, wenn ich es nötig habe, dann bin ich dadurch gezwungen, mich zu schlagen, und der Umstand, daß ich mich zwinge, mich zu schlagen, zwingt mich auch ein wenig, ich selbst zu sein, aber nicht ganz allein, daß ich mir allein sagen oder denken muß: Ich habe recht, sondern einen Satz zu sagen, jemandem, mit dem man sich schlagen kann. Oft sage ich mir: Allein, das wäre schon wichtig. Schlimmstenfalls erzähle ich einfach meine Erinnerungen, oder ich mache wieder eine Zeitschrift und erzähle den Film. Und schließlich versuche ich, einen Film mit De Niro zu machen, um dann einen Artikel schreiben zu können. Das lohnt sich doch immerhin.

Ja, wenn ich Belmondo hätte haben können, hätte ich De Niro nicht gefragt. Aber die Absicht dahinter war, wieder im normalen Filmmilieu, von dem ich mich abgeschnitten hatte, einen Film zu machen, aber ohne dadurch Mosambik zu verlieren. Für mich... Ich bin jemand zwischen der Frelimo, Serge Losique und vielleicht De Niro. Das ist die Situation des Filmemachers heute. Und ich frage jeden um Geld.

Kanada ist durch seine geografische Lage ein interessantes Land, dadurch, daß es bis siebzig, achtzig Prozent den Amerikanern gehört. Ihr seid Untermieter Amerikas. Ob ihr es nun wollt oder nicht, das ist eine Tatsache. Wir in Frankreich, ob wir es wollen oder nicht, sind nicht in derselben Situation wie ihr, aber auch total beherrscht von Amerika. Dabei haben wir noch Leute nach

Amerika geschickt, während die Kanadier niemanden nach Amerika geschickt haben. Christoph Columbus war kein Kanadier, sondern Europäer. Also ist unsere Situation eine andere.

Wenn man nur manchmal einfach diskutieren könnte, wie man einen Film macht, wie man Kritiken schreibt. Ich erzähle Ihnen das mit De Niro, den ich interessant finde, aber es gibt noch eine Menge anderer Leute. Mich stört es, so ganz auf mich gestellt zu sein. Noch vor fünfzehn Jahren hätte ich mir gesagt: Ich bin ich, und hätte mir was darauf eingebildet. Heute würde ich sagen: Es ist etwas Interessantes an diesem Einzelfall, aber auch etwas Lästiges, nämlich, daß er nur auf sich selbst angewiesen ist.

Ich fühle mich viel zu allein, und ich möchte gern etwas mit Filmern reden. Aber über praktische Probleme, seis auch nur eine Einstellung. Wenn ihr gerade eine Einstellung dreht, was ihr für eine macht. Und noch mit anderen darüber sprechen, damit etwas sichtbar wird. Daß man über den finanziellen Aspekt hinter dem ästhetischen spräche oder über den ästhetischen Aspekt hinter dem finanziellen. Aber das ist ganz unmöglich. Die Filmleute sprechen nicht miteinander. Ich rede mit Bankiers, mit Produzenten übers Kino, die... Eine Zeile im französischen Text der Internationale heißt: »Produzenten, rettet euch selbst...« Und allerdings ist es mir manchmal lieber, mich als Produzent mit eigenem Produkt zu schlagen, als mich herumzuschlagen mit schlechten Produzenten oder zu einem Einverständnis zu kommen mit besseren oder mit dem Teil, der gut ist. Aber man wird die Welt nicht als einzelner ändern können. Wenn man zu mehreren wäre, könnte man bestimmte Dinge ändern. Das Kino ist wirklich..., das Bild ist noch am leichtesten zu ändern. Wenn es einem nicht gefällt, kann man es zerreißen und ein neues machen. Heute, mit den technischen Mitteln, ist es noch einfacher geworden. Man kann sogar mit einem guten Fotokopiergerät... Man braucht nicht mal mehr eine Offsetmaschine. Wir haben ein sehr gutes Fotokopiergerät gekauft, das genausoviel gekostet hat wie eine Kamera und das wir auch pflegen wie eine Kamera. Weshalb? Weil wir damit manchmal Fotos drucken können, die nicht ganz so gut sind wie die Fotos, aber das Gefühl von Fotografie bleibt trotzdem erhalten. Das spart uns Offset- und Druckereiarbeiten. Und man kann, wenn man will, Leuten Fotos schicken.

Aber dann merken wir auch bald, daß wir uns nur ärgern. Dabei sollte ein Foto doch der Kommunikation dienen. Nur dazu. Darum muß man es zurückhalten, man muß weniger machen, weil es einfach zu viele gibt. Wenn es nicht genug gäbe, müßte man sofort mehr machen. Und da, wo es nicht genug gibt, muß man ein bißchen mehr machen. Wenn ein Amateurfilmer, wenn der Papa seine kleine Tochter einmal an Weihnachten filmt und einmal in den Ferien, diese zwei Bilder, das reicht nicht. Da müßte man ein paar mehr machen. Dagegen gibt es beim Fernsehen zuviel, da müßte man weniger machen. Damit könnte man dann was anfangen. Das ist nicht gefährlich. Da könnte man am leichtesten etwas ändern. Im Kino ist das am einfachsten. Da gibt es zehn oder fünfzig Leute, wirklich ein ganz kleines Unternehmen. Beim Film könnte man die Arbeit wahrscheinlich am leichtesten ändern. Bei Ford, bei IBM, auf einer großen Plantage, da ist es inzwischen so kompliziert, daß Wahnsinnsanstrengungen nötig wären, um überhaupt nur ein winziges bißchen zu ändern. Aber im Kino müßte es möglich sein. Und genau da sehen wir, daß es noch weniger geschieht. Filme werden immer noch gemacht wie vor fünfzig Jahren.

Und man hat sich nichts mehr zu sagen. Man geht nach Hause und redet ein wenig, aber zu sagen gibt es nichts. Man sieht, wenn einmal eine Gewalt da ist – das ist es: Macht – und wenn dieser Gewalt die Sprache heute ihre Stimme leiht, daß sie sagen kann: Da ist es... Man glaubt, man hätte etwas gesagt. Man hat etwas gesagt, aber man hat nichts getan.

Die Musikgruppen halten etwas länger. Sie halten auch nicht ewig, die Bands, die Gruppen. Nach fünf, sechs Jahren krachen sie sich, und dann ist es aus. Aber etwas länger bleiben sie zusammen. Allein durch den Umstand, daß bei der Musik das Werkzeug nicht als Technik angesehen wird wie bei Kino und Fernsehen. Ein Typ, der Flöte spielt, will auch eine Flöte haben und sich nicht jedesmal, wenn ihn die Lust ankommt, Flöte zu spielen, eine leihen gehen und sie nachher dann wieder zurücktragen. Genauso ist das mit der Klarinette, mit dem Klavier. Während man im Kino die Technik als was Losgelöstes ansieht. Man findet nicht, daß man selbst einen Apparat haben müßte, ausgenommen, aus den bekannten gesellschaftlichen und familiären Gründen, bei den Amateuren. Sie machen daraus das Bestmögliche. Es wäre gar nicht schlecht, wenn sich die Professionellen als Amateure fühlen würden.

Es gibt zwei Arten, Kino zu machen, das sieht man deutlich. Es gibt die eine Art, meine nämlich, ich habe das Bedürfnis, Film zu machen, und zwar mehr als Musik – ich singe falsch, ich möchte gern richtig singen können –, aber ich habe das Bedürfnis, mich anderen zu nähern, daß sie mich sehen können. Das merke ich heute. Wenn Sie mich fragen, wer ich bin, kann ich es Ihnen zeigen, und der Umstand, daß ich es Ihnen zeigen kann, nimmt das Unmittelbare etwas zurück. Daß man sich nicht selbst zu kritisieren braucht oder Angst bekommt oder sich fürchtet oder dergleichen. So habe ich das Bedürfnis zu filmen, wogegen die meisten Leute, die Filme machen, nur das gesellschaftliche Leben beim Film brauchen, und da ist es egal, ob über militante Filme oder übers Hollywoodkino. Sie haben das Bedürfnis, Hollywood zu leben, das Filmleben zu leben, das Leben dieser drei Monate. Es ist toll, einen Film zu machen. Drei Monate ist man immer mit Leuten zusammen. Und dann der Reiz des Neuen. Man arbeitet nicht, man wird bezahlt. Man hat die Geschichte nicht selbst erfunden, und wenn, dann spielt man sie jedenfalls nicht. Wenn man sie aufnimmt, dann jedenfalls nicht für sein eigenes Geld, und man braucht sich nicht selbst nackt vor die Kamera zu stellen. Und als Zuschauer ist man nicht gezwungen, den Film zu produzieren. Wenn man den Film produziert, ist man nicht gezwungen, ihn zu sehen... Und das dauert drei, vier Monate. Ein ganzes Jahr dauert es nur bei Katastrophen wie *Cleopatra* oder der *Meuterei auf der Bounty*. Dann wird es notwendig, den Film wirklich herzustellen, und das ist die Katastrophe. Es läuft auf eine Katastrophe hinaus, weil sie in Wahrheit gar keinen Film machen wollen. Sie haben die Mittel, sie haben gearbeitet, sie haben zwanzig oder fünfundzwanzig Millionen Dollar ausgegeben, und es wird schlimmer und schlimmer, weil sie den Film gar nicht machen wollen, aber so tun und selbst Sklaven dieser Spiegelfechterei sind. Da sie nun mal in Hollywood sind, müssen sie den Film machen, denn sonst würde man ihnen sagen: Haut ab – und sie möchten doch gern in Hollywood bleiben.

Ich glaube, beim sogenannten militanten Kino ist es dasselbe. Ich sage lieber »faules Kino«, weil das eindeutig negativ ist. Das sind Leute, die zu überhaupt nichts Lust haben. »Gehen wir Arbeiter interviewen...« Die meisten Bücher werden so gemacht. Man interviewt, man veröffentlicht und sagt: »Die Frauen haben das Wort.« Und dabei ist es ein Typ, der das veröffentlicht und sagt: »Die Frauen haben das Wort.« Manchmal wäre es besser, einen Stummen zu interviewen, es wäre jedenfalls schwieriger.

Es kommt nichts dabei heraus, mit jemandem zu reden, wenn

man keine Lust hat, ihn zu sehen. Das ist zunächst mal keine Kritik. Aber sie sollen doch nicht so tun. Wenigstens sollte man hinterher, wenn man die Arbeit gemacht hat, sagen, weshalb man gerade mit dem geredet hat. Daß man so etwas wie eine Fortsetzung macht. Der zweite Teil hat immer gefehlt in den militanten Filmen – oder der erste –, der dann zu einem dritten geführt hätte, denn die Dinge gehen immer im Dreischritt. Was hieße, daß der Regisseur auch zum Schauspieler würde. Man interviewt die Armen, man interviewt... Deshalb habe ich mich auch mit Jane Fonda überworfen. Ich wollte etwas machen wie... Ich war vielleicht ungeschickt und habe es nicht gut gemacht... Aber ich wollte einfach den Kontakt mit ihr nicht verlieren. Als *Tout Va Bien* in den Vereinigten Staaten herauskam... Ich habe sogar einen Film gemacht, der *Letter to Jane* hieß. Das heißt, ich habe der Schauspielerin, mit der ich den Film gemacht hatte, einen Brief geschrieben. Und ich glaube nicht, daß Zanuck oder daß Orson Welles so etwas getan hat. Er hat nachher keinen Brief geschrieben, er hatte nicht das Bedürfnis. Aber ich hatte es. Aber der Film... Es ist alles mögliche passiert... Sie hatte Grund, mit dem Film unzufrieden zu sein. Aber das hätte sich arrangieren lassen. Ich hätte es nochmal, anders gemacht. Statt zu sagen: Du bist ein Arsch, du bist ein Macho, du bist ein mieser Typ, und außerdem habe ich umsonst für dich gearbeitet – was nicht stimmte, denn sie bekam siebzehn Prozent vom Film, ich habe zu ihr gesagt: Verkauf den Film doch, dann bekommst du von jedem Dollar siebzehn Cent – so versuche ich das für mich zu machen –, und wenn wir uns zusammentäten, würden wir öfter jedesmal siebzehn Cent verdienen, das bringt keine Millionen ein, aber das wußtest du vorher... Wenn sie, statt zu sagen: Du bist ein Arsch, oder sowas, sich ein Bild vorgenommen und zu mir gesagt hätte: Deine Bilder sind schlecht gemacht... Denn wenn einem jemand sagt: Du bist ein Arsch, dann denkt man: Das stimmt nicht, ich bin kein Arsch, du bist einer. Aber wenn man das hernimmt, was er gemacht hat und, statt zu sagen: Du bist ein Arsch, zu ihm sagt: Schau dir den Tisch an, den du gemacht hast, da kann man sich doch nicht dransetzen... Daß man, statt zu sagen: Du Arsch von einem Tischler, zu ihm sagte: An so einen Tisch kann man sich ja nicht setzen... Damals, als ich unter Gorins Einfluß stand, hat er mir anfangs gesagt – er war ein militanter Maoist, und wir haben uns kennengelernt zur Zeit von *La Chinoise*, nach *Deux ou trois choses* –, da hat er zu mir gesagt: Du bist ein Arsch, du bist kein

Revolutionär, du bist kein... Darauf habe ich dann zu ihm gesagt: Ich bin mehr Revolutionär als du. Und dann bewiesen wir uns das gegenseitig durch a plus b. Heute würde er einfach zu mir sagen: Hier, dieses Bild, das ist nicht gut so... Selbst wenn er es mir nicht erklären könnte, würde es mich treffen. Damals wäre ich zunächst einmal wütend geworden, aber dann... Ich glaube, es war etwas nicht ganz Schlechtes in mir, das hätte daraus etwas anderes gemacht. Ich sage das erst heute. Ich sage: das hat mir gefehlt. Ich hätte es gern etwas früher gesehen. Ehrliche Leute, das sind manchmal nicht die, die ihre Fehler erkennen, sondern die... Du kannst nicht..., ein Irrtum deinerseits..., wenn du da die Hand bewegst... – darum geht es nicht. Man sieht das Endergebnis, das fertige Objekt. Mit dem Bild ist es wie mit dem Tisch, nur daß es über viel mehr reden kann als ein Tisch. Es ist gleichzeitig etwas Festes... Aber die Leute tun das nicht.

Sie hat mir nicht gesagt: Dein Film ist schlecht, du hättest nicht vermengen sollen, was... Damit hätte sie die Arbeit eines Filmkritikers geleistet. Sie hat nur gesehen..., und ich war nicht geschickt genug, ich habe es nicht geschafft, ihr zu zeigen... Ich glaube nicht, daß sie es akzeptiert hätte, aber ich hätte es sehr viel vorsichtiger anfangen können. Ich glaube, heute könnte ich es. Ich glaube nicht, daß sie es deshalb schon akzeptiert hätte. Und außerdem habe ich keine Lust mehr dazu. Aber ich habe nun mal versucht, Jane Fonda zu sagen, und dabei ein Foto von ihr gezeigt: Ich finde, du tust den Nordvietnamesen keinen Gefallen, wenn du die Nordvietnamesin spielst, und hier ist ein Foto, wo du die Nordvietnamesin spielst. Man kann das »spielen« nennen, schließlich heißt es doch sogar in der Sprache der Militärs »die Bühne der militärischen Operationen«, also ist es nicht bloß ein Wortspiel, wenn man sich so ausdrückt. Und du hast unserer Meinung nach nicht besser gespielt als in *Tout Va Bien*. Aber leider habe ich nicht *Tout Va Bien* gesagt, sondern *Klute,* was hieß: In *Tout Va Bien* warst du besser... So war das.

Wenn sie mir das so gesagt hätte, heute hätten wir das bestimmt sofort eingesehen. Sie hätte gespürt, daß wir einander kritisierten, daß wir sie brauchten und daß wir es richtig fanden, daß sie dort hingegangen war. Und dann hätte ich gesagt: Ich brauche nicht nach Vietnam zu gehen. Und dann... Wir haben in diesem Film wichtige Dinge gesagt, aber wir haben es nicht vermitteln können. Aber sowas läßt sich, meiner Meinung nach, leicht ändern. Man braucht, wenn es drauf ankommt, nur über das Problem, das man erkannt hat, zu reden. Denn sie hätte uns eine Menge Dinge sagen können, von denen wir nichts wußten. Und insofern waren wir ungeschickt. Wir hätten ihr wieder andere Bilder zeigen können. Ein Bild ist viel leichter als ein Tisch. Bilder lassen sich viel leichter zusammenbauen als ein Auto oder Tische.

Es waren drei Filme, die zu einer Zeit spielen, wo etwas in die Brüche geht, wo etwas... Wenn *Erde* von Dowshenko dabeigewesen wäre, dann hätte man bei dem Stück aus *La Règle du Jeu,* bei der Jagd, wenn die Kaninchen geschossen werden, wenn man die Erde gefilmt sieht, was auf ihr ist, da hätte man dann nämlich verstanden, daß es Kaninchen gibt, daß es Jäger gibt und daß die Leute, die man sieht, auf der Erde sind. Und danach wäre dann als dritter Film *Europa 51* gekommen, da hätte man gesehen – ich weiß nicht, ich kann mich nicht mehr so genau erinnern, auch deshalb hätte ich ihn gern wiedergesehen –, da hätte man gesehen, wie jemand einen ganzen Kontinent analysiert, und zwar am Beispiel von Familienbeziehungen. Und danach hätte *Deux ou trois choses* das ganz deutlich gemacht und ganz klar gesagt, welche Art von Film da gemacht wurde: Wir werden filmen, wie die Veränderung von... Wir nehmen es als Anlaß zu einem Film, daß jemand beschlossen hat, ein ganzes Gebiet umzugestalten, es geht dabei um Grund und Boden. Während *La Règle du Jeu,* ein Film von 1939, von kurz vor dem Krieg, das Ende einer bestimmten Epoche darstellt, das Ende der Grundbesitzer. Das spielt auf einem Schloß, auf dem Land. Deshalb finde ich es so interessant, diese... Denn, was wir eben gesehen haben, *Erde* oder *Deux ou trois choses* vor *La Règle du Jeu*... Daß, wenn man *La Règle du Jeu* sieht, daß man dann nicht nur *La Règle du Jeu* sieht, sondern auch noch was anderes, die Bewegungen in dem Salon, daß man sie sieht als etwas, was daher kommt, daß... Daß man sie dann auf dem Land sieht, wie sie sich auf eine bestimmte Weise verhalten, daß man sie als soziale Wesen sieht. Jetzt müßte man noch ein oder zwei Gesellschaftskomödien und auch -tragödien zeigen und dabei auf den Grund und Boden verweisen. Wer besetzt das Gebiet? Wer wird verjagt, und wer besetzt das Land?

Ich finde, daß Marina Vlady in dem Film vielleicht nicht... Sie hatte zugesagt, und ich hatte mir gedacht: Es ist ein nicht ganz einfacher Film, und einen bekannten Namen zu haben... Der Film hat neunzig Millionen gekostet, damals waren das zweihundert- oder zweihundertzehntausend Dollar, hunderttausend Dollar mehr als üblich. Und der Umstand, daß ein Name da war – sie war damals bekannt –, half, ihn zu machen. Es war ziemlich schwierig mit ihr. Persönlich habe ich mich gut mit ihr verstanden, sie war nett. Aber ich glaube nicht, daß sie den Eindruck vermitteln konnte, sie dächte das, was sie sagte. Das hat sie nicht geschafft. Ich will sie nicht kritisieren, eher mich, weil ich nicht jemanden gefunden habe...

Und ich habe Lust, es noch ein letztes Mal oder vielleicht ein vorletztes Mal zu versuchen, jedenfalls das nächste Mal, heranzukommen an das, was man einen großen Schauspieler nennt. Ich finde, Robert De Niro ist ein klassischer Schauspieler, ein Schauspieler im klassischen Sinn, der arbeitet, probt, seis auch nur wie man es üblicherweise macht, der seine Rollen probt. Ob er auch anders proben könnte?

Denn bei einem Film wie dem da... Ich erinnere mich, daß sie mich gefragt hatte: Wie kann ich mich vorbereiten? Und ich habe gesagt: Hör zu, du wohnst da draußen zehn Kilometer vor Paris. Wir fangen spätestens um zwölf, ein Uhr zu drehen an, wenn du magst, komm bitte zu Fuß. Darum möchte ich dich bitten, ich mache keine Witze, ich will dich damit nicht ärgern. Du wirst müde sein, und der Umstand, daß du müde bist und bereit bist, müde zu sein, wird dich an bestimmte Dinge denken lassen. Die Dreharbeiten werden eine Stunde länger dauern, aber nur eine Stunde. Wir werden mit allem fertig sein. Im Augenblick, wo du ins Zimmer kommst, sagen wir: Kamera ab... So wird es laufen, und dann kannst du wieder gehen. Das ist alles. Du machst zehn Kilometer plus dreihundert Meter. Und danach kannst du dann, wenn du willst, mit dem Auto nach Hause fahren.

Leider hat sie das nicht verstanden. Ich habe mich ihr nicht verständlich machen können. Da nämlich liegt es im argen beim Kino. Es sollte doch der Kommunikation dienen. Aber ich habe es nicht mal geschafft, mit der Person zu kommunizieren, die drei Meter vor mir stand, und noch dazu ging es um einen Film. Denn zwischen uns lag die ganze Pariser Region.

Wie kommt es, daß die Leute so auf Stars fliegen? Das ist heute noch schlimmer als früher, denn da gab es allenfalls drei oder vier Könige, während es heute gut hunderttausend gibt, Sportler, Staatsmänner, Sänger, Kinostars... Inwiefern... In der Familie werden Mama oder Papa heute eher zu Stars als zu was anderem. Eine Mutter ist für ihre Kinder heute ein Star. So laufen die Gefühle, und das macht es kompliziert. Und der Staat profitiert davon, denn nur da werden die Stars nicht für ihre Arbeit bezahlt, dabei ist die Familienmutter der größte Star der Welt.

Ich denke daran, in der Filmgeschichte, mit der wir bald anfangen werden, im stummen Teil des amerikanischen Films, die Großaufnahme zu untersuchen – ausgehend von der Legende, daß Griffith die Großaufnahme erfunden haben soll. Wir werden dann herauszukriegen versuchen, was die Großaufnahme – das heißt, zugleich ein Gesicht und dann das, wozu es sich verfestigt hat –, wie das dazu beigetragen hat..., wie daraus, wenn Sie so wollen, der Star geworden ist. Als Lumière angefangen hat, dachte er nicht an Stars. Es gab damals schon Vorstellungen von Stars. Es gab die Präsidenten der Republik, es gab Berühmtheiten, es gab Sarah Bernhardt, den Star der Jahrhundertwende. Wenn Lumière aufnahm, wie der Zug in den Bahnhof einfuhr, wie die Arbeiter die Fabrik verließen, und sogar noch beim »Arroseur Arrosé«, da konnte man nicht von Stars reden, nicht mal bei dem Arroseur. Wie hat sich später also die Großaufnahme herausgebildet? Und wie ist aus ihr geworden..., wie ist mit dem Tonfilm aus der Großaufnahme der Star geworden? Starpolitiker, Starschauspieler – das ist so ziemlich dasselbe.

Bei *Tout Va Bien* hatten wir fürchterliche Probleme. Wir hatten zwei Stars, Yves Montand und Jane Fonda. Wir hatten fürchterliche Probleme mit Yves Montand. Er wollte wissen: Weshalb nimmst du mich von hinten auf und sie von vorn? Oder umgekehrt. Jane hat sich nicht getraut, sowas zu sagen, aber ich vermute, sie hat es gedacht. Sie war einverstanden gewesen... Stellen Sie sich vor: Man engagiert einen Star und noch wen, und dann filmt man seine Füße. Und dann auch manchmal das Gesicht. Weshalb ist das Gesicht wichtiger als das übrige? Das hat natürlich mit der Sprache zu tun. Ich bin nicht sicher, daß das in primitiven Gesellschaften auch so war. Was aus der Zeit an grafischen Darstellungen überliefert ist, sind eher Gesten – wichtige Gesten: Bogen schießen, Nahrung sammeln – als Gesichter. Was wird dagegen von heute übrigbleiben? Nur Gesichter. Zu einem Artikel, der überschrieben ist »Dramatische Situation im Libanon«, sieht man in den allermeisten Fällen in Großaufnahme entweder den Typ, der den Artikel geschrieben hat – was hat der zu tun mit der dramatischen Situation im Libanon? –, oder aber ein Porträt des Staatschefs. Die allermeisten Illustrationen sehen so aus. Als ob... Zu einem Artikel über Israel gibt es ein Foto von Begin. Was hat das mit dem zu tun? Man zeigt das Foto des obersten Befehlshabers, da müßte der Artikel heißen: »Der oberste Befehlshaber«. Eigentlich müßten alle Artikel in allen Zeitungen heißen: »Der oberste Befehlshaber«. Es gäbe dann nur noch das.

Die Autorentheorie? Das war eine große Dummheit, die wir da gemacht haben, für die ich..., die mir nur zum Nachteil ausgeschlagen ist. Dabei hatte ich geglaubt, daß wir davon profitieren würden. Wir von den *Cahiers* nämlich, Truffaut, Rivette, Godard, Chabrol, die drei oder vier, die das damals waren, wir haben gesagt: Nicht auf den Produzenten kommt es an, sondern auf den Autor. Wir haben versucht, ihm wieder, wie soll ich sagen, den Adelsbrief zurückzugeben. Aber weshalb hat man dem Adel erst den Kopf abgeschlagen, wenn man ihm nachher dann einen solchen Kreditbrief ausstellt? Gut, uns ging es darum, uns einen Platz zu erobern, das System, so wie es war, anzugreifen, das Recht zu bekommen, mit anderen Tischmanieren am Tisch Platz zu nehmen. Und zu sagen: auf den Autor kommt es an... Wenn Leute wie Hitchcock, Hawks, Bergman Anstand besäßen, dann würden sie uns jetzt von jedem Franc, den sie verdienen, zehn Centimes abgeben, denn wir haben ihre Namen groß herausgestellt. Heute heißt es: Hitchcock presents... Das war nicht immer so. Früher stand da: Warner Brothers... oder Soundso presents... Hitchcock, den haben wir dahin gebracht. Aber damit, mit dieser Geste bewirkten wir sozusagen, daß unsere Hand bemerkt wurde und unser Körper nachkommen konnte. Irgend etwas mußten wir machen, und da haben wir eben das gemacht. Wir haben den Namen des Autors unten weggenommen und nach oben gerückt. Wir haben gesagt: Er ist es, der den Film gemacht hat. Das sollte auch heißen: So muß man Filme machen, und wenn man Filme so machen muß und wir sagen, daß es so sein muß, dann müssen wir sie auch machen – weil man es uns nicht erlaubt. Wir wollten also unsere eigene Existenz unter Beweis stellen.

Für mich spielt das keine Rolle mehr. Aber für Sie schon, ich bin für Sie immer noch der Autor, und mir bereitet das beträchtliche Schwierigkeiten. Das isoliert einen sofort. Sie betrachten mich nicht als einen normalen Menschen, der nur, statt zu tischlern... Sie sehen doch in Ihrem Tischler auch keinen Autor und in Shakespeare keinen Tischler. Aber die Universitäten verstärken das noch. Denn was wir mal zu viert angefangen haben, das gibt es heute in den USA, die der Welt immer voraus sind, in fünfzig Millionen Exemplaren. In Hollywood brauchen sie keine Filme mehr zu machen, das machen jetzt die Studenten. Sie haben sogar Diplome, und obendrein werden sie nicht bezahlt.

Es war eine Theorie. Wir haben sie benutzt, aber von ihren Auswirkungen loszukommen, bereitet mir unheimliche Mühe. Auch die Leute in meiner Umgebung haben sich in ihren Beziehungen zu mir leider nicht davon freimachen können. Das Verhältnis zu Frauen, die ich kannte, hat das oft ungeheuer kompliziert. Anne-Marie Miéville wird manchmal eingeladen, um *Ici et Ailleurs* zu zeigen oder andere Filme, die sie gemacht hat. Aber jedesmal heißt es bei der Vorstellung: ..., die mit Godard arbeitet. Niemals nur: Anne-Marie Miéville...

Siebente Reise

Top Hat	MARK SANDRICH
Brigadoon	VINCENTE MINNELLI
Ladies and Gentlemen, the Rolling Stones	ROLLIN BINZER
New York, New York	MARTIN SCORSESE
One plus One	J.-L. GODARD

Diesmal wird es, finde ich, ziemlich deutlich, durch die Musik. Wir wollen mal an die Musik denken. Wir wollen versuchen, über Musik zu sprechen.

Diesmal bin ich es, der sich über die Kopie beklagt. Die ganze letzte Rolle ist die Fassung vom Produzenten. Ich hatte eine Auseinandersetzung mit ihm. In meiner Fassung hörte man die Rolling Stones nicht, weil es am Strand war. Man hörte sie nicht mehr, sie verschwand mit ihnen. Man hörte sie nicht mehr, und dann war es zu Ende. Ich mache nie Vorspanne. In meiner Fassung gab es diesen unsäglichen Vorspann nicht. Aber er brauchte einen, weil er beschlossen hatte, Musik daraufzulegen, die ewig dauerte. Und ich hasse Stehkader als Filmschlüsse. Ich finde sie grotesk. Aber ihm fiel nichts anderes ein. Bei mir hörte es auf, wenn man den Kran hat schwenken sehen, und dann hörte man nur noch Strandgeräusche, das Meer, die Möwen... Und die Rolling Stones hörte man nicht mehr. Diesmal beklage ich mich. Wenn Sie wirkliche Cinephile wären, hätten Sie sich die Kopie vorher mal angeschaut.

Leider kann man bei den Ausschnitten nicht allzu wählerisch sein. Es ist schon toll, daß wir mit deiner Hilfe ungefähr die Filme bekommen, die wir brauchen, wenn nicht den, dann eben den. Lieber als der Film über die Rolling Stones wäre mir gewesen – aber auch der ist interessant, da sieht man verschiedene Arten, Leute, die Musik brauchen, und Leute, die keine brauchen, wie in dem Dokumentarfilm über die Rolling Stones –, lieber wäre mir gewesen, man hätte einen Film über Janis Joplin gezeigt. Der Film ist ganz ähnlich, aber Janis Joplin ist interessanter als die Rolling Stones. Und außerdem hätten wir vielleicht die Möglichkeit gehabt, die Art und Weise zu kritisieren, in der diese Filme gemacht werden, das heißt, wie schlechte..., wie Nachrichten eben – »schlechte Nachrichten«, das wäre ein Pleonasmus. Es ist ganz klar, der Typ, der die Rolling Stones gefilmt hat, hörte die Musik nicht. Da liegt der Unterschied zu mir. Wenn man nämlich Musik hört, dann bewegt man sich selbst auch. Aber wenn man eine Kamera hält, kann man nicht viel machen, man kann sich nicht allzusehr bewegen. Man kann sich langsam bewegen, und das wollte ich machen. Und dabei vor allem fast immer das gleiche hören, um zu versuchen, von der Musik auszugehen. Das war ein Anfang für mich. Meistens habe ich Musik ganz konventionell verwendet. Ich kannte mich da nicht gut genug aus. Ich habe sie als Kommentar gebraucht, als voice over, um manchmal Gefühl oder Poesie hinzuzufügen. Ein bißchen wie man Ketchup über einen MacDonald tut. Ich glaube, das ist nicht sehr gut. Die Musiken bei mir waren nie sehr gut, selbst wenn die Musiker gut waren. Das hat nichts mit Musik zu tun, weder mit klassischer noch mit Musikern von heute.

Mich hat es immer gewundert, das heißt, die Tatsache ist mir aufgefallen, daß Musiker kein Bedürfnis nach Bildern haben, während Leute, die Bilder machen, Musik brauchen. Ich habe es immer gern gehabt, wenn man in einer Kriegsszene oder egal wo in einem amerikanischen Film oder in einem psychologischen Film, in einer Liebesszene, wenn man da plötzlich Musik hört. Ich habe mir immer gern vorgestellt, daß da ein Schwenk käme oder eine Fahrt und man dann gleich auch das Orchester sähe. Und danach kehrte man zurück zur Szene, das heißt, Musik kommt ins Spiel, wenn man kein Bild mehr braucht, und sie drückt was anderes aus.

Ich bin insofern zufrieden, als... Es war das Ende einer Periode. Ich weiß nicht, ich unterteile mein Leben in Abschnitte. Alle zehn Jahre... Ich stehe am Anfang meines fünften Lebens, oder als Vierzigjähriger gehe ich schwanger mit meinem fünften Leben. Ich bin am Ende meines vierten Lebens. Das da war der Anfang des vierten oder das Ende des dritten. Und ich wußte nicht mehr weiter.

Der Film entstand in London zur Zeit der Pariser Maiereignisse von 1968. Damals hat man mich beschimpft, daß ich zum Arbeiten im Ausland war, wo doch das ganze französische Volk streikte. Und außerdem war damals... Ich glaube, ich wußte immer weniger, woran ich war. Ich versuchte, die Stücke wieder zusammenzubringen oder andere zu finden, ich fing an, die Dinge etwas getrennter zu filmen. Mit der Musik bot sich dazu die Gelegenheit. Ursprünglich wollte ich einen Film mit den Beatles machen, aber das hat nicht geklappt, und dann, ich weiß nicht, haben die Rolling Stones zugesagt. Es war eine rein englische Produktion. Ich war nur der Regisseur. So ist das eben zustande gekommen.

Mich interessierte es damals, alles zweizuteilen. Ich erinnere mich, daß alle Filme, die ich damals zu machen versuchte... Nur dieser ist fertig geworden. Ich hatte einen amerikanischen Film angefangen, der *One American Movie* hieß, den ich nie fertiggemacht habe, der war auch zweigeteilt. Ich interviewte reale Personen, unter anderem Eldridge Cleaver, dann den jetzigen Mann von Jane Fonda, außerdem eine Sekretärin, eine Direktorin von IBM, jedenfalls vier oder fünf Leute. Und dann, auf einer zweiten Rolle, ließ ich deren Texte nochmal von einem Schauspieler spielen – weshalb, kann ich Ihnen nicht sagen. Ich versuchte herauszufinden, aufzulösen und wieder zusammenzusetzen. Dabei kam nicht ganz ein Film heraus.

Bei diesem, denke ich, wäre es besser gewesen, wenn es statt der kurzen Szenen eine durchgehende Geschichte gegeben hätte, so, wie es ein Thema gab. Ich denke, daß ich heute... – das heißt, heute würde ich es sowieso nicht mehr machen –, daß es damals besser gewesen wäre. Aber der Gedanke ist mir nicht einmal gekommen, und so versuchte ich, die Räume zwischen der Musik mit Bildern aufzufüllen.

Es ist nicht mein Film, aber ich wollte ihn *One A. M.* nennen, das hieß *One American Movie*. Sie hatten die Rechte an dem, was ich gedreht hatte, und so haben sie versucht, die wenigen rushes, die nicht mal fertig waren, zusammen herauszubringen. Sowas kann man eigentlich nicht machen, aber ich konnte sie nicht daran hindern.

Das war eben das Thema. Auf einer Seite One, die Rolling Stones, und ich ihnen gegenüber. Das machte one plus one, eins und eins, das ist der Versuch, zwei zu machen. Und dann habe ich erst hinterher gemerkt, daß es etwas gibt, das das Mehr oder das Weniger zwischen zweien ist. Es gibt niemals nur zwei. Es gibt drei oder was anderes, aber immer drei. Deshalb kam auch kein Film dabei heraus, es war eben nur one plus one, wenn Sie so wollen. Es kam nicht zu einem »gleich«, bei dem mich das »plus« in dieses

»one plus one« eingeschlossen hätte. So kam es, daß... So weit habe ich es nicht getrieben...

Wir werden versuchen, die Spuren von dem, was sich hier abgespielt hat, zu sichern. Und zwar etwas klarer, in einem Buch, wo man zwei Fotos zusammenstellen kann und nicht notwendigerweise den ganzen Text wiedergeben muß, der hier gesprochen wurde, die Theorie dieses Textes... Und daß es sichtbar würde, denn immerhin hätte man ja die Bilder beieinander.

Sollten wir vielleicht für die beiden nächsten Male... Könnten Sie sich vorstellen... Ich könnte noch Filme von mir vorführen. Gibt es welche, die Sie gern sehen würden oder andere, die Sie nicht sehen wollen? *Tout Va Bien* wäre, glaube ich, greifbar. Ich habe gesehen, daß er morgen im Fernsehen läuft oder sogar heute abend schon. Die, die ihn sehen möchten, könnten ihn sich da anschauen. Und möchte wer *Numéro Deux* sehen? Ich würde ihn ganz gern zeigen, aber mir ist etwas die Luft ausgegangen, ich weiß nicht, was für Ausschnitte ich dazu zeigen könnte. Ich finde in der Filmgeschichte keine Bezugsfilme mehr. Vielleicht sollten wir was anderes machen. Vielleicht haben Sie Vorschläge. Und wenn, könnten Sie sie aufschreiben und einfach beim Konservatorium abgeben, denn für den Schluß habe ich keine Ideen mehr. Jetzt, wo ich darüber nachdenke, fällt mir plötzlich auf, daß ich von *Numéro Deux* an keine anderen Filmbeispiele mehr zum Vorführen habe. Ich möchte nicht gern Filme von Rivette oder Straub zeigen. Das ginge nicht. Das beste wäre, man könnte die Fernsehsendungen zeigen, aber ich habe nicht das Geld, sie auf das amerikanische System zu überspielen. Die Sony-Systeme gibt es für die ganze Welt. In Amerika gibt es nur das amerikanische. In Europa kriegen wir auch die amerikanischen Erzeugnisse. Das ist normal, weil Amerika die Führungsmacht ist. Aber hier ist es genau umgekehrt. Amerika bestimmt, und so bekommt man es nicht. Man muß es im Land selbst überspielen oder es schon aus Europa mitbringen, und das ist teuer.

Sonst hätte ich nämlich die Fernsehsendungen gezeigt, die ich gemacht habe. Da es sechs Stunden dauert, hätten wir uns zwei oder drei Stunden am Tag ansehen können und damit ein Programm gehabt. Und hinterher hätten wir diskutiert. Es wäre auf jeden Fall interessant gewesen, übers Fernsehen zu diskutieren. Ich glaube, das passiert in Filmkursen so gut wie nie, weil Fernsehen als kommerziell gilt. Sich mit dem Fernsehen zu beschäftigen, wäre deshalb interessant, weil das Fernsehen am meisten Macht hat.

Das war eigentlich nur, um zu zeigen, wie Musiker üblicherweise gefilmt werden, indem man versucht, von ihrem Erfolg zu profitieren und so einen Film zu machen und ihn rauszubringen. Er ist viel weniger gut als die Musik, die sie machen.

Last Waltz, von Scorsese, der nicht so gut gemacht ist wie seine anderen Filme, war aber schon interessant. Er hatte Mühe, einfach eine Folge von mehr oder weniger gut gefilmten Nummern zu filmen. Was filmt man eigentlich? Ich meine, ein Musiker ist schließlich kein Schauspieler. Darüber müßte man mal nachdenken. Das könnte einen auf Ideen bringen, wie man Dialoge anders filmen könnte. Das würde ich gern machen: Dinge, die man nicht mit Worten ausdrückt, durch Musik ausdrücken. Man müßte einen Musiker finden, der spielen könnte und durch den man auf eine Musik käme, die der Geschichte entspräche. Wo dann die Melodie die Fortsetzung der Geschichte bilden würde. Eine Melodie ist gewissermaßen auch eine bestimmte Art, eine Geschichte zu erzählen.

In dem Film war es nicht ganz bewußt und nicht gut durchdacht. Eher wie bei einem Maler, der zwei Farben nebeneinandersetzt, weil er im Moment nicht mehr schafft. Viele moderne Bilder sind zu ihrer Zeit nicht verstanden worden, weil es eine andere Art war... Ich will sagen, sie versuchten, etwas zu finden, aber sie sagten nicht, was sie gefunden hatten. Man hat ihnen dasselbe vorgeworfen wie einer bestimmten Art von Kino, nämlich, daß sie keine Geschichte erzählten, keinen Gegenstand hätten. Hier kam es mehr aus dem Gefühl, daß wir das zu einem bestimmten Zeitpunkt einfach machen mußten. Was wir dann später mit Gorin bewußter zu machen versucht haben, auch ziemlich willkürlich und starr. Das hat etwas zu lange gedauert, diese kleinen Filme in der Art von *Pravda,* und der Schluß war dann *Tout Va Bien. Tout Va Bien* merkt man noch an, daß da ehemalige Aktivisten redeten, die versuchten, davon loszukommen. Oder aber der Film, den ich über Palästina gedreht habe, für den ich fünf Jahre gebraucht habe. Sie könnten *Ici et ailleurs* sehen und auch... Wir könnten *Comment ça va* zeigen, der zwar ein sehr didaktischer, aber auch sehr visueller Film über die Sprache ist. Ich mache bestimmte Studien, und dann höre ich damit auf und versuche, sie anzuwenden. Der Film ist eher für ein kleines Publikum gemacht als fürs Fernsehen. Auch wenn er genauso gut ist wie manche Fernsehsendung. Man könnte sie sehr gut als Abschluß zeigen.

Das Dumme ist, daß ich dazu gern Filme fände und meine einzige Idee ist, ein paar Stummfilme zu zeigen, ganz frühe, aus den ersten Anfängen, sowohl *L'Assassinat du Duc de Guise* als auch die erste Fahrtaufnahme in einer Gondel in Venedig oder einen unbekannten frühen Griffith. Das heißt aus einer Zeit, wo die Leute auf der Suche waren, wo sie etwas machten und sich sagten: wir werden es finden. Ich finde, wir könnten die ersten Filme der Filmgeschichte zeigen und meine letzten, von denen man überhaupt sagen könnte, es sind die letzten. Und jetzt müßte man wieder anfangen, so zu filmen wie... Also wir werden auf jeden Fall *Numéro Deux, Ici et ailleurs* und *Comment ça va* zeigen. Das sind eher didaktische Filme, zu Studienzwecken, die man in Vorlesungen auf Video vorführen müßte, mehr als Beispiele und nicht als was Abgeschlossenes. *Ici et ailleurs* handelt davon, und zwar besser, es zeigt es besser. Es sind Filme, die sich selbst analysieren. Deshalb, als Arbeit im Entstehen, sind sie für den Zuschauer klarer. Aber man müßte was dazu finden. Darauf wäre nur Langlois gekommen, der hätte gesagt: Diese Passage, in dem und dem Film... Momente, wo jemand ganz von vorn anfängt oder dahin zurückgeht. Ich bin, glaube ich, einer der wenigen, die dahin zurückgegangen sind, weil ich auf dem Weg nach nirgendwo war, und ich möchte es auch nicht machen wie der Kleine bei Rossellini in *Deutschland im Jahre null*. Also mußte ich zu null zurück und mich selbst zerstören. Vielleicht könnte man einen Film von Marguerite Duras zeigen. Ich mag sie in ihrer Art. Sie ist sehr unabhängig, und sie hat das Bedürfnis, zu zerstören, um was aufzubauen, und sie zerstört sehr viel mehr als sie aufbaut. Einer ihrer ersten Filme hieß übrigens *La Musica*. Ich glaube, das ist kein Zufall. Das kam daher...

Es geht nicht um Zerstörung des Kinos, sondern um Zerstörung der Formen. Übrigens hat man mir von Anfang an beigebracht, Formen zu respektieren, also habe ich versucht, sie zu zerstören. Wenn man gesagt bekommt: Wasch dir die Hände, ehe du... Im Film habe ich mir dann die Hände gerade nicht gewaschen. Und mir erst mal angeschaut, was eine Hand ist und was Seife. Das bedeutete, die Formen zu zerstören, die ich mir angeeignet hatte, von denen ich glaubte, mich befreit zu haben. Das ist mir irgendwann im Mai 68 klargeworden. Viele haben sich damals in einem anderen Licht gesehen, wie immer während eines wichtigen gesellschaftlichen Ereignisses, wenn alles stehenbleibt und man Zeit hat, die Dinge wirklich zu sehen. Für mich gehört zur Erinnerung an den Mai 68, daß man die Schritte der Fußgänger hörte. Weil es kein Benzin gab, hörte man die Leute in den Straßen gehen. Das war ein ganz seltsamer Effekt.

Man mußte, wie Gorin damals sagte, wieder bei null anfangen, aber sehen, daß auch »null« sich bewegt hatte, daß es das alte Null nicht mehr war. Sich selbst besser kennen... *Ici et ailleurs* faßt das gut zusammen. Zwischen *One plus One* und *Ici et ailleurs* gäbe es für mich eine Menge interessanter Filme, um das zu studieren, an denen sich ganz gut erkennen ließe, was da passiert ist. Und *Numéro Deux* ist eine Art Versuch, ein erneuter Aufbruch auf der Suche danach, wie man wieder Geschichten erzählen könnte.

Die Musik erzählt viele Geschichten auf eine Art und Weise, die den Leuten sehr gefällt, sie schläfert gleichzeitig ein und macht wach. Aber wie man von einer Note zur anderen kommt und wie man eine Geschichte erzählt... Das interessiert mich sehr. Zeichnungen genauso. Im Kino wird sehr selten Gezeichnetes verwendet, dabei bietet es sich an. Die Leute, vor allem die jungen, mögen Comics. Aber wenn sie einen Comic auf der Leinwand sähen, würden sie das etwas intellektuell finden, weil man ihnen feste Formenkategorien beigebracht hat: Comics gehören in die Zeitung, Musik ist dies und das Kino ist das und nicht anders.

Allerdings versuche ich, das zu zerstören, was mich daran hindert, zu sein, was ich im Innersten bin, und gleichzeitig auf eine andere Weise wieder aufzubauen und darauf zu achten, daß man nicht nur die Zerstörung sieht, sonst ist man wieder sehr allein. Wenn man was macht, dann will man es verkaufen, man will damit was machen, man will mit seinem Nachbarn kommunizieren. Wenn man Tische macht, dann sollen sich doch die Leute dransetzen. Einen Film macht man, damit die Leute ihn auch sehen und man selbst sieht, was die Leute gesehen haben, oder damit man zusammen was sieht oder jedenfalls das Gefühl hat...

In Wirklichkeit führen alle diese Kollektivunternehmen auch zu einer Absonderung. Die Rolling Stones zum Beispiel, die wie faschistische Führer sind, mit einem total sadistischen Verhältnis zum Publikum, das es übrigens auch gar nicht anders will. Heute, zehn Jahre später, sieht man... Es ist interessant, solche Filme zu machen, man sieht die Black Power...

Ein Film, den ich gern gemacht hätte, ein sogenannter militanter Film – es hängt nur von mir ab, ihn zu machen, ich sage immer zu anderen, daß sie ihn machen sollten, aber ... –, das wäre ein Film mit dem Titel *Zehn* oder *Zwanzig Jahre später,* mit all den Politfilmen von damals, und dazu müßte man die Leute filmen, die sie gemacht haben, zehn Jahre später. Zum Beispiel, wie ich damals für *One American Movie* Eldridge Cleaver interviewt habe. Das war in seinem Haus in Oakland. Wir wurden vorher mehr gefilzt als hier auf dem Flughafen. Alles war sehr militärisch, ihre Mützen und ihre Maschinenpistolen. Er hatte sich zu dem Interview bereit erklärt, weil Tom, Janes Mann, ihm fünfhundert Dollar gegeben hatte, und die brauchte er, weil es ihm dreckig ging. Zwei Tage später hat er sich, wenn ich recht erinnere, nach Algier abgesetzt. Und heute müßte man ihn neben Billy Graham in seinem weißen Anzug filmen. Ich finde das gut. Für mich ist er nicht in einen Widerspruch zu sich selbst geraten. Ich kenne Eldridge Cleaver nicht besonders gut, aber ich glaube, er ist wer..., ich weiß nicht, er ist ein Musiker, er redet gern. Bekannte und Unbekannte müßten vorkommen. Heute würde in Frankreich niemand mehr einen Film über Lip machen. Während der Ereignisse in Lip waren es fünfhundert. Wenn etwas in vollem Gange ist..., und dann, plötzlich, weiß man nicht mehr, was aus ihnen geworden ist. Das möchte ich gern machen. Wie Alexandre Dumas: *Zwanzig Jahre später*. In der Nostalgiewelle hat es das gegeben, aber da wäre es nicht nostalgisch, sondern es würde eine Fortsetzung gezeigt.

Der Mißerfolg von *New York, New York* von Scorsese kam daher, daß man ihn als Produkt der Nostalgiewelle gestartet hat. Die ganze Werbung war darauf abgestellt, daß er in der Nachkriegszeit spielte und die Leute ein Bedürfnis nach Musik hatten und nach Liebe und so... Und in Wirklichkeit war es überhaupt kein Nostalgiefilm. Es ist ein Film, der wirklich von Musik lebt, genau das. Und das hat genügt, daß er ein Mißerfolg wurde. Es war ein Film, der Filmen von früher glich, der aber von heute war, nur daß er eben zu einer bestimmten Zeit spielte und die Beziehung zweier Leute zueinander ausdrückte.

Die Nostalgiewelle ist Geschäft, eine Geldgeschichte, die Industrie lanciert ein Produkt, gibt ihm einen Namen, und das ist alles. Es ist überhaupt nichts, aber dafür, daß es überhaupt nichts ist, hat es eine ungeheure Macht. Es ist Mode. Die Geschichte der Mode ist sehr kompliziert. Da sieht man wirklich ...

In *Comment ça va* gibt es eine Stelle, wo ich versuche, darüber zu reden, anhand von zwei Fotos, eins von einem Streik in Frankreich und ein anderes von Portugal. Ich versuche zu zeigen, wie das eine wirklich zum Ausdruck bringt, was dem anderen auf eine andere Weise nicht gelingt, und die Arbeit des Journalisten darin bestünde, sie zusammenzubringen. Das Traurige ist, daß der Journalist das nicht macht. Er hätte die Möglichkeiten, und sogar eher als das Kino, das sich die journalistische Arbeit und die Fernseharbeit nutzbar machen müßte, Schrift und Fotografie mischen, und zwar so, wie es mit den Händen leicht zu machen ist. Denn ein Layout macht man mit den Händen. Die Seite ist der Kader, und wenn man sie umwendet, entsteht ein Gefühl von Zeit. Aber das ist so nie gemacht worden.

Heute habe ich in der Zeitung von Montreal gelesen, da stand eine Geschichte... Ein Typ hat von seinem Balkon aus auf einen anderen geschossen. Was mich stört und weshalb ich Sachen oft nicht lese, ist, daß man am nächsten Tag nie liest, wie es weitergegangen ist. Was passiert ist, als er im Gefängnis ankam, was man gesagt hat. Aber dann müßte man alles erzählen, und wenn man alles erzählte, würde es zuviel. Man käme zu dem Schluß, daß man nicht alles zeigen kann, nur einen Teil. Man käme zu dem Schluß, daß weniger Filme gemacht werden müßten und weniger Bücher und weniger Zeitungen. Und das würde wirklich was ändern.

Und dann, bei diesem *One plus One,* ging es auch darum, zu zeigen, ohne es ausdrücklich zu sagen, daß etwas nicht in Ordnung ist. Es ist nicht in Ordnung, zu sagen: hier Revolution, da Faschismus. Tatsächlich, wenn man die Dinge etwas anders sieht, kann man das nicht mehr sagen. Besser ist es zu wissen, was passiert ist. Und später sieht man, ob es das ist, was man sagen muß. Jedenfalls ist es besser, erst zu wissen, was passiert ist. Deshalb habe ich auch so lange gebraucht, um *Ici et ailleurs* fertig zu machen, fünf Jahre. Bei dem Titel liegt die Betonung auf dem *et*. Eigentlich ist der Titel *Und,* weder *Hier* noch *Anderswo,* sondern *Und,* es geht um *hier und anderswo,* das heißt, eine bestimmte Bewegung. Niemand ist ganz gut und niemand ganz böse. Aber tatsächlich wird immer so argumentiert. Wie man auch Video *und* Film sagt. Das kommt von Gut und Böse. Die einen sagen: das ist gut, die anderen: das ist böse. Es ist verrückt... Die Großen – die Kleinen, der Tag – die Nacht, dabei dauert das Ganze vierundzwanzig Stunden. Und da also: der Faschismus und die Untergrundkämpfer. Das sollte sagen, daß manchmal viel Wahres an dem ist, was in der Rechtspresse steht, daß die Dinge besser werden müßten. Man merkt heute ganz deutlich, wie die Leute über all den so schnell zu vermittelnden Nachrichten verstummen. Man sieht ganz deutlich: wenn die Information mal abbricht, wenn nichts mehr gesagt wird, sind die Leute total verloren. Über Kambodscha weiß niemand richtig Bescheid, auch über manches andere nicht, aber da... Kein Journalist fängt seinen Artikel an mit: Ich weiß nicht, was in Kambodscha passiert... und versucht, die Einzelheiten, die er weiß, zu präsentieren, die Quellen zu zitieren. Dann würde man sehen, welches die Quellen der einen oder der anderen Seite sind. Ich beziehe meine Auskünfte über Kambodscha aus zwei Quellen. Man kann in maoistischen Buchhandlungen und dergleichen Schallplatten über das demokratische Kampuchea kaufen, auf denen man ein lächelndes Mädchen sieht, das Reisschößlinge pflanzt. Und wenn man dann einen anderen Text in die Hand bekommt und eine andere Rede, dann stellt man fest: Ich weiß absolut nichts. Und das könnte man doch in einem Artikel schreiben und sagen: Ich weiß nichts. Aber sie würden nie zugeben, daß sie nichts wissen. Da gäbe es was zu tun. Aber Arbeit, die es wirklich gibt, überläßt man lieber den Arbeitern in den Fabriken, Intellektuelle arbeiten nicht gern.

The Lost Patrol	JOHN FORD
Alexander Newskij	S. M. EISENSTEIN
Rom, offene Stadt	ROBERTO ROSSELLINI
The Green Berets	JOHN WAYNE
Les Carabiniers	J.-L. GODARD

Da wir mit Verspätung angefangen haben, habe ich dem Vorführer gesagt, er soll *The Lost Patrol* weglassen. Ich meine, daß eine halbe Stunde von dem John-Wayne-Film als Beispiel für einen amerikanischen Kriegsfilm ausreicht, um zu sehen, wie die Amerikaner Krieg geführt haben. Allerdings ist es John Waynes Krieg und nicht meiner. Ich wollte mit meinem Film, und damit habe ich mir vielleicht zuviel vorgenommen, alle Kriege abhandeln. Jedenfalls nicht meinen, ich bin Deserteur, ich war Deserteur. Ich habe nie Militärdienst leisten wollen. Deshalb bin ich Schweizer geworden. Ich habe die Schweizer Staatsbürgerschaft angenommen, um zu desertieren, damals, während des Indochinakriegs. Und dann bin ich als Schweizer wieder nach Frankreich zurückgegangen, um meinen Militärdienst in der Schweizer Armee nicht machen zu müssen. In der Schweiz hat man es einfacher, da braucht man nach einer bestimmten Zeit nur zu zahlen. Und wenn dann wieder Zeit vergangen ist, wenn man dreißig Jahre lang nicht gezahlt hat, dann wird auch das vergessen und ein Kreuz gemacht. Bloß keinen Militärdienst machen! Was das bei den Jungen ist, das hätte ich schon immer gern gewußt: Was treibt sie dazu, was zieht sie da an? Es ist doch klar: Wenn die Jungs keinen Militärdienst machen wollten, gäbe es keine Kriege.

Ich habe versucht, möglichst viele Kriege zu erzählen, indem ich reale Dokumente und Postkarten verwendete. Denn was schicken die Soldaten nach Hause?

Und was die Touristen? Das ist nämlich eine andere Art, Krieg zu führen. Man braucht sich nur anzuschauen, wie heute die Deutschen den Tourismus beherrschen. Die Deutschen sind immer schon gern bei anderen eingefallen. Wenn sie es mit einem Krieg machen können, machen sie es mit einem Krieg, und wenn es anders geht... Wenn man in bestimmte afrikanische Länder kommt, Tunesien zum Beispiel, das sich dem Tourismus verkauft hat, wie sich früher bestimmte Länder den Deutschen verkauft haben oder bestimmte Länder sich heute den Amerikanern verkaufen, dann sieht man, auch ohne Krieg, total zerstörte Länder. Es gibt noch eine andere Art von Krieg.

Wenn hier jemand ganz ahnungslos hereinkäme, in der Erwartung, einen Kriegsfilm zu sehen, und dann Leute beim Kartenspielen sähe, der würde sagen: Das soll Krieg sein? Das soll ein Kriegsfilm sein? Er sieht eine endlose Kartenpartie. Weshalb sollte man, wenn man aus Kanada oder Missouri ist, wohl zum Kartenspielen nach Pnom Penh fahren? Es muß doch irgendein Vergnügen dabeisein, das besonders Männern Spaß macht. Wenn Frauen dabei sind, machen sie es genauso. Zwar tun es nur wenige. Ich will nicht behaupten, die anderen würde es nicht interessieren, aber es interessiert sie nicht, in andere Länder einzufallen. Es interessiert sie mehr... – ich weiß nicht, aber einzufallen in ein fremdes Gebiet, das muß etwas spezifisch Maskulines sein.

In dem Zusammenhang ist es aufschlußreich, einen amerikanischen Film zu sehen – man sieht ganz genau, wie es lief – und dann den russischen. Der russische war ein Verteidigungsfilm. Denn Alexander Newskij hat, glaube ich, die Armeen des schwedischen Königs aufgehalten und sein Gebiet verteidigt.

Les Carabiniers war ein recht sorgfältig gemachter Film. Der Film war, als er herauskam, ein noch mehr als totaler Mißerfolg. Dabei war er in jeder Hinsicht sehr sorgfältig gemacht. Er war nachsynchronisiert, und jedes Geräusch stimmt. Wenn man eine Beretta sieht, dann hört man nicht das Geräusch irgendeines anderen Maschinengewehrs. Oder auch die Flugzeuggeräusche und so weiter. Was die Soldaten schreiben, sind Sätze aus Himmlers Anweisungen an seine Handlanger. Da heißt es: Wir sind bereit zu sterben... »Für den Führer« habe ich ersetzt durch: »Für den König«. Wir sind bereit zu sterben im Namen der Krone von Soundso. Und da es in einigen Ländern noch Könige gibt, ist es noch immer aktuell.

Ohne die Deutschen zum Beispiel wäre ein großer Teil der Hollywoodindustrie schon pleite. Noch heute werden über diese Zeit Kriegsfilme gemacht. Und komischerweise ist ihnen das viel weniger schwer gefallen... Sie hatten keine Gewissensprobleme, wenn sie Kriegsfilme über Deutschland machten, es war eine Goldgrube für Drehbücher. Autorenrechte gibt es da nicht. Eigentlich müßten sie Autorenhonorare an Himmler zahlen und an Martin Bormann, der heute in Argentinien lebt. Eigentlich müßten sie ihm etwas dafür zahlen, daß er ihnen das alles erfunden hat. Hollywood selbst hätte das nicht gekonnt. Als sie ihren eigenen Krieg machten, neulich in Vietnam, da hat es etwas länger gedauert. In Korea waren sie noch gleich bei der Hand. Eine Woche nach der Kriegserklärung hatten kleine Studios wie die Republic schon drei Filme darüber fertig. Da war immer ein enger Zusammenhang. Aber wenn es um Kriege ging, bei denen ihnen das Gewissen schlug, hatten sie Schwierigkeiten, da reichte die Geschichte nicht aus. Während des Krieges mit Japan hat es Hunderte von Filmen gegeben. Vier Monate nach Guadalcanal hat es einen Film über Guadalcanal gegeben. Während man bei Vietnam lange hat warten müssen, da war Amerika schließlich betroffen.

Seltsam ist, daß John Wayne seinen Film über seinen Vietnamstandpunkt eher gemacht hat als Jane Fonda den ihren. Gestern haben wir über Rechte und Linke gesprochen. Ich glaube, die Dinge liegen nicht so einfach. Man könnte sagen, daß John Wayne in gewisser Weise mutiger war oder auch blöder oder geschickter, was weiß ich. Darüber würde ich gern mit Ihnen diskutieren. One plus one heißt, zwei Sachen zusammenzutun, nicht einfach nur ein Urteil zu fällen über John Wayne oder über Jane Fonda, sondern es möglich zu machen, beide nebeneinander zu sehen, ohne sofort Kritik üben zu wollen. Das kommt dann von allein. Erst muß man mal versuchen...

Wie kommt sowas, wie haben rechtgläubige Amerikaner solche Filme machen können? Man muß sich mal ansehen, was für Filme sie über Vietnam gemacht haben. Es ist ein bißchen zur Mode geworden, und die Mode hält noch an. Was sind das für Filme? John Wayne ist in gewisser Weise wirklich mutiger, weil ich finde, daß man sieht, was für ein übles Schwein er ist, wie widerlich das Ganze ist, wie überheblich sie manchmal sind, ganz wie die Deutschen, daß sie nicht vor Scheußlichkeiten zurückschrecken. Das sieht man sonnenklar. Er scheut sich nicht, ein kleines Mädchen zu zeigen oder... Das müßte man mal nebeneinander anschauen – das und die Filme, die die Deutschen früher gemacht haben. Sie haben das wahrscheinlich nie gesehen, aber ich habe es gesehen, als ich klein war.

Ich wollte einen Film machen, der – das war die Idee des Drehbuchs – vorm geistigen Auge des Zuschauers Napoleons Rußlandfeldzug erstehen läßt, seine Ägyptentour, Asienkriege – aber da wußte ich nicht..., da hätte ich sie vielleicht noch durch ein paar Sümpfe laufen lassen. Wir haben am Stadtrand von Paris gedreht. Ein bißchen aus allen Kriegen, auch aus Kriegen des Mittelalters, aus Kriegen von früher. Deshalb haben sie auch Namen aus der Römerzeit, deshalb auch Cleopatra in der Pariser Vorstadt, damit eine generelle Vorstellung vom Krieg vermittelt wird.

Ich glaube, er hatte deshalb keinen Erfolg, weil die Leute eben gern in den Krieg ziehen, die Jungs ziehen gern in den Krieg, und die Frauen lassen ihre Männer ziehen, sie müssen auch ein Interesse daran haben. Und deshalb hatte er eben keinen Erfolg, denn wenn man den Krieg einfach kalt zeigt, ein bißchen blöd, das irritiert. Vor allem, weil ich die Wahrheit sagte, ohne zu werten, ohne nach Ursachen zu suchen. Heute habe ich mehr Ideen dazu und könnte zeigen, daß man gern bei anderen einfällt, daß man gern auf den anderen einschlägt und sich auch gern ein bißchen schlagen läßt, nur nicht zuviel. Es war dargestellt als eine Art Protokoll, das typische Szenen wiedergibt, wie sie in jedem Kriegsfilm vorkommen, nur anders ausgeführt. Eine Szene zum Beispiel stammte ganz einfach aus dem *Potemkin*.

Ganz bestimmt hat Roberto Rossellini mich beeinflußt. Er hatte eine didaktische Art, die ich damals mochte. Es war ein Theaterstück, das er in Spoleto inszeniert hatte. Er hatte es stark verändert. Das Drehbuch hier ist von Rossellini. Am Drehbuch habe ich nichts geändert. Ich habe es gedreht und meine eigenen Dialoge gemacht, aber die Grundkonzeption des Drehbuchs, die Idee von den beiden Bauern – von den beiden Gauner-Bauern, genau kann man gar nicht sagen, was sie eigentlich sind –... und die Carabinieri kommen, sie ziehen in den Krieg und kommen zurück, sie bekommen nicht, was man ihnen versprochen hatte, oder sie merken, daß das, was man ihnen gesagt hatte, die Versprechungen, die Titel, daß das alles überhaupt nichts bedeutete, und dann wechselt die Regierung, und sie werden liquidiert, ohne daß sie irgendwas kapiert hätten.

Ja, ich finde schon, daß ich was von einem Moralprediger habe, aber ich muß auch sagen, ich bin überzeugt, daß es Moral gibt, sie leitet einen, man tut etwas nicht einfach so, aber man muß sie erst finden. Nicht die Moral, nach der alles entweder gut oder böse ist. Hier ging es darum, das Gute ganz und das Böse ganz zu zeigen, ohne Wertung, wie in der Klinik. Der Arzt vergißt, wenn er operiert, die Moral. Er operiert, das ist ein technischer Vorgang. Der Krieg, den vergißt man schließlich auch. In einem gleicht der Krieg dem Zivilleben: man gehorcht Regeln. An der Armee hat mich schon immer gleichzeitig abgeschreckt und fasziniert, daß es so viele Regeln zu beachten gibt, wie die Kleidervorschriften, die es auch im Zivilleben gibt, überall. In manchen Ländern ist es unmöglich, sich mit langen Haaren vorzustellen, und anderswo sind kurze Haare ungehörig. Oder man kann nicht in Blue Jeans kommen, während es anderswo wieder unpassend ist, wenn man keine trägt. Sowas kommt von der Armee. Die Justiz ist gekleidet wie die Armee. Das ist wie früher der Amtsadel und der Schwertadel. Ich weiß, heute heißt das nicht mehr so, aber wenn man sich lobend über jemanden äußert, sagt man: »Welcher Adel des Gefühls!« Erst hat man den Adligen den Hals abgeschnitten, und dann sagt man wieder: »Was für eine Noblesse!«

In *One plus One* gab es Pornobilder zusammen mit einem Hitlertext. Das war one plus one. Und dazu Bilder vom Vietkong. Nach einer Reihe von Pornobildern kam immer wieder ein kleines Mädchen, das einen Vietkong ohrfeigt und sagt: Killy victory... Man kann sagen... Es ist eine andere Art von Vietnamkrieg, anders als der von *Green Berets,* auch anders als der von *Coming Home.* Letztlich bin ich nicht unzufrieden, daß ich einer der wenigen Filmer war, die sich für links hielten und von den Vietnamesen nicht reingelassen wurden. Ich habe mich damals darum bemüht, weil ich einen Dokumentarfilm über Vietnam machen wollte, damals, als Chris Marker *Loin du Vietnam* machte. Da ist auch eine kleine Farce von mir drin, wo ich mich selbst gefilmt und erklärt habe: Ich war nicht in Vietnam... Ich finde übrigens, daß eine Kamera mit ihren Kurbeln schon ein bißchen wirken kann wie ein altes Flakgeschütz. Ich habe mir immer gesagt: Wenn erst mal Frieden ist... Ein komischer Frieden, wenn der Krieg auf eine andere Weise von neuem losgeht. Aber da halten alle den Mund. Es wäre doch interessant, sowohl einen Film von John Wayne als auch einen von Jane Fonda über die Situation heute zu sehen. Schließlich ist Hollywood dazu da, Geschichten zu erfinden, und im allgemeinen scheuen sie sich nicht, sie in allen vier Ecken der Welt spielen zu lassen. Jetzt könnte man sich fragen, weshalb weder John Wayne noch Jane Fonda einen Film machen über den Krieg zwischen Kambodscha und Vietnam. Wie ernst war es ihnen denn vorher, wenn es jetzt plötzlich nicht mehr zur Debatte steht? Damals ist jeder für seine ganz spezielle gute Sache in Vietnam eingefallen.

Es herrscht weder Krieg noch Frieden, es ist kein so großer Unterschied zwischen beiden. Die Frauenbilder sollen das Gefühl vermitteln, daß Pornografie zum totalitären Kontext dazugehört. Die Pornografie als Teil des Totalitären und das Totalitäre als Teil der Pornografie. Wenn man ein Pornobild sieht, läßt einen das schaudern, man schaut es nicht einfach so an. Aber auch das hängt davon ab, wer... Das Erstaunliche in Pornokinos... Sie müssen sich mal anschauen, wer da hingeht. Man sieht ältere Paare, oft Leute in Gruppen, die Witze reißen, oder Jugendliche, die Witze reißen. Worüber eigentlich? Doch nur, weil es eine solche sexuelle Misere gibt. Ich habe damals die Dinge aneinandergereiht. Es war eine Zeit der Zerstörung. Ich versuchte, mit Hilfe irgendwelcher Theorien wieder was zu machen, was ich bis heute nicht geschafft habe, oder aber vielleicht langsam wieder... In *Numéro Deux* habe ich versucht, pornografische Bilder, nur vorsichtiger, unterzubringen in Familiengeschichten, denn der Sex gehört zur Familie.

Eine Geschichte des Films, die ein Musical zeigen wollte, ich glaube, das ließe sich nur machen, wenn Lehrer und Schüler..., wenn einer von beiden Musik machen könnte. Man brauchte dafür ein Orchester oder wenigstens ein Klavier. Was sich hier immer wieder zeigt, was wir uns zu beweisen vorgenommen haben, ist, daß die Filmgeschichte, und nur sie, ihre eigene Geschichte haben könnte, weil nur sie ihre eigenen Spuren hinterläßt. Man fabriziert Bilder, und Bilder bleiben übrig. Und doch ist es unmöglich, weil das Überleben der Bilder von der Industrie organisiert wird, und zwar vorzüglich so, daß man nur nicht die Geschichte erzählen kann. Denn wenn man die Geschichte erzählte, liefe man Gefahr, den Drachen zu wecken, der das Kino hätte sein können. Dann könnte es wirklich passieren, daß man sähe, wie die Ungeheuer... Ich war sehr zufrieden neulich mit unserer Sitzung. Ich fand, sie war wirklich gelungen, wenn auch nur durch Zufall. Man konnte wirklich sehen, daß die echten Ungeheuer in *Dracula* die Bankiers und die Ärzte waren und nicht Bela Lugosi. Das hat sich durch die anschließende Vorführung gezeigt, im Licht des Films – als Feedback – von Rossellini über ein anderes Ungeheuer.

Aber sowas muß unterdrückt werden. Die Art und Weise, wie die Apparate in der Universität zur Verfügung stehen... Da vergibt man Tausende von Diplomen, die Tausende von Arbeitslosen produzieren oder Superspezialisten, aber so, wie das eingerichtet ist... Dabei wäre es das Leichteste von der Welt... Denn mit dem Werkzeug, daß man heute hat, wäre es zu machen. Aber so wie es eingerichtet ist, ist es aus, da läuft nichts mehr. Und die Filmgeschichte, wie wir sie zu machen gedenken, zunächst als Buch und später auf Kassette, wird nur zeigen, anhand einiger Beispiele, dank unserer Energie und der Geduld auf beiden Seiten und mit Hilfe anderer, daß wir ein paar Momente haben zusammenbringen können, die Momente, die wir schon kannten, und die, die wir kennenlernen konnten und wollten. Und andere werden da weitermachen. Wieder einmal liegt es beim Volk, weiterzumachen oder nicht.

Man nimmt die Beispiele aus dem Kino, man zeigt sie vergrößert. Das macht das Kino so interessant, daß es die Dinge so groß zeigt. Das ist wie mit den Stars. Über die Stars werden wir sagen, daß sie interessant sind, weil man sie näher sieht. Das ist für mich wie eine Kamera: ein Teleskop, mit dem man weit sehen kann, und ein Mikroskop, mit dem man Kleines groß sieht, und das gestattet, die Dinge etwas näher zu sehen. Das entspricht etwa dem Ausdruck: Das müßte man sich mal etwas näher anschauen, damit man weiß, worum es geht. Für mich sind Filme dazu da.

Im Grunde ist *One plus One*... Ich versuche... Da habe ich wie ein Kind zwei Bauklötze nebeneinandergestellt und erst nachher bemerkt, daß man einen dritten braucht, um daraus ein Gebäude zu machen, aber nicht bewußt, das heißt, nachdem ich die Dinge in Blöcken auseinandergenommen habe. Und die ganze Geschichte übrigens, nach und nach...

Und wenn ich jetzt nochmal die ganze Geschichte meiner Filme überdenke, gibt es zweifellos den Moment, von dem an in meinen Filmen die Teilung einsetzte. Bei *Masculin-Féminin* hieß es: Fünfzehn Episoden – genau weiß ich die Zahl nicht mehr – über..., und in einem weiteren Titel: Einer der einhundert oder fünfundsiebzig Filme, die das Fernsehen nicht macht... Das war schon diese Idee der Zerstückelung, aber ich versuchte zu klassifizieren wie ein Cuvier oder Linné oder wie in der Philosophie von Auguste

Comte. *Une femme mariée* hieß: Fragment eines Films, gedreht im Jahre... Und jetzt fällt mir ein: *Weekend* hieß im Vorspann: Ein Film in tausend Stücken oder ein verlorengegangener Film, ein auf dem Schrottplatz gefundener Film, im Weltall verlorengegangen und wiedergefunden auf dem Schrottplatz.

Jedenfalls war das mit der Absicht gemacht und manchmal... Ich nehme mir zwei Sachen vor, zwei Noten, und das nenne ich *One plus One*. Das hängt letztlich mit Ideen aus der westlichen Philosophie zusammen, die von Descartes stammen und hier in Amerika zumindest auch in den Köpfen existieren, wenn nicht in der Praxis, nämlich: »Alles oder nichts«, immer »das Eine oder das Andere«, »Eins von beidem« – so wird immer argumentiert. Und für mich heißt es eben: Von beidem nicht eins.

Bei den Auszügen heute morgen hätte man auch *Le Petit Soldat* zeigen können. Den habe ich damals gemacht... Es war Krieg in Algerien. Ich machte Filme und hatte mir vorgenommen, zu machen, was man eben nicht machte, wovon ich fand, daß man es eben nicht machte... Unbewußt, wie eine Fliege, die vom Licht angezogen wird und sich daran verbrennt. Das sind die Momente, in denen man lernt, wie man es anstellt, sich nicht zu verbrennen. Zunächst, wie man vermeidet, sich zu verbrennen, und dann, wenn man das Licht liebt, daß man herausbekommt, was Elektrizität ist, um eine neue Elektrizität zu machen, ein Licht, an dem man sich wärmen kann. Das ist meine eigene Geschichte. Wenn man angezogen wird von etwas, das einen verbrennt oder zerstört, muß man lernen, was anderes zu schaffen, sich selbst nicht zerstören zu lassen und sich zu ändern.

Das stimmt, meine Einstellung war... Ich hatte eine Neigung, als Folge meiner Erziehung, zum Künstlerischen, zum Poetischen. Ich hatte immer, und das ist auch Truffauts schlechter Einfluß auf mich, die Vorstellung von der Poesie als etwas Unschuldigem. Gute Poeten, wie Lautréamont, kämen nie auf die Idee. Der Film, den wir über Mosambik machen, beginnt... Wir werden das Meer zeigen, und dazu hört man den Satz: »Alles Wasser des Meeres könnte einen Tropfen intellektuellen Bluts nicht zum Verschwinden bringen.« Mit dem Dichter verbindet man die Vorstellung des Rechts auf Neutralität. Dabei ist schreiben gefährlich. Die im Gefängnis waren, weil sie geschrieben haben, wissen das.

Was mich bei Rossellini immer angezogen hat – ich verfahre bei der Konzeption meiner Drehbücher noch heute so –, das ist eine Art wissenschaftlicher Logik, wonach man, wenn es um eine Situation mit möglichst vielen Elementen geht, diese sich nur nach ihrer eigenen Logik entwickeln läßt. Früher habe ich immer zuviel von mir selbst hineingetan. Hier beim Wiedersehen meiner Filme fand ich sie immer da schlecht, wo ich mehr meiner eigenen Logik gefolgt war und nicht der Logik, die ich zu zeigen versuchte, wo ich mich hätte bemühen müssen, herauszufinden, ob es nicht was gab, das die Situation weiterentwickelt hätte. Aber da ich das nicht schaffte, tat ich hinein, wozu ich Lust hatte, unterm Vorwand der Poesie oder der schönen Farbe wegen oder ähnlichem.

Roberto ist eben auch Italiener, was heißt, von Religion umgeben. Er ist nicht mehr als er ist, und zu einem bestimmten Zeitpunkt hat es auch ihn erwischt. Er hat versucht... Er hat geschafft, was Regisseure, so originelle und schöpferische Leute wie Buster Keaton oder selbst Chaplin und auch Orson Welles nicht geschafft haben. Roberto ist von Anfang an verhätschelt und in den Himmel gehoben und gleichzeitig beschimpft worden. Für mich war er eine Zeitlang eine Art geistiger Schatten. Ich kannte ihn nicht, aber wir verteidigten ihn. Wenn einen alle anspucken und man gesagt bekommt, man wär ein Arsch, ein armes Schwein, ein Dieb, und dann ist da jemand, der mag, was man macht, dann rührt einen das auf jeden Fall ein bißchen. So war das im Anfang der *Cahiers*. Später gab es dann... Er ist ein Verbannter im eigenen Land. Später hat seine Kraft nachgelassen. Man muß einfach zu mehreren sein. Er war schließlich sehr allein. Manchmal merkt man nicht, daß man ganz allein ist, und man macht weiter, wie Rossellini es macht mit den großen Stiftungen, für die er seine letzten Filme gemacht hat. Da ist nur die Religion übriggeblieben, wenn Sie so wollen, und meiner Meinung nach der am wenigsten positive Aspekt von Religion. Seine Filme über Jesus, über Sokrates sind wirklich nicht gut. Sokrates war der gleiche Typ wie Rossellini. Man hat ihn vergiftet, weil er den Leuten Fragen stellte. Er akzeptierte alles. Er wollte nur mit ihnen reden. Er war niemandem in Athen genehm, nicht wegen der Fragen, die er stellte, sondern nur, weil er mit den Leuten redete. Er ging allen auf den Wecker, weil er die Dinge weitertrieb, weil er weiterging. Er hatte nichts Eigenes, er nahm von den anderen und rückte es zurecht. One plus one: das ging viel weiter, und die Leute sagten, wir wollen nur one und nicht plus one.

Ich habe keine Spezialausbildung. Die habe ich mir mit dem Filmemachen angeeignet. Ich bin zur Schule gegangen, weil meine Eltern mich hingeschickt haben. Eine Zeitlang habe ich geglaubt, ich müßte so weitermachen. Zwanzig Minuten war ich auf der Universität, dann habe ich gemerkt, daß ich im Jahre Null angekommen war, mit zwanzigjähriger Verspätung mir selbst gegenüber. Danach habe ich zwanzig Jahre gebraucht, mich wieder ein bißchen mit mir selbst in Übereinstimmung zu bringen, ungeachtet meiner Arbeit, mit Hilfe meiner Arbeit, dazu ist Arbeit gut. Deshalb ist es recht angenehm, wenn es über die Arbeit passiert.

Beim Kino ist das möglich, in einer Autofabrik nicht und auch sonst nirgendwo. Ich glaube, daher bezieht das Kino und dergleichen seine Macht. Deshalb haben die Filme im Fernsehen auch eine so enorme Attraktion, gegen die das Fernsehen mit Tonnen von Programmstunden nicht ankommt. Noch in schlecht gemachten Filmen spürt man die Freiheit bei der Arbeit. John Wayne kann einfach sagen: Ich mache jetzt einen Film über Vietnam, und er macht ihn. Ein anderer hätte es auch gekonnt, Rossellini zum Beispiel. Die Legende stimmt nicht, *Rom, offene Stadt,* der Neorealismus, das wären lauter billige Filme gewesen. Da steckten erhebliche Summen drin. Man müßte mal die Arbeitsfotos zeigen, mit Kränen, Schienen für die Fahrtaufnahmen und den Teams. Diese Filme damals kosteten mehr als die Filme der Neuen Welle. Wir sagten uns: Besser, aus nichts was zu machen, es ist immer noch mehr, es läßt sich was daraus machen. Aber dieses »nichts« stimmt auch nicht, wir wollen das Kino nicht, wie es gemacht wird, aber das heißt nicht, daß gar nichts bleibt. Zu ihrer Zeit waren Filme wie die *Fahrraddiebe* reiche Filme, auch heute noch. *Rom, offene Stadt* ist ein reicher Film, er ist sowohl auf der Straße als auch im Atelier gedreht. Und sie sind stark. Ein Film wie *Il Generale...* Roberto ist ein absolut phantastischer Techniker. Er hat ein paar technische Dinge erfunden, zum Beispiel hat er sich einen Zoom konstruiert, aus Faulheit, damit er auf seinem Stuhl sitzenbleiben konnte, den Zoom bewegen und zuschauen. Wie das Fernsehen heute arbeitet, das hat er fürs Kino entwickelt. Ein Film wie *Il Generale della Rovere* ist ausschließlich im Studio gemacht, und das fällt kaum auf.

Ich hatte die Idee, beim Reden die Augen zu schließen. Ich denke, man hätte da vieles sagen können, mit der Musik ist es ebenso, man

tous les cadrages naissent
égaux et libres, les films
ne seront que l'histoire
de leur oppression;
cadre par exemple un
décadrage de Bergman, ou
l'absence de cadre chez
Ford et Rossellini, ou
sa présence avec Eisenstein,
tu verras qu'il s'agit
toujours d'apaiser
quelque chose, son
amant, les dieux, ou
sa faim

Alle Kadrierungen werden gleich und frei geboren, die Filme sind dann nur die Geschichte ihrer Unterdrückung; kadriere zum Beispiel eine Kaderauflösung bei Bergman, oder die Abwesenheit des Kaders bei Ford und Rossellini, oder sein Vorhandensein mit Eisenstein, dann siehst du, daß es immer darum geht, etwas zu befriedigen, den Geliebten, die Götter oder seinen Hunger

hätte was suchen und finden können. Aber niemand traut sich, einem anderen mit geschlossenen Augen gegenüberzutreten. Dabei gibt es nichts zu sehen, es kommt nur auf das Gesprochene an. Man könnte die Augen schließen, es gibt nichts zu sehen. Und nur deshalb, einfach, weil man sieht... Ich sehe das Publikum und messe ihm zuviel Bedeutung bei. Ich messe ihm wirklich eine gewisse Bedeutung bei. Wir sagen im Scherz: das ist das Volk und ich bin der Ministerpräsident. Aber wenn man den Ministerpräsidenten zu sehr anschaut... Doch man braucht nur die Augen zu schließen, und schon sähe man ihn nicht mehr. Und dann nähme man selbst die Worte des Ministerpräsidenten genauer wahr.

Das geht mir jetzt nach und nach auf, wenn ich eine Szene schreibe oder versuche, die richtige Einstellung zu finden, daß ich dabei nach einem anderen Prinzip vorgehe. Statt mir zu sagen: Ich filme den, der redet... – allein dadurch bin ich dann gezwungen, mich zu fragen: Und wer hört ihm zu? Und mich zu fragen: Was schreibe ich nun? Und auszudenken, was ich schreiben will, denn wenn ich an jemanden denke, an Marilyn Monroe zum Beispiel, habe ich sofort eine Idee, es kann irgendwer sein, eine Unbekannte, eine Idee habe ich sofort. Und deshalb denke ich, man müßte manchmal einfach das Gegenteil machen, nicht, weil das Gegenteil besser wäre, sondern zum Ausgleich.

Früher konnte man sagen... Im Mittelalter, zur Zeit der Musketiere herrschte zwischen einem Bauern und den drei Musketieren ein ungeheurer Unterschied im Benehmen, im Denken und überhaupt. Heute ist kaum ein großer Unterschied zwischen einem Soldaten und einem Zivilisten, die Formen sind die gleichen, jeder muß seinen Paß zeigen, wenn er auf Reisen geht. Die Formen, daß man nicht wagt, miteinander zu sprechen, der Umstand, daß es Hierarchien gibt, das alles... Etwas Interessantes, das sich am Krieg feststellen läßt, das war, als man die Chefs in Deutschland und Japan verurteilt hat und die, die ihren Befehlen gehorcht haben. Aber die Chefs haben niemanden umgebracht, Eichmann hatte recht, als er sagte: An meinen Händen klebt kein Blut. Aber ihn bringt man um. Wenn man den Mut hätte, die Untergebenen zu töten, an deren Händen Blut klebt, würde sich dadurch das ganze Zivilleben ändern. Insofern kann man sagen, daß der Krieg dazu da ist, das Zivilleben fortzusetzen.

Ich habe mich immer gefragt, wieso es Panzer gibt, wie es zur Erfindung der Panzer gekommen ist. Ein Panzer ist wohl der blödeste Gegenstand, den man sich vorstellen kann. Man sieht nichts, man läuft Gefahr, angeschmort zu werden, schon vom kleinsten Molotow-Cocktail, den jedes Kind herstellen kann. Es ist ein enormer Blödsinn. Die großen Panzerschlachten, fünfhundert Panzer in der Wüste auf der einen Seite, in der Ebene von..., ich weiß nicht wo, vierhundert auf der anderen Seite, und sie schießen aufeinander. Auf der einen Seite bleiben zehn übrig und zehn auf der anderen, was bringt das. Deshalb habe ich mich gefragt, warum man eigentlich Panzer braucht, warum man Kriege führt. Eben um Kriegsmaterial zu benutzen, das Kriegsmaterial ist im Krieg eigentlich zu nichts nutze, denn hinterher baut man immer wieder auf, man unterzeichnet Verträge, man fängt wieder von vorn an. In Wirklichkeit geschieht es wegen der Zivilisten. Die Militärmaschine richtet sich gegen die Zivilisten, gegen die, die vielleicht einmal die zu starr gewordene Ordnung verändern wollen. Und da stellt dann ein Panzer sogar gegen tausend Menschen eine große Macht dar. Alle haben Angst. Sie zielen in die Menge. So war es in Budapest, in Nicaragua, überall. Wenn man sich nun sagen würde: Wir stellen keine Panzer mehr her, die man nur gegen uns einsetzen könnte, wenn wir je Lust bekämen, irgend etwas zu ändern... Deshalb wird so getan, als wären sie für den Krieg. Und dabei sind es die Zivilisten, die in den Krieg ziehen, die Jungs machen ihren Militärdienst, und die Waffen werden von Arbeitern hergestellt.

Da liegt die Macht des Bildes. In einem Film über den Krieg in Vietnam, in *Green Berets,* bei einem Hubschrauber, da müßte man die Fabrik zeigen, die Firma und dann die Arbeiter beim Verlassen der Fabrik, einen Arbeiter, der nach Hause geht mit seinem Lohn in der Tasche und was er davon kauft, da ginge es wieder von vorn los. Wenn das Bild wirklich frei wäre, würde das dabei herauskommen – aber als Ausgangspunkt, nicht als Ziel. Und das bedingt den Mißerfolg unserer Filme, daß wir versuchen, in aller Ehrlichkeit uns zu wiederholen, nochmal aufzubrechen von dem Ort, von dem man ausgehen kann, aber die Leute nehmen es als Ziel und verstehen es so total falsch. Sie fragen mich: Was haben Sie damit sagen wollen? Oder: Weshalb tun Sie gerade da ein Pornofoto rein? Ich weiß das auch nicht genau. Ich versuche was, aber man müßte zu mehreren sein, sonst bekommt es den Anschein eines fertigen Produkts, was es nicht ist, und man kann es nicht vermeiden, daß man es letztlich nicht doch als fertiges Produkt betrachtet.

Heute sieht man zum Beispiel, daß man nichts darüber weiß, was wirklich los war in Vietnam, warum sie von neuem angefangen haben, aufeinander einzuschlagen. Man kann nur sagen, daß die Amerikaner ihnen die Pest gebracht haben, daß sie sie jetzt haben und sie weitergeben. Freud hat das gesagt, als er aus Deutschland geflohen war und in New York ankam und die Leute ihn mit Bravorufen empfingen, da hat er gesagt: Die Unglücklichen, sie wissen nicht einmal, daß wir ihnen die Pest bringen.

Ich glaube, das ist der springende Punkt, dieses: Ich habe ja nichts gewußt. Es stimmt, und gleichzeitig ist es falsch. Man weiß nicht, man weiß sehr wenig. Man weiß nicht sehr viel mehr als im Mittelalter. Man kann sich darüber wundern, wie lange die Dinge zu ihrer Entstehung brauchen. Alles das liegt einfach daran, daß die Information nicht mit der Absicht gemacht wird, Dinge zu vermitteln, man braucht Informationen, und deshalb werden welche vermittelt, aber dadurch wird alles nur undurchsichtiger. Ich denke, wir wissen heute weniger. Gestern sagten wir: Wir wissen nicht, was in Kambodscha vorgeht. Aber wissen wir denn, was bei unserem Nachbarn passiert? Absolut nichts weiß man darüber. Man redet nicht mit ihm, auch wenn er nur drei Meter entfernt wohnt. Man weiß nicht.

Das Eigengewicht der Dinge macht, daß manchmal die demokratischeren und die neutraleren unter den schöpferischen Menschen – aber »neutral« in dem Sinn... Der elektrische Strom bietet das einfachste Beispiel für Kommunikation. Da gibt es nämlich einen neutralen Leiter und zwei Pole, und der neutrale Leiter geht zur Erde. Man sagt: »mit den Beinen auf der Erde stehen«. Das ist kein Wortspiel. Roberto oder ich, wir sagen: Filme müssen neutral sein, aber »neutral« heißt, daß sie in beiden Richtungen leiten, sonst gibt es keinen Strom. »Neutral« heißt nicht, daß man nicht Partei ergreift. Nur die Parteigänger des: Man muß sich entscheiden, entweder für das Gute oder für das Böse... Das Rote Kreuz ergreift nicht Partei. Das Rote Kreuz, das wird finanziert von den großen Schweizer Trusts, zum allergrößten Profit der großen Schweizer Trusts.

Ich glaube, die Frau ist eher neutral, weil sie vollständiger ist und teilhat an beiden Polen. Die beiden Pole nämlich, die Männer, die die beiden Pole besetzt halten, versuchen unentwegt, sich des Neutrums zu bemächtigen oder es auszulöschen, indem sie die Frauen entweder als Hexen verbannen oder Golda Meirs aus ihnen machen oder was Ähnliches.

Ich habe nicht behauptet, das sei ein gerechter Krieg gewesen. Ich glaube, Alexander Newskij war ein großer Tyrann. Ich habe gesagt, daß ich ihn zusammen mit *The Green Berets* ausgewählt habe, um Leute zu zeigen, Zeichen in einem Genre, das Kriegsfilm heißt, und dann schließlich meinen Film. So wie ich *Weekend* gezeigt hatte, wie ich Ungeheuer gezeigt hatte, Filme, in denen von Ungeheuern die Rede war, und dann einen Film, der selbst monströs ist als Film. Wie *Les Carabiniers*. Er richtet sich gegen alle Kriege. Ich verstehe nicht, wie man gegen nur einen Krieg sein kann. Man kann jemanden doch ganz besonders blöd und faul finden, der es nötig hat, daß er lernt strammzustehen, eine Uniform zu tragen und alles das, und dann noch ohne Bezahlung. Es ist doch wirklich seltsam, daß es in der Armee keine Gewerkschaft gibt. Ohne Bezahlung – da hat ja die Mafia noch mehr Anstand. Wenn die einen bittet, jemanden umzulegen, dann zahlt sie dafür wenigstens gut. Das ist doch das mindeste...

Meine besten Filme sind die, die ich nicht gemacht habe. Ich hatte mal Lust, einen Film über mich zu machen, der *Meine Filme* heißen und einfach die Filme erzählen sollte, die ich nie gemacht habe und auch nie machen werde. Das war so eine Idee. *Les Quatre Saisons* – aber das war sowas Ähnliches wie das da... Jetzt wäre das nicht mehr so aktuell, aber *Les Quatre Saisons d'un C.R.S.* sollte zeigen... Die erste Jahreszeit war das Niederschlagen von Demonstrationen, die zweite Jahreszeit war, auf Reisen mit Nichtstun seinen Tag zu verbringen, mit der Familie von einer Garnison in die andere zu gehen, die dritte Jahreszeit war Badeaufsicht und Rettungsdienst, die vierte wußte ich noch nicht, aber es wäre mir schon noch was eingefallen. Ich denke, vielleicht habe ich es damals nicht machen können... Nachdem ich *Les Carabiniers* schon gemacht hatte... Vielleicht hätte ich *Les Quatre Saisons d'un C.R.S.* statt der *Carabiniers* machen können.

Es gibt noch einen Film, den ich wirklich gern gemacht hätte, an den ich schon oft gedacht habe und den ich auch jetzt gern machen würde, nicht mit Unbekannten, sondern mit richtigen großen Stars und viel Geld, das wäre nämlich richtig großes Kino – das ist ein Film über die Konzentrationslager. Ich möchte ihn als Superproduktion machen, einen richtigen Spektakelfilm, und natürlich wird niemand das machen wollen. Ich werde ihn nie machen, weil er zu teuer würde, so wie es sehr teuer war, sechs Millionen Menschen umzubringen. Selbst vierhundert pro Tag umzubringen, kostet schon was. Das muß ordentlich organisiert sein, eine richtige Superproduktion. Und es auch so erzählen. Die Geschichte der Sekretärin erzählen, die hintippt: vier Goldzähne, fünfhundert Gramm Haar..., und die nachmittags heimgeht. Jemand, der zugleich etwas wußte und nichts wußte. Das mit dem Nichtwissen, das stimmt nämlich. Die Amerikaner wußten nie, was in Vietnam vor sich ging. Bis sie dann eines Tages merkten, daß viele Amerikaner fielen, und von da an fingen sie an, sich ein Bild zu machen. Vorher hatten sie es täglich im Fernsehen gesehen – das amerikanische Fernsehen verheimlicht nämlich anders als das europäische, es zeigt das, was es verheimlichen will, in Europa zeigt man es nicht, aber letztlich kommt es auf dasselbe raus. Wenn man selbst Schläge einstecken muß, sagt man sich schließlich: da kann der andere doch nicht so schwach sein. Aber auch da noch sagte John Wayne, ließ er jemanden sagen, während man die Hubschrauber ankommen sieht: Und damit werden wir den Krieg gewinnen...

Heute, die Formen... Schauen Sie sich nur die Panzer an. Die meisten Panzer der vietnamesischen Armee und die Hubschrauber haben sie einfach übernommen. Nicht mal den Stern haben sie weggemacht, sie haben ihn nur rot übermalt. Kambodscha hat sich da schwerer getan. Sie haben weniger Material. Aber die Geschichte der Formen... Die Panzer haben immer noch dieselben kleinen Fahnen. Sie haben nicht mal einen neuen Stern gemacht, sie haben nur die Farbe gewechselt. Die Geschichte der Formen, das ist wirklich die Embryologie, es ist die Geschichte des menschlichen Körpers.

O nein, es hat immer phantastisch geklappt. Kino und Fernsehen sind keine Industrien, es sind Ausgabe-Industrien. Es sind keine Gewinn-Industrien, wie Automobil-, Kühlschrank- und Briefmarkenindustrie, keine Industrie mit Gegenständen. Es ist eine Bilderindustrie. Und das Bild ist für einen kurzen Augenblick gehortete Energie, die sich in Bewegung setzt und die dann..., die wieder zurückfließt und verschwindet.

Man erfindet als Ersatz fürs Kino neue Technologien, weil man im Kino und im Zelluloid eine Gefahr wittert, die die Industrie, das industrielle Unbewußte, ausmerzen will, die Gefahr des Fortdauerns. Zum Horten hat man ja das Papier, das genügt. Die Zeichen und das Papier, um die Gebote aufzuschreiben, genau wie Cecil B. DeMille es in seinem Film zeigt. So ist es noch am besten. Während Zelluloid und Bilder Gefahr bergen. Das ist nicht das Gesetz. Man könnte das Gesetz auch mit Bildern schreiben, aber dann müßte man jeweils zwei nehmen, und dann wäre man gezwungen zu urteilen. Während, wenn es ein Gesetz gibt, dann schreibt man es auf Papier, da braucht man nicht zu urteilen. Es ist ein Dekret, kein Gesetz. Es ist ein Dekret, ein Befehl. Während Bilder keine Befehle sind. Man bringt sie in eine bestimmte Ordnung, damit daraus eine gewisse Lebensweise entsteht. Zwischen zwei Polen ein Strom, und das Bild der neutrale Leiter, mehr oder weniger von Bewegung erfüllt. Darin besteht auch seine Macht. Zelluloid ist recht widerstandsfähig. Erst nach hundert Jahren, ganz genau weiß man es nicht, beginnt der Zerfall. Und man ist der Ansicht, daß es doch etwas zu lange dauert, es gibt zu viele Filme, die trotz allem überdauern, und das kann schließlich lästig werden. Zum Druck von Dekreten hat man das Papier, da braucht man kein anderes Mittel, durch das möglicherweise eine Veränderung kommen könnte. Man hat neue Träger erfunden, man hätte den älteren vervollkommnen können, aber man hat neue erfunden, das Magnetband, von weniger langer Lebensdauer. Kodak stellt auch kein Fotopapier mehr her, zum großen Leidwesen der echten Fotoliebhaber, die Papier bevorzugen und denen die Aussicht lieber ist, es sechzig, hundert, zweihundert Jahre aufheben zu können. Jetzt arbeitet man mit Plastikpapier, mit der vom Hersteller eingestandenen und ausgesprochenen Absicht, die Dauer auf zehn Jahre zu beschränken. Es ist verständlich, daß es so gemacht wird. Und wer weiß, vielleicht ist es gut so.

Was mir Spaß macht, ist, zwei Bilder so zusammenzustellen, daß daraus sich was drittes ergibt, nicht ein Bild, sondern das, was man mit den zweien gemacht hat. So wie die Justiz es macht, wie sie gezwungen ist, es zu machen, mit Anklage und Verteidigung und dann den Geschworenen, einer gewissen Wahrheit. Eine Wahrheit entsteht aus einem Augenblick, in dem es möglich ist...

Heute kann man mit einer Polaroid oder einer Instamatic oder, wenn man das nicht hat, mit vier Farbstiften und, wenn auch das noch zu teuer ist, mit einem Bleistift, mit einem Radiergummi zum Korrigieren, zum Wegmachen – man braucht nämlich immer dreierlei: einen Stift, einen Gummi und ein Stück Papier –, damit läßt sich was machen. Man kann zeichnen, man kann von seiner

Arbeitslosigkeit reden. Und wenn es andere Leute in derselben Lage gibt, die man braucht, dann wird man sie finden. Rockefeller ist arbeitslos, deshalb hat er so viel Macht. Und die anderen... Arbeit gibt es immer, es ist nicht wahr...

Was die Arbeitslosigkeit angeht, ich fand es immer unanständig – da sieht man, wie moralisch ich bin –, richtig unanständig, wenn Filmleute sagten, sie wären arbeitslos. Der Chef der Fox, der könnte von sich behaupten, daß er arbeitslos ist, weil das ein Unternehmen ist... Wenn er pleite ist, muß er was anderes anfangen. Oder auch ein Kopierwerksangestellter, der kann arbeitslos sein, der hat dieselben Probleme wie jemand von der Post oder so. Aber ein Schauspieler oder ein Regisseur... Es gibt keine geschriebene Regel, nach der ein Regisseur drei Filme im Jahr machen muß oder vier oder zwei oder acht und weshalb eher acht als... Ich will sagen, das ist gar nicht klar, sie haben nicht das Recht, dieses Wort so zu verwenden wie die anderen. Es gibt Grundbegriffe, die jedem vertraut sind, aber aufs Kino treffen sie einfach nicht zu. Ich möchte jetzt nicht weiter darüber reden. Ich sage nur: es ist unanständig, es stimmt nicht. Und außerdem kann man immer einen anderen Job finden. Filme machen ist einfach was anderes. Wenn man Angestellter der Fox ist und wird entlassen – aber auch das läuft heute nicht mehr so –, kann man sagen: ich bin entlassen worden, ich muß mir einen anderen Job suchen. Damals mußten die Drehbuchschreiber bei der Fox... Das habe ich in Memoiren gelesen, in einem Buch über Harry Cohn, der verlangte – und so war es in allen großen Studios –, daß man morgens um neun im Büro war. Am Abend hatte man fünfzehn Seiten abzugeben, und wenn man sie nicht brachte, wurde man nicht bezahlt. So jemand konnte von sich sagen: »wegen der allgemeinen Krise...« oder so, er durfte solche Ausdrücke verwenden, ihm ging es wie der Mehrheit. Aber wenn ich sage oder Jean-Pierre Lefebvre oder ich weiß nicht wer, Glauber Rocha oder Rivette oder Hitchcock, da muß man sagen...

Beim Kino ist es wirklich weniger schlimm, es gibt so viele andere Beschäftigungen, und außerdem heißt Kino betrachten oder sich betrachten. Auch wenn man ganz allein ist, bleibt einem immer noch, sich selbst zu betrachten und daraus was zu machen. Es ist keine verlorene Zeit, auch das kann zu was nutze sein. Und außerdem ist es, technisch gesehen, heute wirklich unendlich viel leichter als zu unserer Zeit, ein Band von einer Stunde, eine Stunde Film zu machen. Zu unserer Zeit schon war es leichter als dreißig

Jahre früher, als es noch kein 16 mm gab. Als ich anfangen wollte zu filmen, das war schon nach dem Krieg, da konnte man bei Kodak nicht einfach eine Rolle 35 mm kaufen, dazu mußte man Professioneller sein und einem Berufsverband angehören. Man mußte schon einen Film gemacht haben, und um einen Film zu machen, mußte man... Was macht man da? Dann macht man eben, was jedes Volk macht...

Wenn man zehn Dollar hat, kann man heute ein Bild für zehn Dollar machen. Sie werden sagen: ein Bild ist noch kein Film. Nein, aber Sie können ein Bild machen. Und vielleicht, wenn Sie sparen, können Sie in einem Jahr noch ein Bild machen. Man kann sich auch über andere Berufe ans Kino heranarbeiten, das muß man selbst herausfinden. Als wir Kritiken geschrieben haben, bestand unsere Überlegenheit darin, daß es für uns nicht Kritik war. Wir fanden, wir machten Kino. Es ist schon ein solches Wunder, wenn man es bis zum Schreiben bringt. Ich habe mich mit Bazin schlagen müssen, um einen Artikel in den *Cahiers* unterzubringen. Für mich war Bazin, was für einen jungen Filmer heute der Chef von United Artists ist oder sowas. Und dabei war er noch, vielleicht kein Freund, aber doch wohlwollend. Wir haben darum kämpfen müssen. Bazin hat damals die Kritik, die ich über *Le Plaisir* von Max Ophüls geschrieben hatte, abgelehnt. Es hieß, so könnte man diesen Film nicht loben, das wäre nicht wahr. Sehr schlecht, sowas kann man nicht drucken. Für mich war das mein Film, ein Film in Artikelform. Mir ist nie die Idee gekommen, daß es nicht Kino wäre.

Glücklicherweise bin ich auch beim IdHEC abgelehnt worden. Es war ein Glück für mich. Zweimal im Leben habe ich wirklich Glück gehabt, das zweite Mal, indem ich von meinem zweiten Film an bis jetzt nur Mißerfolge gehabt habe. Ich muß wohl – ich will mich damit nicht brüsten, ich hätte nur gern, daß es anderen auch so ginge –, ich bin einer der wenigen Regisseure oder wie man das nennen will, die es schaffen, mit lauter Mißerfolgen zu leben. Nur *A Bout de Souffle* ist gut gegangen, davon habe ich nichts gehabt, nur der Produzent hat daran verdient. Alle anderen waren finanzielle Mißerfolge. *Pierrot le Fou* war für den französischen Produzenten ein Verlustgeschäft. Dem amerikanischen Verleiher hat er was eingebracht, weil der französische Verleiher, nachdem er schon Geld verloren hatte, damit einverstanden gewesen war..., oder er konnte, weil er nicht in Amerika wohnte, sich nicht darum kümmern, da hat er den Film für zehntausend Dollar verkauft, das war die einzige Möglichkeit. Und mit zehntausend Dollar ist der amerikanische Verleih nach zehn Jahren bei dreihundert Dollar pro Aufführung – der Film war in den Universitäten ganz erfolgreich – auf seine Kosten gekommen, aber nicht die Produktion. Genau wie die ölproduzierenden Länder Zeit gebraucht haben, bis sie merkten, daß dabei nichts rauskam und sie zehn, fünfzehn, zwanzig und schließlich hundert Prozent für sich nahmen. Mit dem Geld, das sie verdienen, kaufen sie jetzt amerikanische Staatspapiere.

Ich auch. Aber ich bin immerhin das lebende Beispiel... Und in der Beziehung hat mir Rossellini sehr geholfen. Ihn hatte man aus dem Kino verstoßen, und statt zu lamentieren ist er zu den Fernsehanstalten gegangen, zu einer Zeit, als die Filmleute das Fernsehen noch verachteten. Er war ungeheuer geschickt, er verstand es, für sich einzunehmen. Er hat es verstanden, aus den Fernsehanstalten mehr Geld rauszuholen als er je von den Filmgesellschaften bekommen hätte. Auf die Weise hat er sich später dann auch aus dem Fernsehen hinauskatapultiert. Er war in jeder Hinsicht ein ungewöhnlicher Typ. Danach hat er sich dann Geld von den Stiftungen geholt, beim Vatikan, beim Roten Kreuz, wo er nur konnte.

Ich glaube, ich habe nicht viel geholfen. Einmal habe ich was gegeben. Ich habe Danièle Huillet in Paris getroffen, sie hatte kein Geld, ich hatte zweitausend Francs bei mir, und die zweitausend habe ich ihr gegeben, das war nicht viel. Ein andermal, darüber bin ich sehr zufrieden, haben wir Joris Ivens und Marcelle Loridan geholfen, ihre Filme über China zu machen, wir haben ihnen geholfen, zehn Millionen Francs aufzutreiben – das waren fünfundzwanzigtausend Dollar –, und haben vertraglich nur festgelegt, daß wir das Geld zurückbekämen..., wir zahlten fünfundzwanzigtausend Dollar für einen Film über die chinesische Kultur-, die Volksrevolution – ich weiß nicht mehr genau, wie es noch hieß – und bekämen das Geld zurück, wenn besagte Revolution nicht bloß beendet, sondern erfolgreich beendet wäre.

Das ist mein Kapital, das aus anderen Dingen besteht, das viel zu groß ist, weil ich zu klein bin und es nicht in mich aufnehmen kann. Und manchmal macht mich das wahnsinnig und böse und unverträglich oder einfach auch ein bißchen blöd, weil ich ein Meter achtzig groß bin und etwa dreißig oder vierzig Zentimeter dick und

Ideen habe, die bis zu zwanzig, dreißig Meter gehen können. Man kann nicht die ganze Welt in sich aufnehmen, auch nicht in der Vorstellung. Ich hätte gern andere, deshalb rede ich gern, entweder mit Leuten in extremen Situationen oder beim Film mit solchen, die wenig Erfolg und viele Probleme haben. Jemand wie Marilyn Monroe war schon sehr Außenseiter, sie war wirklich total draußen und wahrscheinlich viel unglücklicher als ein einfacher Mosambikaner, der wenig zu essen hat.

Auch das ist Rossellinis Einfluß: sich woanders hinzuwenden, keine Angst zu haben, auch Filme für wenige zu machen. Ich bin immer glücklich – das heißt, ich fühle mich nicht wohl in vollen Autobussen, in vollen Flugzeugen oder zusammengepfercht mit zwölf Leuten in einem Zimmer. Wenn ich im Gefängnis säße, wäre es mir lieber, auch wenn es nur eine kleine Zelle wär, allenfalls zu zweit zu sein. Im Krankenhaus habe ich es auch nicht gemocht... Aber das Krankenhaus, das war was anderes. Mir waren am liebsten Ein- oder Zweibettzimmer. Eigentlich war ich am liebsten allein, aber mit noch jemanden in derselben Situation. Die meisten Leute sind lieber zu vielen. Darin zeigt sich ein Klassenunterschied. Denn die ärmeren Leute, die unterhalb eines gewissen Lebensstandards, sind lieber in Gemeinschaftsräumen, auch wenn es unbequem ist, weil sie da Nachbarn haben, die das Alleinsein auch nicht vertragen. Während ich mit meiner Krankheit..., für mich waren ich und meine Krankheit, das war schon einer, wenn da noch einer dazugekommen wäre, das wäre nicht gegangen.

Aber in den Kinos, finde ich, sind inzwischen wirklich zuviele Leute. Hier auch. Ich hatte es gern mit fünf oder sechs. Da konnte man wenigstens fragen: Welch unwahrscheinlicher Zufall bringt Sie hierher? Was machen Sie? Jetzt sind es zwölf. Wie soll man gleichzeitig zu zwölf Personen sprechen? Das schaffen nur Diktatoren.

REIHE FILM

Herausgegeben von Peter W. Jansen und Wolfram Schütte
in Zusammenarbeit mit der Stiftung Deutsche Kinemathek

Die Reihe Film stellt das Werk von Regisseuren, bestimmte Genres oder andere übergreifende Themen des Internationalen Films in Monografien vor. Dabei werden die einzelnen Bände unter wechselnden Perspektiven und verschiedenen Aspekten erarbeitet. Eine umfangreiche Filmobibliografie gehört zu jedem Band.

: **François Truffaut**
  1977. 192 S., Br. DM 14,80
: **Rainer Werner Fassbinder**
  1979. 252 S., Br. DM 16,80
: **Buster Keaton**
  1980. 176 S., Br. DM 14,80
: **Luchino Visconti**
  1976. 184 S., Br. DM 14,80
: **Claude Chabrol**
  1975. 176 S., Br. DM 14,80
: **Luis Buñuel**
  1980. 208 S., Br. DM 16,80
: **Fritz Lang**
  1976. 176 S., Br. DM 14,80

8: **Humphrey Bogart**
   1976. 192 S., Br. DM 14,80
9: **Herzog/Kluge/Straub**
   1976. 256 S., Br. DM 16,80
10: **New Hollywood**
    1976. 184 S., Br. DM 14,80
11: **Joseph Losey**
    1977. 208 S., Br. DM 15,80
12: **Pier Paolo Pasolini**
    1977. 224 S., Br. DM 15,80
13: **Film in der DDR**
    1977. 224 S., Br. DM 16,80
14: **Orson Welles**
    1977. 184 S., Br. DM 15,80
15: **Robert Bresson**
    1978. 200 S., Br. DM 15,80
16: **Mae West/Greta Garbo**
    1978. 192 S., Br. DM 16,80
17: **Film in der Schweiz**
    1979. 240 S., Br. DM 17,80
19: **Jean-Luc Godard**
    1979. 272 S., Br. DM 18,80
20: **Werner Schroeter**
    1980. 212 S., Br. DM 17,80
21: **Woody Allen/Mel Brooks**
    1980. 208 S., Br. DM 16,80
22: **Werner Herzog**
    1979. 168 S., Br. DM 17,80
23: **Andrzej Wajda**
    1980. 264 S., Br. DM 17,80
24: **Bernardo Bertolucci**
    1981. Ca. 196 S., Br. ca. DM 17,80
25: **Robert Altman**
    1981. Ca. 196 S., Br. ca. DM 17,80

Angekündigt für Herbst **1981:**
18: **Stanley Kubrick**
26: **Carlos Saura**
27: **Jean-Pierre Melville**

Carl Hanser Verlag

Die ›Arbeitshefte Film‹: Forum für Debatte, Diskussion und Kontroverse

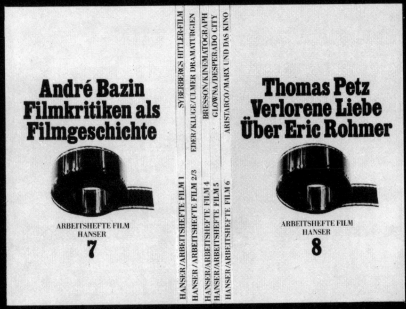

Die **Arbeitshefte Film** werden von Klaus Eder herausgegeben.

Sie sind eine Reihe mit ausgesprochenem Werkstattcharakter, publizieren Texte verschiedener Herkunft, Originalbeiträge ebenso wie Übersetzungen und Nachdrucke nicht mehr verfügbarer Arbeiten. Gemeinsam ist ihnen das Bemühen um Diskussion und Erweiterung der Basis, auf der hierzulande über Film und Kino gesprochen wird.

Bisher sind erschienen:
1: *Syberbergs Hitler-Film* 2/3: *Kluge/Eder, Ulmer Dramaturgien* 4: *Bresson, Noten zum Kinematographen* 5: *Glowna. Desperado City – Wie ein Film entsteht* 6: *Aristarco. Marx, das Kino und die Kritik des Films* 7: *Bazin. Filmkritiken als Filmgeschichte* 8: *Petz. Verlorene Liebe.*

In Vorbereitung sind:
Fassbinder über Michael Curtiz, Texte von P. W. Jansen, Pasolini, Buchka, Wenders, Barthélemy Amengual, Roy Armes u. a.

Carl Hanser Verlag

Zur Theorie und Praxis des Films

Eric Rohmer
Murnaus Faustfilm
240 S. mit 88 Abb.
Broschur DM 39,80

Helga de la Motte-Haber/Hans Emons
Filmmusik
232 S., Br. DM 36,–

Renate Möhrmann
Die Frau mit der Kamera
232 S. mit 36 Abb., Br. DM 25,–

Westdeutschlands Filmemacherinnen geraten zunehmend ins Blickfeld der Öffentlichkeit, setzen Trends bei Filmfestivals und sind dabei, sich zielstrebig ihren Platz auch hinter der Kamera zu erobern.

Zehn Interviews sowie eine detaillierte Filmobibliographie runden die Darstellung ab.

Carl Hanser Verlag